Jürgen Bertram
Torschrei

Für Kurt (»Todos«) Brandt, SV Viktoria Bad Grund,
mein Vorbild als Torwart

JÜRGEN BERTRAM

Torschrei

Bekenntnisse eines
Fußballsüchtigen

Mit einem Nachwort von
Günther Koch

OSBURG VERLAG

Erste Auflage 2011

www.osburgverlag.de

Lektorat: Bernd Henninger, Heidelberg
Herstellung: Prill Partners producing, Berlin
Umschlaggestaltung: Toreros, Lüneburg
Satz: Dörlemann Satz, Lemförde
Druck und Bindung: GGP Media GmbH, Pößneck
Printed in Germany
ISBN 978-3-940731-62-3

Vorwort

Vergangenen Herbst, als der Wind im Hamburger Stadtteil Eimsbüttel die Straßenbäume schüttelte, überkam es mich wieder. Die Kastanie, die beim Sonntagsspaziergang unmittelbar vor mir aufprallte, kickte ich mit dem rechten Spann zielgenau zwischen die eisernen Streben einer U-Bahn-Überführung. Ich riss die Arme hoch und schrie: Tooor! Mein Gott, so sagten die Blicke der anderen Passanten, der ist längst ergraut und immer noch ein Kindskopf!

Meinem fußballerischen Reflex folgte die Reflexion. Sie gipfelte in der Erkenntnis, dass meine Besessenheit, gegen alles zu treten, was sich vor meinen Füßen bewegt, und an jedem Sportplatz innezuhalten, auf dem zwei Mannschaften einem Ball hinterherlaufen, in einer Zeit wurzelt, in der ich tatsächlich noch ein Kind war. Als Adenauer-Ära ging sie in die Geschichtsbücher ein – und dass der Fußball damals mein Ein und mein Alles war, hat auch mit der Gefühlskälte zu tun, die ich in meinem kleinbürgerlichen Elternhaus erlebte und die charakteristisch ist für diese von Kriegslast und Aufbruch gleichermaßen geprägte Epoche.

Als ich mich noch an diesem denkwürdigen Herbsttag zu einem Buch über meine Fußballsucht und ihre familiären wie gesellschaftlichen Hintergründe entschloss, ahnte ich noch nicht, in welche Wechselbäder der Emotionen ich mich beim Schreiben stürzen würde. Ich staunte über die kriminelle Energie, mit der ich mich dem von meinem autoritären Vater verhängten Fußballverbot entzog. Und ich erschrak, als mir bewusst wurde, dass sich mein Suchtverhalten keineswegs auf den Fußball beschränkte und ich nur mit großem Glück dem Absturz in die Verwahrlosung entging.

Ich wunderte mich, wie langfristig vor Jahrzehnten erlittene Beschädigungen nachwirken, aber ich schwamm auch in Glückseligkeit, als ich noch einmal die Höhepunkte meiner Laufbahn als Fan und als Spieler Revue passieren ließ: die Tramptouren zu den internationalen Arenen, die Begegnungen mit meinen Idolen, die Schlammschlachten auf den Plätzen der niedersächsischen Provinz, meine eigenen Heldentaten als Torwart.

Was mich am meisten verblüffte, war die Detailgenauigkeit, mit der ich mich, unterstützt durch intensive Recherchen in Zeitungsarchiven und Reisen zu wichtigen Schauplätzen, an meine ersten Fußballerlebnisse in den Harzer Bergbauzentren Bad Grund und Goslar und an andere Schlüsselszenen meiner Kindheit und Jugend erinnern konnte. Das erleichterte mir die Entscheidung, diese Erlebnisse aus der Sicht des staunenden, hin und her gerissenen Knaben nachzuerzählen. So romanhaft und dramatisch einige Szenen auch wirken mögen: Alles, was ich beschreibe, hat sich so oder zumindest so ähnlich zugetragen. Verändert habe ich lediglich einige Namen.

So entstand ein Text, der von Flanken und Fallrückziehern, Stars und Stadien, Ecken und Elfmetern handelt und sich als Hymne auf den Fußball versteht, aber eben auch eine in einer bleiernen Zeit angesiedelte Familiengeschichte erzählt. Natürlich habe ich mich vor allem bei den sehr persönlichen Passagen gefragt: Wie weit kann ich gehen? Ich entschied mich, da Halbherzigkeit und Schönfärberei miserable inhaltliche und dramaturgische

Fundamente sind, für die Offensive. Und dies hatte, um einen anderen Begriff aus der Fußballsprache zu verwenden, am Ende die Wirkung eines Befreiungsschlages.

Die Bürger der alten Kaiserstadt Goslar möchte ich bitten zu bedenken, dass ich die Atmosphäre in den fünfziger Jahren beschreibe. Ich bin mir sicher, dass am Fuße des Harzgebirges heute – wie in der gesamten Bundesrepublik – ein offeneres und toleranteres Klima herrscht.

I
ANSTOSS

1 Teufelstal

Schweigen. Auch am Sonntag beim Frühstück: dieses grauenhafte Schweigen. Meine Mutter schweigt, weil sie ständig an ihre Eltern, meine Oma und meinen Opa, denkt. In Berlin, im Stadtteil Wedding, kamen sie, kurz vor Toresschluss, bei einem Bombenangriff ums Leben.

Mein Vater schweigt, weil er in Gedanken bestimmt schon wieder bei seiner Arbeit im Wald ist: Die Axt anlegen. Den Stamm spitzen. In Deckung gehen. Die Äste entfernen. Aufpassen, dass kein Vogelnest beschädigt wird. Den Stamm in Stücke sägen.

Ein Jahr lang muss mein Vater, der vor dem Krieg als Buchhalter der Erzgrube »Hilfe Gottes« in Bad Grund im Oberharz hinter einem Schreibtisch saß, im Wald arbeiten. Das ist die Strafe dafür, dass er einem Mann folgte, der auf den Briefmarken in der Schublade einen Schnurrbart trägt und den die Erwachsenen »Adolf« nennen. NSDAP, SA, Oberscharführer ... mit den Begriffen in dem Fragebogen, mit dem sich mein Vater wochenlang beschäftigt hat, kann ich nichts anfangen. Aber sie bedeuten wohl etwas Böses.

Der ältere Bruder meines Vaters, mein Onkel Ernst, ist im Krieg gefallen. In der Eifel. Am 13. Februar fünfundvierzig. Auch kurz vor Toresschluss. Gefallen? Kann man nicht wieder aufstehen, wenn man gefallen ist? Nebenan schimpft der alte Bartels mit seiner Frau. Wenn sie zurückschimpft, jault Molli auf, der schwarze Spitz der beiden. Der Himmel ist grau, dunkelgrau – wie gestern und vorgestern und vorige Woche und die Woche davor. Die

Uhr an der Wand tickt, tickt, tickt. Bitte, sagt was; irgendwas. Meine Eltern sagen nichts.

Ich renne vom Roland, dem Hügel, auf dem wir wohnen, in Richtung Kurpark, streife die Sträucher der Schrebergärten, in denen Mokri haust, der Italiener, der, wie die Leute erzählen, unsere Katzen wegfängt und brät oder kocht oder dünstet oder gleich roh verzehrt und der mit seiner Flinte auf die Vögel schießt, die im Liederbuch meiner Volksschulklasse 1a vorkommen. *Amsel, Drossel, Fink und Star. Alle Vögel sind schon da. Alle Vögel, alle.*

Der »schöne Erich«, ein Kriegskamerad meines Vaters, sagt: Wenn die Italiener nicht so feige gewesen wären, dann hätten wir den Krieg noch gewonnen. Anschließend erzählt er immer einen Witz. »Fragt der eine: Kennst du Italiener? – Antwortet der andere: Ja, aber nur flüchtig.« Auch der schöne Erich war irgendwo Mitglied. Nur aus einem doppelten Buchstaben besteht der Name: SS.

Auf dem Iberg, wo die Sage vom Zwergenkönig Hübich spielt, der einer armen Bergmannsfrau silberne Tannenzapfen schenkte, knarzen die Buchen im Novemberwind. Seltsame Laute weht er aus dem Teufelstal zu mir herauf: Uuiiii. Pfuuiiii. Aaaaah. Als eine Lichtung den Blick freigibt, erkenne ich ein rechteckiges, von Pfützen übersätes Feld, auf dem Pulks junger Männer, deren Konturen immer wieder hinter einem Schleier aus Schneeregen verschwimmen, einen Ball vor sich hertreiben.

Ich stolpere, rutsche, springe den Hang hinunter. Kaum bin ich am Rande des Platzes zum Stehen gekommen, fliegt der klitschnasse Lederball wie ein Geschoss auf mich zu. Aus Angst, er könne unmittelbar vor mir aufprallen und mir mitten ins Gesicht klatschen, stoppe ich ihn mit dem linken Fuß und halte ihn wie ein waidwundes, aber keineswegs erledigtes Wild für fünf, sechs

Sekunden unter der Sohle fest. Dann hebe ich ihn auf und werfe ihn einem der keuchenden Männer in den kurzen Hosen zu. Der leitet ihn, ein knappes »Danke!« knurrend, an einen Mitspieler weiter. Er läuft, dreht sich, zielt, trifft. Tooooor!, rufen die Zuschauer und umarmen sich.

Ich – jawohl: ICH – habe die Aktion eingeleitet, die mit Triumph und Jubel endete. Ein Schauer des Glücks erfasst mich. Ich speichere mein Erlebnis in allen Einzelheiten im Kopf, bewahre es dort auf wie einen Schatz.

Mir ist klar, dass ich mich heute Vormittag unerlaubt von zu Hause entfernt habe. Also erwartet mich nach meiner Rückkehr eine Strafe. Um die Begegnung mit meinem Vater hinauszuzögern, erfinde ich Spiele. Ich spiele Fußball mit mir selbst.

Aus einer Böschung löse ich drei Steine. Zwei Steine lege ich in einem Abstand von zwei, drei Metern parallel zueinander auf den Bürgersteig. Das sind die beiden Pfosten. Der dritte Stein soll, nachdem ich aus etwa 15 Metern Entfernung gegen ihn getreten habe, möglichst über die Linie dazwischen schurren. Zehn Versuche gebe ich mir. Bin ich mehr als fünfmal erfolgreich, habe ich gewonnen. Daneben ... drin. Drin ... daneben. Drin. Drin. Daneben. Drin. Pfosten ... drin. 6:4 für mich.

An einer Reihe von Büschen hängen erbsengroße weiße Beeren, Schneebeeren. Sie halten dem heißesten Sommer und dem kältesten Winter stand, und selbst die hässlichen Krähen, die über jedes tote Getier herfallen, wagen sich wegen ihres bitteren Geschmacks nicht an sie heran. Ich pflücke die Beeren, sammele sie in der hohlen Hand, werfe sie in die Luft, katapultiere sie mit dem Fuß, ohne dass sie den Boden berühren, wieder in die Höhe. Einmal, zweimal ... siebenmal, dreizehn Mal. Dann versuche ich das Kunststück mit dem Knie. Zum Schluss gelingt es mir sogar, eine Beere mit der Hacke so gefühlvoll weiterzuleiten, dass ich sie mit dem Kopf auffangen und balancieren kann.

Als mich mein Vater gleich im Flur bestraft, spule ich die Bilder von meinem Erlebnis im Teufelstal ab. Die Backpfeife rechts – klick: der Schuss. Die Backpfeife links – klick: das Tor. Die Kopfnuss – klick: der Jubel. Im Wohnzimmer haben sich, wie so oft am Sonntag, die Kriegskameraden meines Vaters versammelt – der »schöne Erich«, der »dicke Otto«, der »schlaue Willi«. Auf dem Tisch stehen Bierflaschen und Teller voller hoch mit Zwiebeln beschichteter Mettbrötchen. »Na, das gibt vielleicht ein Konzert heute Nacht im Schlafzimmer«, sagt mein Vater. Der schöne Erich sagt: »Zwiebeln sind doch noch gar nichts. Was meinst du, wie du nach Bohnen trompeten kannst! Jedes Böhnchen ein Tönchen.« Der schlaue Willi sagt: »Wenn's Arschl brummt, ist's Herz gesund.« Der dicke Otto sagt: »Darauf kannst du einen lassen.«

Der schöne Erich reicht meiner Mutter einen Zehnmarkschein. Er fragt: »Kannst du den wechseln?« »Nein, kann ich nicht.« – »Ach, ich dachte, du bist in den Wechseljahren.« Mein Vater holt die Packung mit den Kyriazi-Zigaretten aus dem Schrank. Kyriazi gibt es nur am Sonntag. Und auch nur, wenn die Kriegskameraden zu Besuch sind. Gold Dollar oder Ernte 23, die alltags geraucht werden, sind rund und stehen senkrecht in der Schachtel. Kyriazi sind oval und ruhen waagerecht in einem Bett aus Silberpapier. Aus Ägypten kommt der Tabak. Auch König Faruk soll ihn schätzen.

Westfront. Ostfront. Smolensk. Iwan. Dünkirchen. Perpignan. Polacken. Panzerfaust. Zum hundertsten Mal höre ich diese Namen, diese Begriffe. Aber nur mit Perpignan kann ich etwas anfangen. In Perpignan, in Südfrankreich liegt das wohl, ist den Soldaten ein Hund zugelaufen, ein Mischling. Und Major Jenner, der alte Jenner, hat es ihnen erlaubt, den Hund zu behalten und mit ihm von Etappe zu Etappe zu ziehen. Zum Obergefreiten haben sie Lumpi Heiligabend zweiundvierzig befördert.

Mein Vater nimmt seine Gitarre von der Wand und setzt sie sich vorsichtig auf sein Knie. Die Gitarre hat es besser als ich. Die Männer singen.

Alle Tage ist kein Sonntag,
Alle Tag gibt's keinen Wein,
Aber du sollst alle Tage
Recht lieb zu mir sein.

Und wenn ich einst tot bin,
Sollst du denken an mich,
Auch am Abend, eh' du einschläfst
Aber weinen darfst du nicht.

Der dicke Otto sagt: »Im Osten hatten die Flüchtlinge nicht mal das Schwarze unter den Fingernägeln. Und hier werden sie plötzlich alle zu Großgrundbesitzern.« Bei uns zu Hause hat man den pensionierten Volksschullehrer Josef Mainka einquartiert. Aus Hirschberg stammt er. In Oberschlesien liegt das. In »Schläsien-Obber«, wie mein Vater sich ausdrückt.

Das Bilderbuch, das mir Herr Mainka geschenkt hat, handelt von Rübezahl, einem Berggeist, der, einen knorrigen Stab umklammernd, durch die schwarzen Wälder des Riesengebirges stapft. Mit seiner in Lumpen gehüllten, gewaltigen Gestalt flößt er mir Angst ein. Nachts träume ich manchmal von Rübezahl. In der Nacht nach dem Fußballspiel im Teufelstal träume ich von dem Schuss, dem Tor, dem Jubel.

2 Glückauf-Kampfbahn

1947. Durch das Teufelstal röhren, als hätten sich dort tausend brünftige Hirsche versammelt, schwere Maschinen. Ihre Räder gleiten auf Ketten, und sie machen selbst die sperrigsten Erdhügel platt. Planierraupen heißen sie. Der »Tommy«, wie man in Bad Grund die englischen Besatzer nennt, hilft dem SV Viktoria mit dem Gerät aus. Ein richtiger Fußballplatz soll aus dem Acker werden, auf dem der Ball so wild hin und her springt, dass er mir voriges Jahr fast ins Gesicht geklatscht wäre. Von einem Schulkameraden, dessen Vater beim SV Viktoria spielt, weiß ich, dass der Tommy dem Verein auch Fußbälle geschenkt hat, Bälle mit Blase und Schnüren. Einfetten muss man die nach jedem Spiel.

Der Tommy hat den »Ami« abgelöst, der am 9. Mai fünfundvierzig vom Kelchtal her in Bad Grund einmarschierte. Zwei Männer vom Volkssturm, erzählt der schöne Erich, haben aus einem Fenster des Rathauses noch ihre Gewehre leergeballert. »Aber gebracht hat das nichts mehr.«

Mein Vater hasst den Ami. In Remagen am Rhein hat er ihn fünfundvierzig für ein paar Wochen in einem Lager festgehalten. Hinter Stacheldraht. Bei Maisbrot und einer so dünnen Suppe, »dass du bis auf den Grund gucken konntest«. Wenn der Ami in Bad Grund Sport trieb, behaupten die Leute, zog er die Grenzlinien auf dem Platz mit Mehl. Und wir, schimpfen die Leute noch immer, hatten nichts zu beißen.

Wenn wir zu Hause nichts mehr zu beißen hatten, lief

ich mit meiner Mutter die sechs Kilometer zum Bauern nach Münchehof. Sie nahm mich an die Hand, manchmal auch auf die Schulter. Sie bot dem Bauern den Schnaps an, den mein Vater zusammen mit dem Polizeibeamten Jorzik in unserem Schlafzimmer aus Kartoffeln brannte, und der Bauer gab meiner Mutter ein paar Eier, hin und wieder auch eine Mettwurst dafür. Es kam aber auch vor, dass er uns ohne Eier und Wurst nach Bad Grund zurückschickte.

Unterwegs pflückten wir uns Äpfel von den Straßenbäumen. Mondrunde, gelbgrüne, saftige Augustäpfel, in deren Gehäuse sich, wenn man hineinbiss, manchmal ein Wurm wand. Der Polizeibeamte Jorzik ist später mit seinem Auto verunglückt. An einem Bahnübergang zwischen Bad Grund und Wildemann. Er war sofort tot. Selbst schuld, sagt der schöne Erich.

Ich hasse den Ami nicht. Obwohl er den Ort längst dem Tommy übergeben hat, versorgt er uns Volksschüler noch immer mit Milchsuppe, in der dicke Rosinen schwimmen. Auf dem Schulhof wird sie jeden Morgen aus einem großen Kessel ausgeschenkt. Quäkerspeise heißt sie. Als mir ein Klassenkamerad, den wir wegen seiner Stoppelhaare »Igel« nennen, in der großen Pause beim Fußballspielen immer wieder das Bein stellt, nehme ich vor Wut mein Kochgeschirr und schütte ihm den Rest der Rosinensuppe ins Gesicht.

Mein Vater muss daraufhin zum Rektor. Zu Hause löst er sofort den Lederriemen aus dem Hosenbund und befiehlt mir, meinen Hintern frei zu machen und mich über die Sofalehne zu legen. Nicht mit der Schnalle, bete ich. Bitte, nicht mit der Schnalle!

Die Schnalle trifft mich. Einmal, zweimal, dreimal … Ich denke an den Schuss, das Tor, den Jubel. Diesmal hilft es mir nicht. Die Schläge mit der Schnalle tun zu weh. Mein Vater, überlege ich abends im Bett, hasst den Ami. Aber wenn ich seine Rosinensuppe verschütte, hasst er mich.

Mai 1950. In Bad Grund spricht man nur noch über einen Fußballverein: Schalke 04. Vom dicken Otto erfahre ich, dass er in einer Stadt namens Gelsenkirchen zu Hause ist und dass er schon sechsmal die Deutsche Meisterschaft gewann. Seine Stürmer Ernst Kuzorra und Fritz Szepan seien die Erfinder des Schalker Kreisels, des blitzschnellen, den Gegner lähmenden Kurzpassspiels. Und dieser in ganz Deutschland bekannte Klub hat sich bereiterklärt, zur Einweihung des neuen Platzes im Teufelstal nach Bad Grund zu kommen! Als Gegner wurde der SC Peine 48 verpflichtet, eine Spitzenelf aus der Amateuroberliga Niedersachsen.

Am 18. Mai, dem Himmelfahrtstag, ist es endlich so weit. Ich bin einer von 8000 begeistert klatschenden Zuschauern, als die Mannschaften kurz vor 16 Uhr den Platz betreten – Peine in blauen Hosen und roten Hemden, Schalke in weißen Hosen und Hemden, die so blau sind wie der Himmel über dem Iberg. Cornelissen ... Beverungen ... Karla ... Abramczik ... Groß ... Ernst Kuzorra und Fritz Szepan sind nicht dabei. Eine Reisemannschaft ist das, beklagt sich einer der Zuschauer in meiner Reihe. Kuzorra und Szepan, klärt ihn ein anderer Zuschauer auf, haben ihre Laufbahn doch gerade beendet.

Mir ist es egal, ob Kuzorra und Szepan spielen oder nicht. Hauptsache, Schalke 04 spielt im Teufelstal. Schalke ist spitze. Peine ist spitze. Bad Grund ist spitze. Ich bin spitze. Schade, dass sich an diesem Nachmittag mein Vater nicht an meiner Seite befindet. Ob er mich beim ersten Schalker Tor wohl genauso in den Arm genommen hätte wie der alte Herr neben mir?

Schalke 04 gewinnt 2:1 – und hinterlässt dem SV Viktoria Bad Grund ein Geschenk. »Glück-auf-Kampfbahn« darf der Verein seinen neuen Platz nennen. Genauso heißt das Stadion, in dem die Gelsenkirchener Meistermannschaft spielt. Glück auf! Das ist der Gruß der Kumpel im Ruhrgebiet und auch der Bergleute im Harz.

Glück auf, Glück auf, der Steiger kommt.
Und er hat sein helles Licht bei der Nacht,
und er hat sein helles Licht bei der Nacht,
schon angezünd't ...
Der eine gräbt das Silber,
der andre gräbt das Gold;
doch dem schwarzbraunen Mägdelein bei der Nacht;
dem sein sie hold, dem sein sie hold.

Beim Abschlussball im Iberger Kaffeehaus, erzählt man sich in Bad Grund noch Tage später, war der Gelsenkirchener Spieler Groß nicht von der Tanzfläche wegzukriegen. Bis in den frühen Morgen ist er auf dem Parkett gewesen, und besonders beim Foxtrott hat er sich so schnell und elegant bewegt wie beim Schalker Kreisel.

3 Totemannsteich

Mein Vater arbeitet nun wieder im Büro – in der Berginspektion, wie man das Verwaltungsgebäude der Grube »Hilfe Gottes« nennt. Im Gegensatz zum Bergwerk, das sich am Rande des Städtchens hinter einem Wald versteckt, liegt es mitten im Ort, ganz in der Nähe des Kurparks mit seinen Beeten und Bänken, seinem Pavillon, seinen Moorbädern. Die Angestellten, die ausrechnen, wie viel Lohn den Arbeitern zusteht, trinken ihr Bier abends im »Römer«, einem Hotel, in dem, wie mein Vater sich ausdrückt, die »Haute wo Laute« absteigt. Hautevolee meint er damit. Das ist französisch und bedeutet: »die feine, bessere Gesellschaft«. Im Duden habe ich das nachgesehen.

Einmal in der Woche probt im »Römer« auch der Gesangverein, dem die Angestellten angehören. Der Chor für die Bergleute trifft sich im »Oberharzer«. In diesem Lokal gibt es eine Bühne, auf der manchmal Theaterstücke aufgeführt werden. Das Stück, das ich sehe, heißt: »Die Letzte Fris(s)t«. Am Ende des Stückes läuft eine Reihe von Mädchen über die Bühne. Das Mädchen am Ende der Reihe – es ist die Lehrerstochter Ute – beißt kräftig in ein dick mit Wurst belegtes Brot. Die Letzte frisst ... Mein Vater singt im »Römer«.

Die Himmel rühmen des Ewigen Ehre,
Ihr Schall pflanzt seinen Namen fort.
Ihn rühmt der Erdkreis, ihn preisen die Meere
Vernimm, O Mensch, ihr göttlich Wort ...

Herr Zucker, unser Musiklehrer, leitet den Chor. Neulich beim Sommerfest im Iberger Kaffeehaus war er so besoffen, dass er auf dem Weg zur Toilette ausrutschte und den Abhang hinuntertrudelte. Von oben bis unten, sagen die Leute, sei sein Anzug mit Lehm beschmiert gewesen. Und an dem Lehm hätten die Blätter der Buchen geklebt. Wie ein Pfingstochse habe er ausgesehen. Bei Herrn Zucker, das wissen wir Schüler, sitzt die Hand locker. Manchmal wirft er auch mit der Stimmgabel nach uns. Wer nicht hört, meint auch mein Vater, muss fühlen. Mein Sohn, hat er mal zu dem alten Bartels gesagt, pariert noch nicht so, wie ich es mir vorstelle.

Wer trägt der Himmel unzählige Sterne
Wer führt die Sonn' aus ihrem Zelt
Sie kommt und leuchtet und lacht uns von ferne
Und läuft den Weg gleich wie ein Held …

Mein Held heißt Kurt Brandt, genannt »Todos«. Er arbeitet als Schlosser in der Grube »Hilfe Gottes«, trinkt sein Bier im »Oberharzer« und steht beim SV Viktoria im Tor. Lautenthal greift an – Todos fängt. Ecke für Wildemann – Todos faustet. Elfmeter für Zellerfeld – Todos hechtet. Ich bin in unserer Klassenmannschaft der Torhüter. Darum nenne auch ich mich Todos. Irgendwann kennt mich jeder in Bad Grund unter diesem Namen.

Der Film, den ich seit meinem ersten Fußballerlebnis im Teufelstal im Kopf speichere, wird länger und länger. Als ich mal am Totemannsteich Blaubeeren pflücke, spule ich ihn, um mich abzulenken von einer schrecklichen Begegnung, vom Anfang bis zum Ende ab. »Toter Mann« sagen die Bergleute zu einem verlassenen Stollen. Und das Gewässer darüber nennen sie Totemannsteich.

Ich lege beim Sammeln der Blaubeeren eine Pause ein und entdecke am Ufer einen jungen Mann, der in der rechten Hand einen Sack trägt. In dem Sack bewegt sich ein Körper. Aus der Öffnung ragt eine schwarzweiß gezeichnete Pfote. Als wolle sie an die Wälder, die Wiesen, die Bäche, die Seen einen letzten Gruß richten, löst sie sich hin und wieder aus der Starre. Der junge Mann sieht sich nach allen Seiten um, beschwert den Sack mit einem großen Stein, schwingt ihn ein paarmal hin und her – und lässt ihn los. Einmal noch bewegt sich, einen Kreis dünner Wellen malend, die Pfote. Während sich die Oberfläche wieder beruhigt, versinkt der Sack mit dem Stein und der Katze glucksend in der Tiefe.

Ich verstecke mich, um nicht entdeckt zu werden, hinter einem Wall aus Büschen. Es ist windstill. Als mein Fuß abrutscht, berührt er den Eimer mit den Blaubeeren. Der junge Mann blickt in meine Richtung, hastet den Abhang hinauf. Ist es Mokri, der Italiener, der in den Schrebergärten zwischen unserer Wohnung am Roland und dem Kurpark haust? Nein: Mokri kann es nicht sein. Mokri brät oder kocht oder dünstet unsere Katzen, nachdem er sie gefangen hat. Warum sollte er sie im Totemannsteich versenken?

Der junge Mann brüllt mich an: »Ich weiß genau, wer du bist, und ich weiß auch, wo du wohnst, Todos! Wenn du nur einen Mucks sagst, dann schlage ich dich windelweich!« Auf dem Weg nach Hause nehme ich zehn Blaubeeren aus meinem Eimer und werfe sie in die Luft, so hoch es geht. Für jede Beere, die ich fange, gebe ich mir einen Punkt. Bleibt die Beere heil, kommt ein Punkt hinzu. 2:0 … 4:0 … 6:0 … 8:0 …

Hurra, ich bin so gut wie Todos!

4 Schlägermütze

Mach auf! Bitte, mach auf! Bitte, bitte: Mach auf! Meine Mutter macht nicht auf. Im Schlafzimmer hat sie sich eingeschlossen. Immer öfter tut sie das.

Mein Vater sagt: Mensch, wir wohnen jetzt nicht mehr in Bad Grund, diesem Kaff, sondern in Goslar, der alten Kaiserstadt. Weißt du, wie viel Einwohner Bad Grund hat? Viertausend. Und weißt du, wie viel Einwohner Goslar hat? Vierzigtausend. Du wolltest doch immer nach Goslar! Zum Bürovorsteher hat man mich befördert. Das gibt hundertsechsunddreißig Mark mehr im Monat. Hundertsechsunddreißig. Und die Knappschaft zahlt mir später eine Pension, von der andere nur träumen. Und seit der Koreakrieg ausgebrochen ist, geht's dem Bergbau wieder richtig gut. Mensch, unser Sohn besucht jetzt das Gymnasium. Du wolltest doch immer, dass er das Gymnasium besucht! Ich weiß nicht, was du hast. Ich weiß es wirklich nicht.

Ich knie mich vor die Tür und beuge mich zum Schlüsselloch vor. Meine Mutter hat den Schlüssel abgezogen, so dass ich durch einen Lichtschacht ins Schlafzimmer blicken kann. Hinter der Gardine erhebt sich der Förderturm des Erzbergwerks Rammelsberg. Viele Hundert Meter tief fahren die Kumpel in den Berg hinein. Hundertsechzig Gramm Silber und ein Gramm Gold enthält jede Tonne des Erzes, das sie in den Stollen aus den Wänden sprengen und auf Loren laden. *Das Silber, das wir prägen zum Taler blank und wert – bedenke, dass drum der Knappe in Berges Tiefe fährt.*

Mein Fußballverein heißt nun Goslar 08. In der Amateuroberliga Niedersachsen-Ost, der zweithöchsten deutschen Klasse, spielt er – wie der SC Peine 48, der vor drei Jahren in Bad Grund nur mit 1 : 2 gegen Schalke 04 verlor. Blauweiß – die Farben von Schalke 04 sind auch die Farben von Goslar 08. Und wie bei Peine 48 und Schalke 04 hat bei Goslar 08 jeder Spieler eine Nummer auf dem Rücken: Torwart Macha die Nummer 1, Mittelläufer Thielemann die Nummer 5, der Halblinke Schröder die Nummer 10, Linksaußen Juppe die Nummer 11. Rückennummern! Nur Spitzenmannschaften haben Nummern auf dem Rücken.

Ich presse das Auge ganz dicht an das Schlüsselloch, um den Ausschnitt, der sich bisher auf den schmalen Streifen bis zum Fenster beschränkte, zu erweitern. Mein Blick erfasst jetzt auch die Bettkante und das Bild von der Spree, die durch eine Wiesenlandschaft mit einem einsamen Baum in der Mitte fließt. Ein Sonnenstrahl wandert durch das Zimmer. Ich folge ihm in der Hoffnung, dass ich in seinem Kegel meine Mutter erkenne. Das Licht löst sich in Dunkelheit auf.

Würde meine Mutter, was häufig der Fall ist, im Zimmer auf und ab gehen, von Ecke zu Ecke, von Wand zu Wand, dann würde sie, für einige Sekunden wenigstens, den von mir einsehbaren Winkel kreuzen. Dann könnte ich von ihrem Gesicht, ihrem Gang ablesen, wie sie sich gerade fühlt. Wie traurig sie ist, wie lange es dauern könnte, bis sie die Schlafzimmertür öffnet. Meine Mutter geht nicht auf und ab. Auf dem Bett, das sich meinem Blick entzieht, wird sie liegen. Ich wende das Auge vom Schloss ab und presse stattdessen das Ohr dagegen. Schläft sie? Schluchzt sie? Atmet sie noch? Ist sie tot? Oder stellt sie sich tot?

Ich hämmere mit den Fäusten gegen die Tür, schreie: Mach auf! Bitte, bitte: Mach auf! Ich forme die Hände zu einem Trichter und flüstere durch das Schlüsselloch: Dann sag doch wenigstens was. Irgendwas. Meine Mutter sagt nichts.

Meine Lieblingsspieler bei Goslar 08 sind Torwart Macha und Mittelläufer Thielemann. Torwart Machas Stärke, schreibt die »Goslarsche Zeitung«, ist seine Reaktionsschnelligkeit auf der Linie. Das zeichnet auch »Todos« Brandt aus, mein Vorbild vom SV Viktoria Bad Grund. Verrate ich Todos, wenn ich nun Torwart Macha bewundere? Ich erkläre beide zu meinen Vorbildern. Und von meinen Mitspielern in der Straßenmannschaft lasse ich mich – wie damals in Bad Grund – Todos rufen.

Torwart Macha, der als Schlosser in der Kleiderfabrik Odermark arbeitet, trägt während des Spiels eine Mütze, eine Schlägermütze. Sie besteht aus einem Schirm und einer Wölbung, die aussieht wie eine aufgeblasene Kröte. Ein Druckknopf hält die beiden Teile zusammen. Auch ich besorge mir eine Schlägermütze – eine dunkelgraue, wie sie Torwart Macha auf dem Platz benutzt. Ich bezahle sie von meinem Taschengeld, das fünfzig Pfennig in der Woche beträgt. Als mein Vater die Mütze auf meinem Kopf entdeckt, schimpft er: »Du siehst ja aus wie ein Prolet! Schlägermützen sind Proletenmützen. Ich verbiete dir, mit dieser Mütze rumzulaufen!«

Das Auge und das Ohr beginnen von dem ständigen Druck zu schmerzen. Ich verlasse meinen Posten am Schlüsselloch und knülle eine Seite aus meinem Schreibheft zu einer Kugel zusammen. Nachdem ich sie in die Luft geworfen habe, befördere ich sie mit dem Fuß in Richtung Schlafzimmertür – mal mit dem Spann, mal mit dem Innenrist, mal mit dem Außenrist, mal mit der Pieke.

Der Rahmen der Tür, hinter der meine Mutter auf dem Bett liegt und grübelt, ist das Tor. Habe ich nicht eben ein Räuspern gehört? Ist das ein Zeichen, dass die Tür sich gleich öffnet? Die Tür bleibt zu.

Während meiner Übungen mit der Papierkugel führe ich mir das schönste Erlebnis vor Augen, das ich seit unserem Umzug nach Goslar hatte. Im Stadion am Osterfeld wird das Punktspiel gegen Tuspo Holzminden abgepfiffen. Um den Spielern ganz nahe zu sein, renne ich zu dem Steg, der vom Platz in die Kabinen führt. Als Torwart Macha auf mich zukommt, stelle ich mich ihm in den Weg und blicke zu ihm auf. Ich möchte ihm sagen, wie gut er wieder gehalten hat. Aber ich bringe kein Wort über meine Lippen.

Torwart Macha legt seine Hand auf meine Schulter und sagt: »Na, mein Junge?« Auf dem 45 Minuten, also eine Fußballhalbzeit, langen Weg zu unserer Wohnung im Bergtal Nummer 8 fasse ich mir immer wieder auf die Schulter, die Torwart Macha berührt hat, und ich stelle mir vor, wie er hechtet, faustet, fängt. Als ich mit dieser Schulter eine Kiefer streife, bin ich traurig, weil ich glaube, dass ihr Zweig auch Torwart Machas Berührung wegwischt.

Meine Mutter sagt: Wie kann man sich über einen Krieg freuen? Auch wenn der Koreakrieg dem Erzbergwerk Rammelsberg Vorteile bringt – es bleibt ein Krieg. Und Kriege sind furchtbar. Das weißt du als ehemaliger Soldat doch selbst. Ich weiß es jedenfalls. Ja: Ich wollte immer nach Goslar. Aber glücklich bin ich hier nicht. Hast du gesehen, wie komisch der alte Müller mich neulich angeschaut hat? Der alte Müller mag mich nicht. Seine Frau mag mich auch nicht. Die grüßt mich nicht mal. Niemand mag mich in Goslar. Und ich mag mich auch nicht. Mein Bruder mag mich. Aber der lebt in Berlin, an der Spree.

Mittelläufer Thielemann, den ich genauso bewundere wie Torwart Macha, arbeitet als Schriftsetzer in einer Buchdruckerei in der Bäckerstraße. Auch Fritze Flügge, ein anderer Kriegskamerad meines Vaters, arbeitet dort. Mein Vater ist nicht gut zu sprechen auf ihn. Fritze Flügge, sagt er, verkehrt nachts in Bars und trinkt dort Sekt. Fritze Flügge sei ein Lebemann. Nur die Haute wo Laute trinke Sekt. Fritze Flügge gehöre aber gar nicht zur Haute wo Laute. Mein Vater trinkt Weinbrand, aber nie Sekt und nur ganz selten Korn. »Korn«, sagt er, »trinken die Proleten.«

Ich mag Fritze Flügge gern. Ich glaube, er mich auch. Weil er weiß, wie sehr ich Mittelläufer Thielemann bewundere, nimmt er mich irgendwann mit zu seiner Arbeitsstelle. Ich gehe durch ein Spalier vibrierender, ratternder Maschinen, die Blöcke aus Blei von sich stoßen. An einer der Maschinen sitzt der Mittelläufer Thielemann, der einzige Spieler von Goslar 08, der sich auch im bitterkalten Winter die Ärmel hochkrempelt. Sogar in die Niedersachsen-Auswahl hat man ihn schon berufen. Als er mich entdeckt, hält er kurz mit seiner Arbeit inne und lächelt mir zu. Mir. Nur mir. Wenn ich in Mathe mal wieder eine Fünf geschrieben habe oder wenn sich meine Mutter, wie heute, im Schlafzimmer einschließt, denke ich auch an dieses Lächeln.

Der Arzt sagt: Es liegt an den Wechseljahren. In den Wechseljahren kommt es bei Frauen oft vor, dass sie tagelang traurig sind. Mit Tabletten kriegen wir das schon wieder hin. Auch halb ausgebrütete Hühnereier sind gut für die Nerven. Der Schnabel des Kükens muss schon zu sehen sein. Augen zu – und runter damit! Aber wenn das alles nichts hilft, dann kommen wir um ein paar Wochen Woltorf nicht herum.

Woltorf? Wenn man irgendwas Dummes anstellt, dann sagen die Leute: Du kommst nach Woltorf, in die Klapsmühle. Meine Mutter soll nicht nach Woltorf. – Mach auf! Bitte, bitte: Mach auf!

Abends. Mein Vater deckt den Tisch. Es gibt – wie gestern und vorgestern und vergangene Woche und vorigen Monat und letztes Jahr und vorletztes Jahr – Schweinehack mit Zwiebeln, Hausmacher Leberwurst, gute Butter, Griebenschmalz und Harzkäse, in dem es, wenn Brummer über ihn hergefallen sind, vor Würmern wimmelt. Mein Vater untersucht ihn deshalb jedes Mal vor dem Verzehr mit einer Lupe.

Als Zutaten gibt es Rettiche und Radieschen aus unserem eigenen Garten. Die schmalen Wege zwischen den Beeten habe ich, stundenlang einen Fuß vor den anderen setzend, getreten. Mit einer Schnur hat mein Vater nachgeprüft, ob sie auch schnurgerade waren. Verliefen sie nicht »auf Kante«, musste ich zur Strafe Unkraut jäten. In Bad Grund habe ich mal beobachtet, wie ein wütender Vater seinen Sohn mit einer Zaunlatte verfolgte. Der Sohn lief in seiner Not einfach quer über die Gartenbeete. Der Vater benutzte die schnurgeraden Wege zwischen den Beeten. Und so entkam der Sohn seinem Vater.

Die Tür öffnet sich. Meine Mutter kommt herein. Sie setzt sich, als sei nichts gewesen, an den Tisch. Das Blaupunkt-Radio spielt Schlagermusik. Rudi Schuricke singt.

Wenn bei Capri die rote Sonne im Meer versinkt,
Und vom Himmel die bleiche Sichel des Mondes blinkt,
Ziehn die Fischer mit ihren Booten aufs Meer hinaus,
Und sie legen in weitem Bogen die Netze aus.

Nur die Sterne, sie zeigen ihnen am Firmament
Ihren Weg mit den Bildern, die jeder Fischer kennt.
Und von Boot zu Boot das alte Lied erklingt,
Hör von fern, wie es singt:
Bella, bella, bella Marie,
Bleib mir treu, ich komm zurück morgen früh,
Bella, bella, bella Marie,
Vergiss mich nie.

Meine Mutter singt mit. Laut. Sehr laut. Zu laut.

5 Ostwind

»Jawoll, gnädige Frau!« – »Selbstverständlich, gnädige Frau!« – »Das kommt nie wieder vor, gnädige Frau!« – »Darauf können Sie sich verlassen, gnädige Frau!«

Mein Vater steht kerzengerade am Schreibtisch, als er mit der gnädigen Frau telefoniert. Sie ist mit dem kaufmännischen Direktor des Bergwerks verheiratet und wohnt mit ihm in dem Stockwerk über uns. Niemand in unserer Straße zweifelt daran, dass sie – im Gegensatz zu dem Lebemann Fritze Flügge – zur Haute wo Laute gehört. Sie besitzt ein Auto mit Schiebedach, fährt manchmal nach Braunschweig zum Theater, und kaum kündigt sich der Winter mit den ersten Flocken an, hüllt sie sich in einen flauschigen Pelzmantel, den der schlanke Kopf eines Fuchses abschließt.

Ein lebendiger Fuchs torkelte mal, mit hellem Schaum vor dem Maul, bis zu unserer Veranda. Tollwut! Revierförster Kolle hat ihn mit zwei Schüssen erledigt, mit einem Schuss ins Herz und einem Schuss in den Kopf. So rot wie das Blut, das nach den Schüssen in den frischen Schnee rann, ist das Haar der gnädigen Frau. Gefärbt, sagt mein Vater. Natur, sagt meine Mutter.

Revierförster Kolle sieht man nie ohne seinen Kurzhaardackel. Der ist schneller, sagen die Leute, als das schnellste Karnickel. Selbst vor dem tiefsten Bau hat der keine Angst. Astreine Zucht ist das. Aber der Hund der gnädigen Frau, sagen die Leute, der ist so edel, dass er den Dackel von Revierförster Kolle nicht mal mit dem Arsch anguckt. Genauso arrogant wie die gnädige Frau ist der. Arrogant ... »Anmaßend-dünkelhaft«, heißt es im Duden.

Der Hund der gnädigen Frau ist ein Chow-Chow. Er hat ein rotbraunes Fell, einen Kopf wie ein Löwe und eine lila Zunge. Aus China, lerne ich aus unserem Lexikon, stammt diese Rasse. Schon seit zweitausend Jahren wird sie gezüchtet. Im Wohnzimmer der gnädigen Frau, erzählt ihr Fahrer, hängt ein Bild, das ihren Chow-Chow zeigt. Die gnädige Frau hat es selbst gemalt. Aber man erkennt den Hund kaum, sagt der Fahrer. Die Pfoten sitzen da, wo normalerweise der Kopf sitzt, und die Zunge schwebt irgendwo in der Ecke. Auch bei den nackten Weibern, die die gnädige Frau malt, weiß man nicht, was oben und was unten ist. Auf einem der Bilder liegen die Titties auf dem Hals. Und die Beine sind kürzer als die Arme.

Die größten Titties, sagt der schöne Erich, hat Silvana Mangano. »Freiwild« heißt der Film, der gerade mit ihr in der Hauptrolle im Odeon läuft. In der Anzeige in der »Goslarschen Zeitung« steht: »Verwirrende Schönheit. Brennende Leidenschaft. Unbeirrbare Frau.« Meine Mutter sagt: »Frauen wie Silvana Mangano blicken die Männer nach. Mir nicht. Ich bin viel zu dünn, und ich werde von Tag zu Tag dünner.« Der dicke Otto sagt: »Du bist so dünn, dass man dir das Vaterunser durch die Rippen blasen kann.«

Ich habe meine Mutter mal dabei beobachtet, wie sie sich mehrere Lagen Frottierhandtücher um den Oberkörper band und an die Stelle, an der die Brustwarzen sitzen, zwei Korken klebte. Ich glaube, die Leute sollten denken, dass sie so große Titties hat wie Silvana Mangano. Jeden Morgen nach dem Frühstück schlürft sie nun das Eigelb mit dem Kükenschnabel.

Mein Vater lässt den Hörer auf die Gabel fallen. Bei

seinem Gespräch mit der gnädigen Frau war er noch blass. Als er auf mich zukommt, läuft sein Gesicht rot an. »Keine Widerrede!«, befiehlt er. »Du antwortest auf meine Fragen mit ›Ja‹ oder ›Nein‹!«

»Hast du gestern Nachmittag auf unserem Grundstück Fußball gespielt?«

»Ja.«

»War das nachmittags zwischen zwei und drei Uhr?«

»Ja.«

»Weißt du, dass die gnädige Frau nachmittags zwischen zwei und drei Uhr schläft?«

»Nein.«

»Hast du den Ball ständig gegen die Wand unter dem Schlafzimmer der gnädigen Frau geschossen?«

»Ja.«

»Habe ich dir nicht verboten, den Ball gegen diese Wand zu schießen – egal, ob die gnädige Frau schläft oder nicht?«

»Ja.«

Ja, ja, ja: Ich habe den Gummiball gegen diese Wand geschossen. Ich habe es getan, weil diese Wand nicht glatt ist, sondern dicht mit Efeu bedeckt. Wenn der Ball von einer glatten Wand zurückspringt, dann kann man ihn genau berechnen. Aber wenn er von einer mit Efeu bedeckten Wand zurückspringt, dann flattert er oder fliegt steil nach oben. Dann muss man – wie Torwart Macha – ganz schnell entscheiden, ob man ihn fängt oder faustet. *Torwart Machas Stärke ist seine Reaktionsschnelligkeit auf der Linie.* Ich will genauso stark sein wie Torwart Macha.

Mein Vater spricht das Urteil: Der Gummiball wird weggeschlossen. Das Fußballspielen auf dem Grundstück Bergtal Nummer 8 ist verboten – für immer. Die nächsten drei Heimspiele von Goslar 08 dürfen nicht besucht werden. Bei der nächsten Begegnung mit der gnädigen Frau wird sich entschuldigt. Außerdem verhängt mein Vater eine Woche Stubenarrest, Stufe drei. Stufe eins bedeutet eine Stunde Ausgang, Stufe zwei eine halbe Stunde Ausgang, Stufe drei gar keinen Ausgang.

Ich rechne: Bei Stufe eins und zwei hätte ich das Haus am Sonntagnachmittag für die mir zugestandene Zeit in Richtung Osterfeld-Stadion verlassen können. Aus der Ferne, bei Stufe eins vielleicht sogar aus der Nähe, hätte ich dann wenigstens für einige Minuten einen Blick auf den von Kastanienbäumen gesäumten Platz werfen und am Geräuschpegel den Spielstand nachvollziehen können. Natürlich hätte ich darauf geachtet, dass mein Ausflug nicht in die für mich unergiebige Halbzeitpause fällt.

Aber nun wird mir am kommenden Sonntag nichts anderes übrigbleiben, als das Fenster meines Zimmers weit zu öffnen und darauf zu hoffen, dass der Wind von Osten, also vom Osterfeld her, weht und dass er stark genug ist, wenigstens Fetzen des hoffentlich mehrmals aufbrausenden Torjubels an mein Ohr zu tragen.

Der gnädigen Frau begegne ich schon einen Tag nach dem Urteil. Ruckartig nehme ich, wie es mein Vater mir für einen solchen Fall befohlen hat, die Hände aus den Taschen. »Entschuldigen Sie bitte, gnädige Frau«, sage ich mit zittriger Stimme, »dass ich Sie vorgestern beim Schlafen gestört habe.«

»Mein Gott, so schlimm war das doch nicht. Ich möchte nur zwischen zwei und drei Uhr meine Ruhe haben. Davor und danach kannst du den Ball gegen die Wand schießen, so lange du willst. Ich habe dich dabei beobachtet, wie du den Ball gefangen und gefaustet hast. Toll!«

Sonntagvormittag. Leichte Bewölkung bei Ostwind

und Temperaturen um die zehn Grad, kündigt der Wetterbericht im Radio an. Sonntagmittag: Die Wolken über dem Rammelsberg werden dichter und dunkler. Aber es regnet nicht. Regen würde die vom Osterfeld in Richtung Bergtal wehenden Töne zerhacken. Sonntagnachmittag: Anpfiff des Punktspiels zwischen Goslar 08 und Rotweiß Braunschweig. Ich lehne mich so weit aus dem Fenster, dass ich fast das Gleichgewicht verliere.

Ein diffuses Grummeln schwillt plötzlich zu einem langgezogenen »Uuuuiiii« an, wie ich es aus dem Teufelstal in Bad Grund kenne. Ich bin mir sicher: Die Zuschauer rufen »Pfuuuiii«. Wahrscheinlich ist ein Stürmer von Goslar 08 im Strafraum gefoult worden. Danach wird es für eine Minute vollkommen still. Hat der Schiedsrichter Elfmeter gepfiffen? Ich stelle mir vor, wie Fritze Schröder, der Halblinke, der in der Breiten Straße in einer Werkstatt als Autoschlosser arbeitet, anläuft und täuscht und schießt. Aus der Stille wächst ein vielstimmiges »Oooohr«. Die Schwingen des Windes tragen es über die schiefergrauen Dächer der Stadt bis in mein Gefängnis im Bergtal. »Tooor!«, rufe ich. »Tooor!«

Insgesamt siebenmal braust der Jubel in den neunzig Minuten des Spiels auf. Das bedeutet: Goslar 08 hat siebenmal getroffen. Und Rotweiß Braunschweig? Auch siebenmal. 7:7, höre ich am nächsten Tag, ist das Spiel ausgegangen.

Schularbeiten machen. Den in meinem Kopf aufbewahrten Film mit den schönsten Fußballszenen abspulen. Nach dem unberechenbar von der Wand zurückprallenden Radiergummi hechten. Zwei, vielleicht drei Stunden lassen sich füllen mit diesem Programm. Doch dann zwängt sich das Gespenst der Langeweile durch den Türspalt. Ich vertreibe es, indem ich Ablenkung bei meiner neuen Freundin suche: der »Goslarschen Zeitung«. Sie ist immer für mich da, und sie hat mir immer etwas Neues zu erzählen.

Die ersten Seiten, die von fernen Gegenden wie Palästina, Korea oder Indochina handeln und auf denen regelmäßig ein Opa mit einem Indianergesicht erscheint, der Konrad Adenauer heißt, überfliege ich. Die Artikel über Goslar 08, von denen ich nicht einen einzigen auslasse, lese ich wieder und wieder. Am Samstag, dem 3. November 1951, dem letzten Tag meines Stubenarrestes, erregt auch eine Sonderseite im Lokalteil meine Neugier. Sie ist dem »Tag der Goslarer Jäger« gewidmet – und in fast jedem Absatz kommen zwei Begriffe vor, die mir seit meinen Kindertagen in Bad Grund vertraut sind: »Krieg« und »Kameraden«.

Der »Oberst a. D. Freiherr von Ledebur vom Jäger-Bataillon des Infanterie-Regiments 17« schreibt: »Pflicht der lebenden Kameraden gegenüber ihren gefallenen Kameraden ist es daher, die Geschichte des vergangenen Krieges und die Taten der Goslarer Jäger aus dem Dunkel der Nachkriegszeit wieder herauszureißen und dafür zu sorgen, dass dieses heldenhafte Ringen nicht im Reich des Vergessens versinkt.«

Der schöne Erich, der dicke Otto, der schlaue Willi, mein Vater: Waren das auch Helden? Aber warum musste mein Vater ein Jahr im Wald arbeiten, wenn er ein Held war? Ich lese weiter: »Im polnischen Feldzug stürmt das Jägerbataillon Nummer 17 am 5. September 1939 in schneidigem Angriff den Barowa-Berg bei Petrikau, den Schlüsselpunkt der polnischen Stellung. Es ist ein hohes Lied wahren deutschen Soldatentums und echten Jägergeistes.«

Morgen Nachmittag müssen meine Helden von Goslar 08 schneidig angreifen, wenn sie ihr Punktspiel gegen die Spitzenmannschaft des VfL Wolfsburg gewinnen wollen. Um 10.30 Uhr, entnehme ich der »Goslarschen Zeitung«, beginnt am Jägerdenkmal eine Feierstunde. Da ich mich am Sonntag wieder frei bewegen kann, beschließe ich, diesen Tag auch für mich zu einem Festtag zu machen: vormittags Goslarer Jäger, nachmittags Goslar 08.

Das Jägerdenkmal an der Wallstraße liegt direkt am Weg von unserer Wohnung zum Stadion. Es zeigt einen riesigen Soldaten aus Eisen, der, das Gewehr im Anschlag, vor einer steinernen Wand kniet. Die Wand ist mit Efeu bedeckt. Sie würde sich also ideal zum Torwarttraining eignen. In einen Grabstein neben dem Denkmal ist ein Totenkopf gemeißelt, unter dem sich zwei Knochen kreuzen.

Mehrere Tausend Menschen, etwa so viele wie bei einem Heimspiel von Goslar 08, säumen das Denkmal, als eine Gruppe schwarz gekleideter Männer, es sind bestimmt Kriegskameraden, vor dem eisernen Soldaten einen Kranz niederlegt. Eine Kapelle spielt dazu ein traurig klingendes Lied. Der alte Herr neben mir weint, während er es mitsingt.

Ich hatt' einen Kameraden,
Einen bess'ren findst du nit.
Die Trommel schlug zum Streite,
Er ging an meiner Seite
In gleichem Schritt und Tritt.

Eine Kugel kam geflogen.
Gilt's mir oder gilt es dir?
Ihn hat es weggerissen,
Er liegt vor meinen Füßen
Als wär's ein Stück von mir.

Als die Kapelle die ersten Takte des nächsten Liedes spielt, erheben sich auch die Männer, die bis zu diesem Zeitpunkt auf einer Stuhlreihe unmittelbar vor dem Denkmal saßen. Einige von ihnen haben nur ein Bein, einige nur einen Arm, einige nur ein Bein und nur einen Arm. Einer hat gar keine Arme mehr.

Deutschland, Deutschland über alles,
über alles in der Welt,
wenn es stets zum Schutz und Trutze
brüderlich zusammenhält.
Von der Maas bis an die Memel,
von der Etsch bis an den Belt –
Deutschland, Deutschland über alles,
über alles in der Welt.

Zum Abschluss der Feier tritt ein Redner vor den eisernen Soldaten. »General Brüning ist das«, flüstert mir mein Nachbar mit feierlicher Stimme zu. »Nimm mal die Hand aus der Tasche!« General Brüning sagt: »Lassen Sie mich die Gedenkstunde als ein Zeichen der Rehabilitierung werten dafür, dass in der Zeit nach 1945 unsere Toten in so schändlicher Weise diffamiert wurden.«

Ein Beifall wie nach einer kühnen Parade von Torwart Macha brandet auf. Ich klatsche nicht, weil ich den Sinn der Worte zwar erahne, aber nicht begreife. Als mein Nachbar mich strafend anschaut, klatsche auch ich. In die Schweigeminute, die der Rede folgt, ruft jemand: »Heil Hitler!« Als sei dieser Gruß ansteckend, ertönt es nun vor mir, hinter mir, neben mir: »Heil Hitler!« Manche Männer strecken, als sie »Heil Hitler!« rufen, ihren rechten Arm aus. Sie halten ihn in der gleichen Höhe wie Torwart Macha, wenn er den Ball nach einer Ecke aus dem Strafraum faustet.

Im Stadion am Osterfeld habe ich meinen Stammplatz. Zwei Reihen unter mir steht der berühmte Kunstturner Alfred Schwarzmann, der bei den Olympischen Spielen 1936 in Berlin dreimal Gold und zweimal Bronze gewann. Am Ratsgymnasium ist er, ausgerechnet er, mein Sportlehrer. »Du hängst am Reck wie ein nasser Sack«, sagt er bei fast jeder Übung an diesem Gerät zu mir. Und als ich mal meine Turnhose vergesse, befiehlt er mir, sie von zu Hause zu holen. Anderthalb Stunden brauche ich hin und zurück.

Wenn Alfred Schwarzmann im Stadion in meine Richtung schaut, versuche ich sofort, seinem Blick auszuweichen. Ich habe Angst vor ihm. Ich denke immer, dass er mich bestrafen will. Vielleicht will er das ja gar nicht. Kann sein, dass ich vor ihm Angst habe, weil ich vor meinem Vater ständig Angst habe. Alfred Schwarzmann, das weiß ich vom schönen Erich, war nicht nur beim Turnen ein Held, sondern auch im Krieg. Fallschirmjäger, Ritterkreuz ... Wenn der schöne Erich diese Wörter ausspricht, leuchten seine Augen.

Links von mir steht ein Zuschauer, der auch bei Regenwetter eine dunkle Brille und am Ärmel eine gelbe Binde mit drei dicken schwarzen Punkten trägt. Ein Kriegsblinder, der nur den halben Eintrittspreis bezahlt, ist das. Bei Smolensk, tuschelt man sich in der Halbzeit zu, hat ihn der Iwan mit dem Flammenwerfer erwischt. Smolensk? Iwan? Richtig: Von Smolensk und dem Iwan ist auch ständig die Rede, wenn sich mein Vater mit seinen Kriegskameraden trifft. Aber sie erzählen sich immer nur die Geschichte, wie der dicke Otto bei Eiseskälte in einen vom Iwan belagerten Wald geschissen und sich dabei fast den Arsch abgefroren hat.

Der Kriegsblinde wird von einem jungen Mann, seinem Sohn, untergehakt. Vom Anpfiff bis zum Schlusspfiff schildert er seinem Vater wie ein Reporter das Geschehen auf dem Platz. »Wolfsburg greift über rechts an, Thielemann klärt und gibt weiter zu Zahorsky. Der passt zu Schröder. Schröder kurvt nach innen, dringt in den Strafraum ein. Schröder schießt: Toooor! 1:0 für Goslar 08.«

Mit zwei, drei Sekunden Verzögerung reißt der Kriegsblinde die Arme hoch. Er verliert das Gleichgewicht, strauchelt, kippt gegen die Zuschauerwand in der Reihe vor ihm. Der Sohn richtet ihn wieder auf, stellt ihn neben sich. »Siebte Ecke für Wolfsburg. Thielemann rettet auf der Linie. Schilling flankt zu Schulze, Schuss: Toooor! 2:0 für Goslar 08.« – »88. Minute. Stasch steht frei vor dem Torwart. Stasch schießt. Toooor! 3:0 für Goslar 08.« Als der Jubel der 2500 Zuschauer bereits verklingt, ruft auch der Kriegsblinde: »Tooor!« Diesmal kann er die Arme nicht hochreißen. Sein Sohn hält sie fest.

7 Klapsmühle

Warten. Warten. Warten. Im Wartesaal des Bahnhofs in Goslar auf den Zug nach Braunschweig warten. Im Wartesaal des Bahnhofs in Braunschweig auf den Zug nach Peine warten. Vor dem Bahnhof in Peine auf den Bus nach Woltorf warten. Im Besucherzimmer der Klapsmühle in Woltorf auf den Arzt warten. Während des Gesprächs zwischen meinem Vater und dem Arzt darauf warten, dass ich das eine oder andere Wort aufschnappen kann. Elektroschock, lautet der einzige Begriff, den ich heraushöre.

Nach dem Gespräch zwischen meinem Vater und dem Arzt auf meine Mutter warten. Sie ist noch dünner und blasser geworden, blickt mich mit leeren Augen an, sagt nichts. Bin ich in einem Film? Ja, ich bin wohl in einem Film. Aber es ist kein Film mit Silvana Mangano und auch nicht mit Torwart Macha und Mitteläufer Thielemann.

Sonntag, 16. März 1952, Stadion am Osterfeld, Punktspiel der Amateuroberliga Niedersachsen-Ost zwischen Goslar und Peine, 29. Spieltag, 28. Minute: 1:0 durch Salier, 68. Minute: 2:0 durch Voges, 85. Minute: 3:0 durch Nebelung. Mit 66:50 Toren und 38:25 Punkten rückt die Mannschaft, meine Mannschaft, auf den sechsten Tabellenplatz vor. »Das beste Spiel der Serie«, schreibt am Montag die »Goslarsche Zeitung«. Obwohl ich am Sonntag einer der 4000 Zuschauer war, lese ich den Bericht so häufig, dass ich ihn am Ende auswendig kann. 3:0, nur fünf Ränge hinter dem Spitzenreiter – und das wenige Tage vor meinem Geburtstag!

Donnerstag, 20. März 1952. Nun bin ich schon zwölf. Am Mittag steht plötzlich der schmächtige Volksschüler Jörg vor unserer Veranda. Sein Vater betreibt an der Ecke, an der die Bergstraße in die Rammelsberger Straße mündet, einen Kiosk. Wenn ich bei ihm Negergeld kaufe, die schwarzen Taler aus Lakritze, schenkt er mir jedes Mal ein Tütchen Brausepulver dazu. Von seinem Kiosk blickt er auf ein mittelalterliches Haus, dessen Giebel eine Weisheit aus goldenen Buchstaben ziert: »Das Glück des Hauses – das Glück der Welt.«

Die Familie wohnt in einer Holzhütte, die sie sich selbst gezimmert hat und die einsam auf einer Wiese hinter dem Krankenhaus Theresienhof steht. Ich lerne Jörg kennen, als ich ihn auf dem Weg von der Schule zu unserer Wohnung dabei beobachte, wie er nach einem Ball sucht, der im ungemähten Gras verschwunden ist. Ich helfe ihm bei der Suche, und als wir den abgewetzten Tennisball endlich gefunden haben, lädt mich Jörg in das Zimmer ein, das gleichzeitig als Wohnzimmer, Schlafzimmer und Küche dient. Auf dem Tisch in der Mitte sitzen einige Hühner, die jedes Mal, wenn wir uns beim Torwartspiel den Ball zuwerfen, aufgeregt gackern und mit den Flügeln flattern.

»Herzlichen Glückwunsch!«, sagt Jörg und drückt mir auf unserer Veranda den Tennisball in die Hand, mit dem wir beide erst vor wenigen Tagen gespielt haben. »Mein Geschenk für dich!« Als meine Mutter die Tür öffnet, um uns hereinzulassen, nähert sich mein Vater der Veranda. Er mustert Jörg von oben bis unten, bemerkt die ungeputzten Schuhe und das Loch in einem der Strümpfe, blickt ängstlich zum Fenster, hinter dem die gnädige Frau wohnt, zeigt auf den schmutzigen Tennisball in meiner Hand und fragt: »Was ist das denn?«

»Das ist das Geburtstagsgeschenk von Jörg.«

»Und wer ist Jörg?«

»Jörg wohnt in der Hütte hinter dem Theresienhof.«

»Du gibst den Ball sofort zurück!«

»Warum?«

»Weil ich dir das Ballspielen verboten habe und weil dieser Junge kein Umgang für dich ist.«

Ich zögere. Dann gebe ich Jörg den Tennisball zurück. Er wendet sich ab und läuft, ohne sich umzudrehen, in Richtung der Hütte, in der die Hühner mitten unter den Menschen wohnen und in der auch ich am liebsten wohnen würde.

20. März, nachmittags. Mein Vater ist nach dem Mittagessen zurückgekehrt in sein Büro. Meine Mutter hat einen Geburtstagstisch für mich vorbereitet. In der Mitte liegt eine mit Geschenkpapier umwickelte Kugel. Ich entferne die Hülle so langsam, dass die Spannung möglichst lange anhält. Ich erkenne eine Naht und Schnüre. Ich taste mich über die Haut, die mir fremd vorkommt. Ist sie aus Gummi? Nein, Gummi fasst sich anders an; härter. Ist sie aus Leder? Ja: Sie muss aus Leder sein. Ein Lederball ist das. Ein richtiger Fußball. Ein Fußball, wie ihn Torwart Macha in den Händen hält, wenn er eine Flanke unschädlich gemacht hat. Ich streichele den Ball und frage: »Von euch?«

»Von mir.«

»... und wenn ...?«

»Wenn ich dir einen Fußball schenke, dann darfst du damit auch spielen. Es muss ja nicht auf unserem Grundstück sein. Es gibt doch genügend andere Möglichkeiten.«

Ein langer Zaun mit einer Tür an der Seite trennt die Wohnhäuser im Bergtal von der Straße, an der sich das Verwaltungsgebäude des Erzbergwerks Rammelsberg befindet. Ein besseres Übungsziel als diesen Zaun kann man sich kaum vorstellen. Will man seine Fähigkeiten als Feldspieler trainieren, reagiert man mit dem Fuß auf den zurückprallenden Ball – eine Zeit lang mit rechts, dann mit links, schließlich abwechselnd mit rechts und mit links. »Thielemanns Stärke«, hat die »Goslarsche Zeitung« geschrieben, »ist seine Beidfüßigkeit.«

Geht es darum, die Reaktionsschnelligkeit als Torwart zu verbessern, entscheidet man sich, je nach der Geschwindigkeit und der Flugbahn des Balles, für den Stand oder den Sprung, das Fangen oder das Fausten. Die letzten zehn Schüsse widme ich den Verboten und den Geboten, die mir mein Vater auferlegt hat. Immer wenn der Ball, beschleunigt von meiner Kraft und meiner Wut, gegen den Zaun prallt, stelle ich mir vor, eine dieser Regeln ausgelöscht zu haben.

Du darfst keine Forellen aus dem Bach fischen, denn das ist Wilddieberei! Schuss. Rumms. Gelöscht.

Du sollst nicht »Danke« sagen, wenn du keinen Kuchen mehr möchtest, sondern: »Nein, danke.« Schuss. Peng. Gelöscht.

Du darfst nicht die Hitparade des amerikanischen Soldatensenders AFN hören, denn das ist Negermusik, und der Ami hat uns in Remagen behandelt wie den letzten Dreck. Schuss. Klatsch. Gelöscht.

Du sollst die Hände aus den Taschen nehmen, wenn du der gnädigen Frau begegnest. Schuss. Wumm. Gelöscht.

21. Juli 1952. Die »Goslarsche Zeitung« meldet: »Hoffnungsvoller Start unserer Fußballer. Zum ersten Male seit 1936 griff am Sonntagabend die deutsche Fußballmannschaft in das Olympische Fußballturnier ein.« – 3:1 gewinnt die deutsche Amateurmannschaft in der finnischen Stadt Abo gegen Ägypten. Ihre Aufstellung kann

ich am nächsten Tag aufsagen wie eine Ballade von Friedrich Schiller: Schönbeck, Eberle, Post, Sommerlatt, Jäger, Gleixner, Mauritz, Stollenwerk, Zeitler, Schröder, Ehrmann.

25. Juli 1952. Nach einem 0:2-Rückstand schlägt die deutsche Olympiamannschaft in der Verlängerung den Favoriten Brasilien mit 4:2. »Das Ra-ra-ra Germania«, schreibt die »Goslarsche Zeitung«, »brandete als Aufpulverungspille über das Stadion.«

29. Juli 1952, abends. Mein Vater nimmt an einer Sitzung teil, bei der über das bevorstehende Fest der Goslarer Bergleute, das berühmte Bergfest, gesprochen wird. Der Nordwestdeutsche Rundfunk überträgt zur gleichen Zeit aus dem Olympiastadion in Helsinki das Halbfinale zwischen Deutschland und Jugoslawien. Meine Mutter schaltet das Blaupunkt-Radio ein. Sie bleibt an meiner Seite, als der Reporter die neunzig Minuten schildert.

5. Minute: Der jugoslawische Halblinke Mitic flankt, der Halbrechte Bobeck vollendet. 0:1.

Deutschland stürmt. Schuss von Schröder. Verteidiger Stankovic lenkt den Ball gegen den Pfosten.

12. Minute: Stollenwerk schießt. Tooor! 1:1.

Deutschland drängt, erzwingt fünf Ecken. Schröder spielt steil auf Zeitler. Der Ball geht knapp am Tor vorbei.

25. Minute: Bobeck dringt in den Strafraum, schießt: Tor. 1:2. Cajkovski nimmt einen Querpass auf, verwandelt unhaltbar für Schönbeck. 1:3.

Zweite Halbzeit. Deutschland stürmt. Sommerlatt schießt. Knapp vorbei. Schröder schießt. Knapp vorbei. Indirekter Freistoß für Deutschland. Von der Unterkante der Latte prallt der Ball ins Feld zurück. Der finnische Schiedsrichter Wolf Kerni pfeift das Spiel ab. Jugoslawien gewinnt 3:1.

Meine Mutter macht das Radio aus. Das magische Auge, das wie wild hin und her flackerte, wenn sich die Stimme des Reporters vor Eifer überschlug, erlischt mit zwei, drei Sekunden Verzögerung. Meine Mutter geht zum Fenster und starrt mehrere Minuten schweigend in die heraufziehende Dunkelheit. Mit einer ruckartigen Bewegung dreht sie sich um und setzt sich zu mir auf das Sofa. Sie sagt: »Ich will nicht mehr.«

»Was willst du nicht mehr?«

»Leben.«

»Warum willst du nicht mehr leben?«

»Weil ich das Leben nicht mehr aushalte. Ich bin für dieses Leben nicht geschaffen. Du bist es auch nicht. Ich werde gehen. Und ich glaube, es ist besser, wenn ich dich mitnehme.«

Ich lege mich schlafen. Wie in jeder Nacht seit dem 20. März, ruht der Lederball neben mir. Heute Nachmittag habe ich ihn wieder eingefettet. Ich schließe die Augen und spule den Film mit dem Spiel gegen Jugoslawien ab. Da ich nur die Reportage im Radio gehört habe, komme ich mir dabei vor wie der Kriegsblinde im Osterfeld-Stadion. Ach, hätte Deutschland doch gewonnen!

8 Trauerflor

Freitag, 1. August 1952. Die »Goslarsche Zeitung« berichtet über »Bomben auf Nordkorea«, die 0:2-Niederlage der deutschen Olympia-Elf gegen Schweden und über die Aufforderung des Bundeswirtschaftsministeriums, »sich mit Kohlen für den Winter einzudecken«. Eine Anzeige wirbt für »Max Schmeling Likör, Flasche 5,90 Mark«.

Aus Wolfsburg meldet das Blatt: »Ein elfjähriger Junge hat sich am Mittwoch in der Wohnung seiner Eltern erhängt. Es wird angenommen, dass der Junge Selbstmord beging, weil er Stubenarrest hatte. Er war von den Eltern bestraft worden, weil er sich am Abend vorher bis nach 22 Uhr auf der Straße aufgehalten hatte.«

Ich habe heute keinen Stubenarrest. Also freue ich mich auf die Höhepunkte des Bergfestes, die der Lokalteil für den Abend ankündigt: den »Lichtermarsch der Bergknappen« und »die Pflege der Tradition und Kameradschaft«. In dem großen Zelt auf dem Osterfeld hat mein Vater, der dem Festkomitee angehört, auch für meine Mutter und mich Plätze reserviert.

Wir sind schon auf dem Weg in die Stadt, als sich meine Mutter plötzlich weigert, auch nur einen Schritt weiterzugehen. »Ich hasse dieses Bergfest«, sagt sie. »Diese Witze, dieses Lachen, diese Lieder, diese Blicke: Ich kann das alles nicht ertragen. Ihr könnt euch gern amüsieren – aber ohne mich.« Meine Mutter kehrt um. Ich begleite sie. Ich habe Angst um sie und bin froh, dass sie am nächsten Morgen zum Frühstück erscheint.

6. August 1952. Die »Goslarsche Zeitung« schreibt: »Napalmbomben bei Celle – Bei einer Bombenabwurf- und Schießübung im niedersächsischen Kreis Celle wurden am Dienstagmittag zum ersten Mal im britischen Besatzungsgebiet auch britische Napalmbomben abgeworfen, wie sie von den UNO-Streitkräften im Koreakrieg verwendet wurden. Vier derartige Bomben wurden von Düsenjägern in rasendem Tiefflug aus etwa zehn Metern Höhe ausgeklinkt. Nach einer dumpfen Detonation lösten sie für etwa drei Sekunden einen gewaltigen schwarzroten Feuerblitz aus, der etwa hundert Meter lang am Boden entlangschoss und eine verkohlte Fläche hinterließ.«

Aus der Hauptstadt Bonn meldet die Zeitung: »Die Zahl der Arbeitslosen in der Bundesrepublik ist im Monat Juli um 84510 zurückgegangen. Damit lag Ende des Monats die Zahl der Arbeitslosen um 60000 unter dem Tiefstand des vergangenen Jahres. Die Gesamtarbeitslosenzahl betrug Ende Juli 1155456.«

Die Kriegskameraden der »216. und 272. Infanteriedivision« treffen sich zur »Wiedersehensfeier«. Der Generaloberst Heinz Guderian, genannt der »schnelle Heinz«, hat seine Erinnerungen aufgeschrieben. »Er stand«, heißt es in einer Besprechung, »im ersten Teil des Ostfeldzugs bei seinem Offensivstoß auf Moskau an entscheidender, weil vorgeschobener Stelle als einer der Heerführer, der die Bedeutung der Panzerwaffe zeitig erkannt und zwischen den beiden Weltkriegen entscheidend auf- und ausgebaut und zu großen Erfolgen geführt hatte.«

Im Anzeigenteil heißt es: »NIPA vernichtet todsicher Fliegen, Schnaken, Mücken und andere schädliche Insekten. Fliegentod aus den Sidolwerken Köln. 5 Streifen nur 25 Pfennig.« Im Odeon läuft der Heimatfilm »Der Bildschnitzer vom Walsertal«. Der Sportteil interessiert mich nicht an diesem Morgen. Die Amateuroberliga Niedersachsen-Ost hat Sommerpause.

6. August 1952, mittags. Vor dem Haus Bergtal Nummer 8 parkt ein grünes Personenauto. »Polizei« steht in großen Buchstaben an der Seitentür. Auf dem Kiesweg, der zu unserer Veranda führt, begegne ich dem Chow-Chow der gnädigen Frau. Ich streichele ihn, lasse mir das Pfötchen geben, rede wirr auf ihn ein. Ich versuche, Zeit herauszuschinden – wie die Mannschaft von Goslar 08, wenn sie einen knappen Vorsprung über die Runden bringen will. Doch dann verliert der Chow-Chow der gnädigen Frau das Interesse an mir und verschwindet im Dunkel des Waldes, der an unser Grundstück grenzt. Stundenlang hält er sich dort manchmal auf. Ein Einzelgänger ist das, sagen die Leute.

Auf unserer Veranda, die meine Mutter normalerweise jeden Morgen fegt, sieht es unordentlich aus, nicht »akkurat«, wie es mein Vater nennt. Neben dem Lederball, den sie mir zum Geburtstag schenkte, steht eine offene Tasche mit Tabletten, Spritzen, Verbandszeug. Auf einer dickbäuchigen Sauerstoffflasche liegt ein Strick. Ein Mann in einem weißen, durch ein rotes Kreuz gekennzeichneten Kittel rennt in Richtung Bergwerk. Er grüßt mich flüchtig und macht, wie der Halblinke Fritze Schröder nach einer verpassten Chance, eine wegwerfende Handbewegung. Vor der Tür zu unserer Stube nehmen mich zwei mir unbekannte Herren in Empfang. Sie seien von der Polizei, sagen sie. Sie müssten mir ein paar Fragen stellen. Das sei ihre Pflicht.

»Wann hast du heute Morgen das Haus verlassen?«

»Gegen acht.«

»Wo warst du zwischen acht und ein Uhr mittags?«

»In der Schule.«

»Sonst nirgendwo?«

»Sonst nirgendwo.«

»Auch in der großen Pause nicht?«

»Auch in der großen Pause nicht.«

Der Polizist, der sich während der Befragung Notizen machte, schließt seine Kladde. »Keine Fremdeinwirkung«, sagt er zu seinem Kollegen. Dann legt er seine Hand auf meine Schulter – wie Torwart Macha nach dem Spiel gegen Tuspo Holzminden. »Na, mein Junge«, hatte Torwart Macha gesagt. Der Polizist sagt: »Tut mir leid, tut mir wirklich leid für deinen Vater und dich.« Danach wird es, obwohl draußen die Sonne strahlt, dunkel um mich; so dunkel, dass ich glaube, dass es nie wieder hell wird.

Freitag, 8. August 1952. Die »Goslarsche Zeitung« kündigt für den Samstag ein Freundschaftsspiel zwischen Goslar 08 und dem VfB Kiel an. »Die Kieler«, heißt es, »gehören zur Spitzengruppe der sehr spielstarken Amateurliga Schleswig-Holsteins. Kurz vor der Sommerpause erreichten sie gegen die Oberliga des Hamburger SV ein beachtliches 2:2-Unentschieden.« Ich werde auf die Begegnung verzichten müssen. Genau für diesen Samstag ist die Beerdigung angesetzt. Ich trage jetzt eine schwarze Binde am Arm, einen Trauerflor. Erst nach einem Jahr, sagt mein Vater, darf ich ihn wieder abnehmen.

Befiehl du deine Wege,
Und was dein Herze kränkt,
Der allertreusten Pflege
Des, der den Himmel lenkt!
Der Wolken, Luft und Winden
Gibt Wege, Lauf und Bahn,
Der wird auch Wege finden,
Da dein Fuß gehen kann.

In der Friedhofskapelle sitze ich neben meinem Vater in der ersten Reihe. Ich habe das Gefühl, dass alle Trauergäste auf mich starren: der schöne Erich, der dicke Otto, der schlaue Willi, die flotte Hilde ... Während sie ihre Blicke auf mich richten, scheinen sie zu fragen: Warum weint er nicht? Ist ihm das alles egal? Ich kann nicht weinen. Jetzt nicht. Hier nicht. Nicht für euch. Mir fällt der Satz ein, den meine Mutter immer sagte, wenn ein Vorgang abgeschlossen war: Nun hat die liebe Seele Ruh. Und ich denke an Goslar 08, stelle mir vor, wie Torwart Macha und Mittelläufer Thielemann die Kieler Stürmer zur Verzweiflung bringen.

Am späten Nachmittag frage ich meinen Vater, ob ich im Radio die Sportnachrichten hören kann. Er erlaubt es mir nicht. Wir sind ein Trauerhaus, sagt er. Und in einem Trauerhaus hört man kein Radio. Ich will wissen, wie Goslar 08 gegen Kiel gespielt hat. Ich muss es wissen. Meine Mutter würde das verstehen. Ich hetze die Rammelsberger Straße und die Breite Straße hinunter bis zum Tabakladen des Halbrechten Walter Sallier, der, wie die »Goslarsche Zeitung« schrieb, den Ball so perfekt beherrscht, dass er jederzeit in der Oberliga Nord spielen könnte. In seinem Schaufenster hängt, wie immer nach einem Spiel von Goslar 08, ein Zettel mit dem Ergebnis: 4:4. Nur 4:4. Was war mit Torwart Macha und Mittelläufer Thielemann los? »An Gottes Segen ist alles gelegen«, heißt es, in goldenen Buchstaben, an der Fassade des Fachwerkhauses schräg gegenüber von Walter Salliers Tabakladen.

Dienstag, 12. August. In der »Goslarschen Zeitung« entdecke ich die »Danksagung«, die mein Vater verfasst hat. Sie beginnt mit einem Spruch: »Es ist bestimmt von Gottes Rat, dass man vom Liebsten, was man hat, muss scheiden.« Sie endet mit dem Namen meines Vaters, dem ein Zusatz folgt: »und Sohn«. Und Sohn? Warum hat er mich nicht bei meinem Vornamen genannt?

Mein Sohn spurt noch nicht so, wie ich mir das wünsche … Mein Sohn wird in der Schule immer schlechter … Mein Sohn hat nur noch seinen Fußball im Kopf … Mein Sohn hat immer noch nicht begriffen, dass man sich mehrmals am Tag die Hände waschen muss. *Vor dem Essen, nach dem Essen, Händewaschen nicht vergessen!*

II
ABSEITS

9 Kopfrechnen

Mein Vater: »Hiiiiii.«

Ich: »Huuuuuu.«

Er: »Haaaaaa.«

Ich: »Hoooooo.«

Er: »Heeeeee.«

Mehr fällt uns nicht ein an den radiolosen Augustabenden, als im Wechsel diese langgezogenen Töne auszustoßen. Die Hirsche in den Harzwäldern geben, wenn sie sich verständigen wollen, ähnliche Laute von sich. Ich habe das Spiel erfunden, mit dem wir die grauenvolle Stille in unserem Wohnzimmer zu füllen versuchen. Fängt mein Vater, so die Regel, zum Beispiel mit dem Vokal »I« an, dann muss ich einen anderen Vokal, zum Beispiel ein »U« oder ein »O«, dagegensetzen. Reagiere ich mit einem »I«, also demselben Buchstaben, steht es 1:0 für meinen Vater.

Meistens verliere ich das Spiel, weil ich mich viel zu oft auf die Stubentür konzentriere. Ach, würde sie sich doch öffnen und meine Mutter über ihre Schwelle treten. Aber meine Mutter erscheint nicht; natürlich nicht. Mein Vater legt während unseres Spiels immer mal wieder den Finger an seine Lippen. Pssst, bedeutet das. Wir dürfen die gnädige Frau nicht stören!

Einmal in der Woche, meistens am Samstagnachmittag, besuchen wir nun den Friedhof, der eine knappe Stunde von unserer Wohnung entfernt liegt. Ich trage die grüne Gießkanne, mein Vater den Rechen für das zusammenzuharkende Laub und die Eisenkralle, mit der man das um das Grab wuchernde Unkraut lockern kann. Manchmal bricht mein Vater unterwegs einen Ast ab und schiebt ihn mir zwischen die angewinkelten Arme und die Schulterblätter. Es ist eine Übung, die mich zu der kerzengeraden Haltung zwingt, wie mein Vater sie einnimmt, wenn er mit der gnädigen Frau telefoniert. Wer in der Jugend krumm geht, sagt man im Harz, der bekommt als Erwachsener einen Buckel.

Am Anfang bewege ich mich auf diesem Friedhof mit gemischten Gefühlen. Einerseits macht es mir Angst, dass hier Menschen unter der Erde liegen, die nicht mehr reden, lachen, weinen, jubeln, schimpfen können, und dass ich, hätte meine Mutter ihre Ankündigung wahrgemacht, mich mitzunehmen, dazu gehören würde. Andererseits geht von den steinernen Engeln, den schattigen Alleen, den goldenen Schriftzügen, den kühn von Zweig zu Zweig springenden Eichhörnchen ein großer Reiz aus. Und irgendwann ist mir dieses geheimnisvolle Gelände zwischen dem Bahndamm und der Ausfallstraße nach Hildesheim so vertraut wie das Stadion am Osterfeld. Die Anordnung der Gräber, Wege, Brunnen und Komposthaufen könnte ich genauso präzise aufzeichnen wie die taktische Ausrichtung von Goslar 08 vor einem Heimspiel.

»Generalkonsul« – »Dr. jur. dipl. rer. pol.« – »Dipl.-Bauingenieur« – »Gewerberat Dipl.-Ing.« – »Mittelschulrektor« – »Justizsekretär« – »Regierungsbaurat a.D.« – Die vielen Titel auf den Steinen erinnern mich an die Geschichte, die meine Mutter immer erzählte, wenn ihr das ständige »Herr Direktor« oder »Gnädige Frau« meines Vaters mal wieder auf die Nerven ging: In Fürstenwalde bei Berlin, der Heimatstadt meiner Mutter, haben die Schüler der Oberprima ihr Abiturzeugnis erhalten. Um dies der Bevölkerung kundzutun, tragen sie bei ihrem

Marsch durch die Straßen extra für diesen Zweck angefertigte Mützen. Der Einzige, der auf eine Mütze verzichtet, ist einer der Brüder meiner Mutter, mein Onkel Gerhard. Er hat das Abitur als Bester bestanden. »Heute ist er Oberbaurat«, fügte meine Mutter ihrer Schilderung stets hinzu. »Aber auf seinen Titel legt er nicht den geringsten Wert. Sag deinen Kriegskameraden, dass sie den bloß nicht mit ›Herr Oberbaurat‹ anreden sollen.«

Eine von Efeu berankte Edeltanne, mehrere dunkelgrüne Eiben und ein rot leuchtender Vogelbeerbaum säumen die weitläufigste Ruhestätte auf diesem Friedhof. »Darré« steht auf einer riesigen, stets mit frischen Blumen geschmückten Steinplatte. »Bei Adolf«, sagen die Leute über den hier ruhenden Toten, »war das ein ganz großes Tier.« Als »Reichsbauernführer«, erfahre ich aus dem Lexikon, hat Richard Walther Darré in der »Reichsbauernstadt Goslar« dem Mann mit dem Schnurrbart gedient, den man vergangenes Jahr vor dem Jägerdenkmal mit »Heil Hitler« grüßte. Als »Politiker der NSDAP« habe er die »Blut und Boden«-Idee propagiert. NSDAP? Ist das nicht die Partei, der auch mein Vater angehörte?

Befinden wir uns auf der Höhe dieses Grabes, verlangsame ich meine Schritte und lasse mich hinter meinen Vater zurückfallen – wie der Halblinke Fritze Schröder, wenn er sich, um sich der gegnerischen Abwehr zu entziehen, im Mittelfeld versteckt. Ich komme einfach nicht an dem Vogelbeerbaum vorbei, ohne mir ein paar seiner Früchte zu grapschen und sie mal mit dem rechten, mal mit dem linken Fuß von mir zu stoßen. Bei dieser das Ballgefühl ungemein schulenden Übung kommt es darauf an, dass man die winzige, manchmal schon verschrumpelte Beere überhaupt trifft. Wenn fünf von zehn Versuchen gelingen, ist das schon ein Erfolg.

»Tooor«, flüstere ich, als eine der Beeren über die Linie eines steinernen Torbogens mit der Aufschrift »Generaloberst Heinz W. Guderian« kullert. Der »schnelle Heinz«, der, wie die »Goslarsche Zeitung« schrieb, den »Offensivstoß auf Moskau« anführte, liegt hier also begraben. Nach wenigen Schritten nehme ich das 1:0, das ich schon für mich verbuchte, wieder zurück. Dieses Tor, gestehe ich mir ein, habe ich dem Zufall verdanken, nicht meinem Können.

Zwischen den Gräbern des Reichsbauernführers und des Panzergenerals befindet sich ein von einer Hecke umrahmtes Feld, das die Aufschrift auf einem Kreuz als »Ehrenfriedhof« bezeichnet. Die Gräber reihen sich hier »auf Kante« wie die Wege und Beete in unserem Garten im Bergtal.

Unter die Namen der »Gefallenen« hat man ihr Geburts- und Todesjahr graviert. Ich ziehe die untere von der oberen Zahl ab und errechne so das Alter, das sie erreichten. 1916–1940 = 24 Jahre. 1924–1940 = 16 Jahre. 1891–1944 = 53 Jahre. 1908–1945 = 37 Jahre. 1902–1944 = 42 Jahre; wie meine Mutter. Ob auch ich es bis 42 schaffe? Mit Begonien haben wir das Grab meiner Mutter bepflanzt. Unser Nachbar, der alte Müller, riet uns dazu. »Begonien«, meinte er, »sind nicht kaputt zu kriegen.«

Manchmal möchte ich den Friedhof am liebsten gar nicht wieder verlassen. Denn jenseits dieses so friedlichen Parks wittere ich nur noch Gefahren, rechne ich immer mit dem Schlimmsten. Als ich auf dem Nachhauseweg von der Schule beobachte, wie ein Krankenwagen mit Blaulicht und Sirene die Rammelsberger Straße hinunterrast, denke ich sofort: Das ist mein Vater! Der Steiger Baumann – Herzinfarkt. Der Buchhalter Wolters – Herzinfarkt. Warum nicht auch mein Vater? Erst als er abends mit mir Kopfrechnen übt, weiß ich: Er lebt.

3136 minus 2113. Oder 244 durch 13. Oder 73 mal 54. Oder 1237 plus 4534. Mit der Stoppuhr misst mein Vater, wie schnell ich die Aufgabe löse. Wer gut im Kopfrechnen ist, sagt er, hat im Büro schon mal einen Vorteil. Will er, dass auch ich eines Tages im Büro arbeite?

Zieht über dem Rammelsberg ein Gewitter auf, bin ich mir sicher, ganz sicher, dass gleich ein Blitz unser Haus in Brand setzen wird.

Kündigt der Wetterbericht »leichte Bewölkung« an, schrecke ich zusammen, weil »leichte« wie »Leiche« klingt. Qualm steigt von einer Bergkuppe auf, als ich den dicken Otto, der Margarine an Lebensmittelgeschäfte ausliefert, auf einer Fahrt durch das Harzvorland begleite. Zwei Autos, phantasiere ich, sind zusammengestoßen. Die Insassen verbrennen gerade. Als wir den Hügel erreichen, stellt sich heraus, dass auf einer Halde alte Reifen vor sich hin kokeln.

Ich bin so erleichtert, dass ich dem dicken Otto übereifrig dabei helfe, die Kartons mit Margarine in die Lager zu tragen. In Osnabrück, wo der Oberligaverein VfL zu Hause ist, wird die Margarine hergestellt. »Frihoma« ist ihr Markenname.

Der Küchenchef im Stadthotel
spricht hocherfreut zur Kaltmamsell:
Noch mal so gut das Essen schmeckt,
seitdem Frihoma ich entdeckt.

Kurz vor Weihnachten trifft allerdings ein, was ich seit Monaten befürchte. Blau ist die Farbe des Briefes, den das Gymnasium an meinen Vater schickt und den ich rechtzeitig abfange. Ein Blauer Brief, das weiß ich von meinen Mitschülern, verheißt nichts Gutes. Und tatsächlich endet das Schreiben mit der Bemerkung: »Versetzung erheblich gefährdet.« Mit seiner Unterschrift möge mein Vater bestätigen, dass er die Mitteilung erhalten hat.

Mir ist klar: Wenn er diesen Brief liest, belegt mich mein Vater endgültig mit einem Fußballverbot, der schlimmsten aller Strafen. Ich denke an Torwart Macha, Mittelläufer Thielemann, den Halblinken Fritze Schröder, den Halbrechten Walter Salier, den Linksaußen Juppe, an meine eigenen Spiele auf der Wiese hinter dem Jägerdenkmal, an die Montagnachmittage, die ich in der Lesehalle in der Marktstraße verbringe, um im »Niedersachsen-Sport« und im »Kicker« die Tabellen, die Spielberichte und die Kommentare zu studieren ...

Und mir fällt ein, was mir ein Mitschüler erzählt hat, der in einer ähnlichen Lage war wie ich: Man fischt aus einem Aktenordner irgendein Schreiben mit der Unterschrift des Vaters heraus. Dann teilt man eine nicht zu alte Kartoffel in zwei Hälften und presst eine der feuchten Hälften auf diesen Schriftzug. Dann überträgt man das sich auf der Innenfläche abzeichnende Muster ganz vorsichtig auf den Brief, den der Vater unterschreiben soll. »Wichtig ist«, hat der Mitschüler gewarnt, »dass dabei die Hände nicht zittern.«

Meine Hände zittern schon beim Durchschneiden der Kartoffel. Um mich zu beruhigen, richte ich meinen Blick auf den Gipfel des Rammelsberges, wo sich die Fichten im Dezemberwind wiegen. Die Wohnzimmertür öffnet sich – mein Vater. Ich schaffe es nicht mehr, die Beweisstücke in der Schublade verschwinden zu lassen und gestehe alles. Nach einigen Schlägen und Tritten spricht mein Vater das Urteil: Fußballverbot – für immer.

Ich balle meine Finger zu Fäusten, presse die Nägel ganz fest in die Handflächen. Von Goslar 08, so schwöre ich mir, lasse ich mich durch niemanden trennen. Auch durch meinen Vater nicht. Ich werde ihn austricksen wie Fritze Schröder die gegnerische Verteidigung. Wenn nicht morgen, dann übermorgen. Wenn nicht nächstes Jahr, dann übernächstes Jahr.

10 Krüppelkiefern

Der Pfifferling schätzt das Dunkel der Schonung, der Hallimasch den modernden Stuken. Maronen wachsen fast immer im Rudel. Die Morchel stinkt, wenn man sie zerschneidet. Was Pilze betrifft, macht mir so leicht keiner was vor.

Nein: Ich habe Goslar 08 nicht vergessen. Noch immer lese ich jede, wirklich jede Zeile über meine Blauweißen – am Samstag die Vorschau, am Montag den Rückblick, mittendrin die Berichte über Zugänge, Abgänge, Verletzungen, Versammlungen, Feste. Ich weiß, welcher Spieler sich wann und wo mit wem verlobte, welcher Förderer wie viel Geld für die Erneuerung des Klubhauses spendierte und dass man den Gaswerksdirektor Niemann zum Vorsitzenden wählte.

Und ich bin mir nach wie vor sicher: Irgendwann werde ich auf einen Trick kommen, der mir hilft, das von meinem Vater verhängte Fußballverbot zu umgehen. Aber solange das nicht der Fall ist, suche ich die Spannung, die ich im Stadion fand und auf die ich nun schon seit Monaten verzichten muss, im Wald – beim Pilzesammeln. In manchem gleicht es, wie ich herausfand, dem Fußball. Zum Beispiel weiß man auch beim Pilzesammeln nie, wie es ausgeht.

Es kann sein, dass man schon nach wenigen Minuten auf ein Nest von Maronen stößt, dass man also, wenn man so will, schon früh in Führung geht. Es kann sein, dass sich ein solcher Erfolg erst im letzten Moment einstellt, kurz vor dem Abpfiff sozusagen. Es kann auch sein, dass man sich ganz viel Mühe gibt und am Ende doch mit leeren Händen dasteht. Null zu null. Und es gibt Nachmittage, an denen sich der Korb wie von selbst bis zum Rand füllt – Pilz für Pilz, Punkt für Punkt.

Der Wald, der mich beim Pilzesammeln umgibt, *steht schwarz und schweiget,* wie es in einem Volkslied heißt. Doch während das Schweigen bei uns zu Hause auch mich verstummen lässt, regt mich das Schweigen des Waldes an, ununterbrochen zu reden. Ich halte mir eine Astgabel wie ein Mikrofon vor den Mund und stelle mir vor, Herbert Zimmermann zu sein, der Reporter des WM-Endspiels vom 4. Juli 1954.

Sechs Minuten noch im Wankdorf-Stadion zu Bern. Keiner wankt. Der Regen prasselt unaufhörlich herunter. Boszik hat den Ball verloren, diesmal an Schäfer; Schäfer nach innen geflankt, Kopfball, abgewehrt. Aus dem Hintergrund müsste Rahn schießen. Rahn schießt – Toooor! Toooor! Toor! Toor! Tor für Deutschland fünf Minuten vor dem Spielende. Halten Sie mich für verrückt, halten Sie mich für übergeschnappt. Halten Sie nur die Daumen zu Hause – halten Sie sie, und wenn Sie sie vor Schmerz zerdrücken, es ist gleichgültig – drücken Sie!

Immer wenn ich das langgezogene »Toooor!« aus mir herauspresse, schrecken an den Ufern der Forellenteiche die Enten auf. Ihr Geflatter, Geschnatter, Gezeter steckt die Eichelhäher, die Krähen, die Elstern, die Tauben an, so dass der ganze Wald nach meinem Torschrei erfüllt ist von einem wilden, durch Mark und Bein gehenden Konzert. Die Stille ist zurückgekehrt, als ich Herbert Zimmermanns Worte aus der 86. Minute flüstere. *Der Sekundenzeiger, er wandert so langsam. Wie gebannt starre ich hinüber – geh doch schneller, geh doch schneller.*

Die letzten Sätze des Reporters stoße ich, zum hundertsten Male überwältigt von ihrer Kraft, wieder so laut aus, dass sie abermals ein Chor aus erregten Vogelstimmen begleitet. *Aus! Aus! Aus! Das Spiel ist aus. Deutschland ist Weltmeister! Schlägt Ungarn mit 3:2 im Finale von Bern.* »*3:2!*«, rufe ich noch einmal in den Wald hinein. »*3:2!*«, schallt es als Echo von einer Felswand zurück.

Verläuft meine Suche nach Pilzen, was häufig vorkommt, auf Anhieb erfolgreich, dann gönne ich mir eine Halbzeitpause, in der ich, meist auf einem Bett aus Moos ruhend, den Film abrufe, den ich von den Ereignissen um den 4. Juli 1954 in meinem Kopf gespeichert habe wie damals in Bad Grund die Szenen meines ersten Fußballspiels. Zwölf Helden spielen in meiner Geschichte die Hauptrollen: die elf Helden von Bern – und ich.

Sonntag, 4. Juli 1954, morgens. Mein Vater kontrolliert meine Hosentaschen und entdeckt Reste von Tabak. Damit steht für ihn fest: Ich habe wieder einmal gegen eines seiner Verbote verstoßen. Seit meiner Konfirmationsfeier, bei der mir der schlaue Willi eine Zigarette anbot, rauche ich: Ernte 23, Ova, Gold Dollar, Roth-Händle, Fama, Texas, Overstolz, Lux, Red Rock, Senoussi, Eckstein, P 4, Juno, HB. *Siehst du die Toten dort im Schnee? Das sind die Raucher von* HB.

Merke ich, dass mein Vorrat an Nikotin zu Ende geht, verteile ich die in den Hosentaschen gesammelten Tabakkrümel auf Zeitungspapier, falte es sorgfältig und füge die Nahtstellen mit Spucke zusammen. Ist auch diese Reserve aufgebraucht, renne ich die Rammelsberger Straße hinunter bis zu dem Kiosk, der Zigaretten auch einzeln verkauft.

Meine Hand zittert, wenn sie das brennende Streichholz zur Zigarette führt. Erst nach vier, fünf kräftigen Zügen kehrt die Ruhe in meinen Körper zurück. Das

Aufglimmen des Tabaks, sein beißendes Aroma, der aus Mund und Nase kräuselnde, sich in Schwaden und Ringen entfernende Rauch, der süße Nebel im Kopf und in der Lunge – ich brauche das. Ich brauche es immer öfter. Ich brauche es so oft, dass mich zunehmend die Sorge plagt: Wie komme ich an mehr Geld?

Meine Rettung ist eine Kneipe neben dem Odeon-Kino. Die in Goslar stationierten englischen Soldaten trinken dort schon nachmittags ihr Bier und tanzen, gegen eine Gebühr von zwanzig Pfennig, mit Frauen, die man in Goslar Tommy-Schicksen nennt. Navy Cut und Senior Service heißen die Marken, die ich den Soldaten abkaufe und die ich für den doppelten Preis weiterverkaufe. Ein paar Packungen behalte ich für mich selbst.

Einer meiner besten Kunden ist ein Kriegskamerad meines Vaters: der Schriftsetzer und Lebemann Fritze Flügge. »Stark parfümiert«, sagt er, nachdem er, dabei wie ein Karnickel schnuppernd, eine Zigarette unter seiner Nase entlanggezogen hat. »Davon kommt man nicht mehr los«, fügt er hinzu. Ich bin mir sicher: Fritze Flügge, der in der Adler-Bar Sekt trinkt, wird unser Geheimnis nie an meinen Vater verraten. Auch wir sind Kameraden, vielleicht sogar bessere Kameraden als die Kriegskameraden, die von ihrem Kameraden Fritze Flügge sagen, in seiner kleinen Dachwohnung in der Kornstraße sehe es aus »wie bei Hempels unterm Sofa« und er sei »viel zu labil«. Im Duden heißt es: »labil – unsicher, schwach, leicht zu beeinflussen«.

Bin auch ich labil? War meine Mutter labil? War sie, wenn Fritze Flügge ein Lebemann ist, eine Lebefrau? Aber warum hat sie sich dann das Leben genommen?

Wohl eher aus Spaß als im Ernst hält Fritze Flügge seinem Arbeitskollegen, dem Mittelläufer Thielemann, eine aufgerissene Packung entgegen. Mit einer Reaktion, die man im Fußball »Schutzhand« nennt und die der Schiedsrichter deswegen nicht mit einem Elfmeter oder Freistoß bestrafen darf, wehrt der Spieler von Goslar 08 das Angebot ab. Ich verlasse den Raum nicht, ohne mir von ihm ein Lächeln abzuholen.

Mein Vater verteilt die Tabakfäden, die er in einer meiner Hosentaschen entdeckt hat, auf seiner Handfläche und pustet sie in meine Richtung. Das erinnert mich an die Geschichte, die der schöne Erich immer über den dicken Otto erzählt. »Kommt der Spieß zum Appell in die Stube und fährt mit dem Finger über den Spind. Dann bläst er dem dicken Otto den Staub ins Gesicht und fragt: ›Na, sehn Se mich noch, Schumann?‹«

Das Urteil, das mein Vater noch am Fundort der Tabakreste spricht, lautet: drei Tage Stubenarrest, Stufe drei, ab sofort.

4. Juli 1954, vormittags. Ich blättere in der »Goslarschen Zeitung«, nehme flüchtig ein paar Informationen auf. *Sechs Aufseher eines Konzentrationslagers sind in Frankreich zum Tode verurteilt worden – Die moderne Frau trägt Badeanzüge mit Pumphöschen und Röckchen – Kanzler Adenauer fordert Souveränität für die Bundesrepublik – Bei Schießereien zwischen Israelis und Jordaniern sind in Jerusalem fünfzig Menschen verwundet worden – Nylonblusen schützen nicht vor Sonnenbrand – In Indonesien rücken die Kommunisten vor.*

Im Sportteil, den ich nicht nur überfliege, heißt es: *Deutschland hat nichts zu verlieren. Die Mannschaft ist in ausgezeichneter Stimmung und hofft auf ein schönes Spiel. Bundestrainer Herberger nahm die Spieler am Freitagvormittag noch mal in einem einstündigen Training scharf ran.*

Im Anzeigenteil bleibe ich an einem Hilferuf hängen. *Eine herzlich dringende Bitte! Der Reichsbund der Kriegs- und Zivilbeschädigten Sozialrentner und Hinterbliebenen benötigt für einen vollkommen gelähmten Kriegsbeschädigten dringend einen gebrauchten Selbstfahrer gegen Bezahlung.*

Das Schützenhaus lädt, wie an jedem Wochenende, zum »Tanz bis fünf Uhr«. Aber auch für die Übertragung des Endspiels zwischen Deutschland und Ungarn am Sonntagnachmittag wird geworben: »Großes Fernsehen auf der Veranda«. Man könnte also zusehen, unmittelbar dabei sein, wie sich der Kapitän Fritz Walter und seine Kameraden gegen die Niederlage stemmen, mit der die ganze Welt rechnet. In diesem Moment steht für mich fest: Ich haue von zu Hause ab – auch wenn mir das noch mal zwei, drei, vier Wochen Stubenarrest einbringt.

4. Juli 1954, früher Nachmittag. Da wir parterre wohnen, fällt es mir nicht schwer, auf das Fensterbrett meines Zimmers zu steigen, mich an die direkt neben dem Fenster verlaufende Dachrinne zu klammern und mich Zentimeter für Zentimeter bis zu dem Blumenbeet vor dem Haus herunterzuhangeln. Schade, dass mich mein Turnlehrer, der Olympiasieger Alfred Schwarzmann, nicht dabei beobachtet. Aber hätte ich diese Übung unter seinem strengen Blick überhaupt geschafft? »Du hängst an der Dachrinne wie ein nasser Sack«, höre ich ihn sagen.

Als ich die tausend Jahre alte, unter Naturschutz stehende Eibe in unserem Garten erreicht habe, deren dichtes Grün mir schon oft als Versteck diente, drehe ich mich noch einmal um. Nichts rührt sich auf dem Grundstück. Keine Tür knarrt. Niemand ruft meinen Namen. Mein Vater hat offenbar nichts bemerkt von meiner Abwesenheit. Ich komme mir in diesem Moment vor wie der einsame, sich auf der Flucht vor seinen Verfolgern nach allen Seiten absichernde Held in dem Wildwestfilm »Der Rächer von Texas«, der vor ein paar Wochen in den Kammerspielen lief.

In Höhe der Kaue, dem gekachelten Saal, in dem sich die Bergleute nach der Schicht duschen, erstarre ich fast vor Schreck. Sind es Menschen, die von den Haken an der Decke baumeln? Ich presse mein Gesicht gegen die Frontscheibe und bin erleichtert. Die Bergleute haben nicht sich, sondern nur ihre Kleidung aufgehängt.

Im Zickzack führt der Weg entlang der Schlackenberge, an deren grauen Hängen nur noch ein paar Krüppelkiefern wachsen. Die Überreste des Erzes, sagen die Leute im Bergtal, haben den Boden vergiftet. Auch mein Vater war davon lange überzeugt. Doch seit die Direktion des Bergwerks von einer Lüge sprach, sagt auch mein Vater: Nein, nein, der Boden ist nicht vergiftet, sonst würden doch keine Kiefern darauf wachsen! Kiefern, sagt er. Nicht: Krüppelkiefern.

Am »Maltermeister Turm«, einem Ausflugslokal auf halber Höhe des Rammelsberges, fühle ich mich endgültig sicher vor meinem Vater. Kaum größer als ein Punkt wäre ich nun aus seinem Blickwinkel da unten im Bergtal. Und würde er, sollte er mich doch erkennen, nach mir pfeifen – ich würde den Pfiff nicht hören oder so tun, als würde ich ihn nicht hören.

Der Wirt des »Maltermeister« gehört zu den wenigen Bürgern Goslars, die einen Fernsehapparat besitzen. Jeden zweiten Sonntag stellt er ihn auf einen Sims im Schankraum, der sich am Abend mit Gästen aus der ganzen Stadt füllt. Sie warten auf die Sendung »1:0 für Sie!«. Aus der Festhalle »Planten un Blomen« in Hamburg wird sie übertragen. Eine halbe Million Menschen, schrieb die

»Goslarsche Zeitung«, sehen ihr jedes Mal zu. Und das, obwohl es in der Bundesrepublik nur 60 000 TV-Apparate gibt.

Punkt 20 Uhr erscheint auf der Mattscheibe ein Conférencier mit einem großkarierten Jackett und einer »Fliege«, wie auch ich sie bei meiner Konfirmation zum dunklen Anzug trug. Peter Frankenfeld heißt er. Von der Bühne lässt er kleine Propeller in den Saal surren. Wo sich die Rädchen senken, grapschen Dutzende von Händen nach ihnen. Das Geschubse und Gezerre im Publikum erinnert mich an den Augenblick, in dem bei einem Spiel im Osterfeld-Stadion ein Eckball in den Strafraum segelt. Manchmal recken sich sogar die Gäste im »Maltermeister« nach den Scheiben. Sie greifen ins Leere – wie Torwart Macha, wenn ihn ein gegnerischer Stürmer beim Herauslaufen behindert.

Wer im Saal in Hamburg einen Propeller ergattert, darf zu Peter Frankenfeld auf die Bühne. Dort muss er warten, bis der Conférencier einen Umschlag öffnet, den ihm ein Briefträger namens Walter Spahrbier feierlich überreicht und der die von dem Kandidaten zu lösende Aufgabe enthält. Mal muss ein Pensionär Boxhandschuhe überstreifen und sich, obwohl er seine Finger kaum bewegen kann, eine Zigarette anzünden. Mal muss eine Hausfrau einen in Seifenschaum gehüllten Luftballon rasieren.

Es ist eine Aufgabe, an der sich tags darauf so mancher der Goslarer Fernsehzuschauer versucht. Peng! Peng! Es knallt in Gärten, Wohnstuben, Kellern. Wie eine Sirene schwillt das Hundegejaule auf und ab, das dem Zerplatzen der Gummihaut regelmäßig folgt.

Zwar erlaubt es mir mein Vater, ihn an diesen Sonntagabenden zum »Maltermeister« zu begleiten, doch weiß man vorher nie, ob wir die Sendung »1:0 für Sie!« auch wirklich sehen. Um sich einen möglichst genauen Überblick über die anderen Besucher zu verschaffen, betritt mein Vater das Lokal erst in letzter Minute. Und wenn er, was Gott sei Dank nicht allzu häufig vorkommt, den Betriebsratsvorsitzenden Erich Wiederhold entdeckt, macht er noch auf der Schwelle kehrt. »Es genügt mir«, sagt er, »wenn ich mich mit diesem Kerl in meinem Büro herumschlagen muss.«

Und dann passiert es eines Sonntags eben doch: Erich Wiederhold erscheint erst kurz vor dem Ende der Sendung in der Gaststätte und nimmt, weil kein anderer Stuhl frei ist, unmittelbar neben meinem Vater Platz. Als sie über Peter Frankenfelds Jackett reden, sind sich die beiden noch einig. »Großkotzig« finden sie es. Aber als Erich Wiederhold auf sein Lieblingsthema, das Denkmal für die Soldaten des Goslarer Jägerbataillons, zu sprechen kommt, gibt sofort ein Wort das andere. »Abreißen müsste man dieses Kriegerdenkmal«, schimpft der Betriebsratsvorsitzende und wendet sich dabei wie ein Redner auch an die anderen Gäste. »Stattdessen sollte man genau an dieser Stelle ein Mahnmal für die Opfer errichten, die dieser Verbrecher auf dem Gewissen hat.«

Verbrecher. Das Wort lässt die Gespräche an den Tischen, die eben noch um Peter Frankenfeld, seinen Briefträger und seine Kandidaten kreisten, verstummen. Und während ich mich an das »Heil Hitler« erinnere, das damals bei der Feierstunde am Jägerdenkmal von Mund zu Mund sprang, erhebt sich auch mein Vater von seinem Stuhl und erwidert mit bebender Stimme: »Verbrecher? Ihr wart doch die Verbrecher! Ihr habt uns damals verraten! Und ihr habt dafür gesorgt, dass ich ein Jahr lang im Wald arbeiten musste – ein Jahr lang!«

Auch wenn in einem Gespräch der Name Hinrich Kopf

fällt, wird mein Vater wütend. Hinrich Kopf ist der Ministerpräsident des Landes Niedersachsen. Er gehört derselben Partei an wie der Betriebsratsvorsitzende Erich Wiederhold. SPD heißt sie. Ich weiß von ihr nur, dass mein Vater sie, wie er sagt, »nie wählen« würde. »Nie.«

Mein Vater schätzt den »ollen Adenauer«, der in Bonn als Bundeskanzler regiert und nach dem man, wie ich aus der »Goslarschen Zeitung« weiß, eine Rose benannt hat. Als er auf dem Marktplatz in Goslar eine Wahlkampfrede hält, spricht er meinem Vater aus dem Herzen. »Niedersachsens Ministerpräsident«, sagt er, »heißt zwar Kopf – aber er hat nichts im Kopf.« Der Beifall ist längst verklungen, da klatscht mein Vater immer noch. Der schöne Erich sagt: »Adenauer hat sich während des Krieges in einem Kloster versteckt.« Der dicke Otto sagt: »Aber er hat nicht für den Feind gearbeitet wie dieser SPD-Typ, der sich nach Schweden abgesetzt hat …«

»Brandt«, sagt der schlaue Willi.

»Frahm«, korrigiert der schöne Erich.

Als das Fernsehen einen Film mit dem Titel »Die Harzreise« zeigt, reserviert mein Vater im »Maltermeister« für sich und seine Kriegskameraden einen ganzen Tisch. Er schließt damit aus, dass sich der Betriebsratsvorsitzende Erich Wiederhold wieder neben ihn setzt. Nach einer Erzählung eines Dichters namens Heinrich Heine, schrieb die »Goslarsche Zeitung«, wurde der Film gedreht. Auch Goslar käme darin vor.

Der mittelalterliche Marktplatz, die auf einem Hügel thronende Kaiserpfalz, der bullige Bau des Hotels »Zum Achtermann«, der wolkenumkränzte Rammelsberg: die Zuschauer in dem Lokal sind begeistert, als die ersten Bilder von Goslar, von ihrer Stadt, über die Mattscheibe flimmern. Erfasst die Kamera eine Gruppe von Menschen, springen die meisten Gäste auf und drängen sich in der Hoffnung, sich selbst oder einen Verwandten oder einen Bekannten zu erkennen, ganz dicht um das Gerät. Doch je länger der Text auf sie einwirkt, den ein Sprecher zu den Bildern vorliest, desto stiller wird es an den Tischen. Kopfschüttelnd verlassen manche Besucher vorzeitig den Raum, und als sie auf dem Parkplatz die Motoren ihrer Autos aufheulen lassen, klingt es wie Protest.

Der schlaue Willi besorgt sich das Buch »Die Harzreise« und schickt das Kapitel, das von Goslar handelt, an seine Kriegskameraden. Die für meinen Vater bestimmte, mit vielen Ausrufezeichen und Fragezeichen versehene Kopie entdecke ich in demselben Aktenordner, in dem auch der Blaue Brief vom Ratsgymnasium abgeheftet ist. Ich lese:

Der Name Goslar klingt so erfreulich, und es knüpfen sich daran so viele uralte Kaisererinnerungen, dass ich eine imposante, stattliche Stadt erwartete. Aber so geht es, wenn man die Berühmten in der Nähe besieht! Ich fand ein Nest mit meistens schmalen, labyrinthisch krummen Straßen, allwo mittendurch ein kleines Wasser, wahrscheinlich die Gose, fließt, verfallen und dumpfig, und ein Pflaster, so holprig wie Berliner Hexameter.

Ich kann nicht genau sagen, warum: Aber der Text gefällt mir; irgendwie. Krumm, verfallen, dumpfig ... Meine Mutter hätte mit diesen Begriffen bestimmt etwas anzufangen gewusst. »Goslar«, hat sie oft gesagt, »kommt mir so eng vor. In dieser Stadt kann ich nicht atmen.«

Die Statuen deutscher Kaiser am berühmten Goslarer Gildehaus, so lese ich weiter, *sehen aus wie gebratene Universitätspedelle*. Nicht mal für das Kruzifix in der Kirche Sankt Stephanie findet der Dichter freundliche Worte: *Nur das materielle Leiden ist in dieses Gesicht hineinge-*

schnitzelt, nicht die Poesie des Schmerzes. Solch Bild gehört eher in einen anatomischen Lehrsaal als in ein Gotteshaus.

Über seine Unterkunft in Goslar schreibt Heinrich Heine: *Ich logierte in einem Gasthofe nahe dem Markte, wo mir das Mittagessen noch besser geschmeckt haben würde, hätte sich nur nicht der Herr Wirt mit seinem langen, überflüssigen Gesichte und seinen langweiligen Fragen zu mir hingesetzt.* Als er mit einer hübschen jungen Frau flirtet, fühlt sich der Dichter *von alten Weibern mit aufgesperrten Mäulern, versteinerten Nasen und Glotzaugen* beobachtet. Hatte nicht auch meine Mutter, nachdem sie aus der Klapsmühle nach Goslar zurückgekehrt war, gefragt: »Warum glotzen mich die Leute bloß so blöde an?«

Eines Sonntags, als die Kriegskameraden wieder bei Bier, Weinbrand und Mettbrötchen beisammensitzen, schlägt der schlaue Willi ein Lexikon auf, das er extra für dieses Treffen mitgebracht hat. »Heinrich Heine«, liest er vor. »Geboren in Düsseldorf am 13. Dezember 1797. Gestorben in Paris am 17. Februar 1856; Sohn eines jüdischen Tuchhändlers.«

»Ach so ...«, sagt der dicke Otto.

»Na dann ...«, sagt der schöne Erich.

Ich kann nichts anfangen mit diesen Kommentaren. Vielleicht werde ich ihren Sinn später einmal begreifen.

4. Juli 1954, Tag des Endspiels zwischen Deutschland und Ungarn, nachmittags gegen vier. Schon eine Stunde vor dem Beginn des Finales in Bern ist auf der Veranda des Schützenhauses kein Stuhl mehr frei. Ich setze mich auf den Hocker, der verhindern soll, dass die Verbindungstür zur Küche zuschlägt. Ständig flitzen Kellner an mir vorbei. Nur als die deutsche Nationalhymne gespielt

wird, stehen auch sie, ihre mit Bockwürsten, Kartoffelsalat, Hühnerbrühe und Sülzkoteletts beladenen Tabletts von sich streckend, still. Der Wirt dreht den Ton des Fernsehers ab und lässt zu den Bildern die Rundfunkreportage von Herbert Zimmermann laufen.

17 Uhr. Anpfiff. Erste Halbzeit: 1:0 für Ungarn. 2:0 für Ungarn. 1:2 durch Max Morlock vom 1. FC Nürnberg. 2:2 durch Helmut Rahn von Rotweiß Essen. Pause. Zweite Halbzeit. 84. Minute: 3:2 für Deutschland; wieder Rahn. 18.45 Uhr, Schlusspfiff. Wer umarmt mich? Der Kriegsblinde mit der gelben Binde, den ich von den Spielen im Osterfeld kenne, umarmt mich. Dann umarmen wir uns alle und wir alle singen: »So ein Tag, so wunderschön wie heute, so ein Tag, der dürfte nie vergehn.«

4. Juli, abends. Auf dem Weg zum Bergtal hüpfe, springe, tanze ich über Stock und Stein und werfe dabei immer wieder jubelnd die Arme in die Höhe. Wo sich die Schlacke türmt, zittern die Krüppelkiefern im Wind. Die Haken an der Decke der Kaue sind leer. Hosen, Hemden, Jacken, Gummistiefel hingen dort, keine Menschen. Ich habe mich, wie damals vor meinem ersten Fußballspiel in Bad Grund, unerlaubt von zu Hause entfernt. Wie wird mein Vater reagieren, wenn ich zurückkehre?

Mein Vater hebt die Hand wie zum Schlag, lässt sie wieder sinken. Er blickt mir, was er noch nie getan hat, lange in die Augen. Sein Blick sagt: Deutschland ist Weltmeister! Mensch, wir sind Weltmeister. Mein Blick fragt: Darf ich nun wieder Fußball spielen und ins Stadion gehen? Mein Vater wendet sich ab.

Er wendet sich ab. Ich wünschte, der Film, den ich beim Pilzesammeln in meiner Halbzeitpause auf dem Moosbett abspule, hätte ein schöneres Ende – ein Happy End, wie die »Goslarsche Zeitung« manchmal über Filme aus Amerika schreibt. Aber einen Zweck erfüllt meine Geschichte mit ihren ausufernden, oft auf Nebenschauplätze abdriftenden Szenen auf jeden Fall: Sie zögert den Heimweg hinaus, vor dem ich mich mehr und mehr fürchte.

Nicht vor dem Hasenskelett fürchte ich mich, an dem noch Fetzen ausgedörrter Haut kleben, auch nicht vor Förster Kolles Rauhaardackel, der manchmal unter wildem Gekläffe an mir hochspringt, aber auf einen einzigen Pfiff seines Meisters von mir und meinem mit Pilzen gefüllten Korb ablässt. Vor mir selbst fürchte ich mich. Denn ich empfinde, wenn der Kopf wieder leer ist, zunehmend Freude daran, etwas zu zerstören.

An den gelbgrünen Spitzen der erst vor wenigen Wochen gepflanzten und deswegen Setzlinge genannten Fichten zerre und drehe ich so lange, bis sie, den Saft ihrer jungen Stiele wie Tränen vergießend, zwischen meinen Fingern zerbrechen. Wie eine Sense fährt mein rechter, also besonders schussstarker Fuß ins rot leuchtende Fingerhutfeld. Tee aus Fingerhut, heißt es im Bergkalender, der Bibel des Harzes, stärkt das Herz. Mir tut es gut, wenn die Blüten nach meinen Tritten von den Stauden fliegen.

Aus dem Geröll, mit dem ein Erdrutsch einen Graben füllte, greife ich mir den schwersten Stein. Ich lege ihn auf die Kante der zum Herzberger Teich hinabfallenden Böschung, stoße ihn mit der Sohle an und folge fiebernd seinem irren Lauf – wie er gegen einen Stamm kracht und Wunden in seine Borke reißt, wie er sich kurz in einer Hecke verheddert, wie er, längst von einer Korona kleinerer Steine begleitet und in eine Wolke aus Staub gehüllt, selbst die mannshohen Farne knickt.

Vooorsicht, Vooorsicht, rufe ich, die Hände zu einem

Trichter geformt, als ich auf dem Weg am Ufer eine Gruppe Spaziergänger entdecke. Noch während sie Schutz suchen hinter dem mächtigen Wurzelwerk einer Buche, prallt der Stein auf die Oberfläche eines Stukens, wird von dort über die Köpfe hinwegkatapultiert und plumpst, sich mit ein paar letzten, zeitlupenhaften Drehungen gegen dieses unwürdige Ende der Raserei wehrend, ins Wasser. Was bleibt, ist ein Ring schnell ermüdender Wellen. In Bad Grund habe ich das schon mal beobachtet, als im Totemannsteich der Sack mit der Katze versank.

11 Kassenhäuschen

Ich kann es kaum fassen: Der Weg, den mein Vater an einem Sonntag im Sommer mit mir einschlägt, führt direkt zum Stadion am Osterfeld. Arminia Hannover, Oberliga Nord, und die Spielvereinigung Fürth, Oberliga Süd, bestreiten dort am Nachmittag ein Freundschaftsspiel.

Arminia Hannover ist bekannt für seine technischen Qualitäten und seinen erfolgreichen Sturm. Die Spielvereinigung Fürth war schon zweimal Deutscher Meister und besitzt eine der besten Abwehrreihen des Landes. Der »Goslarschen Zeitung« habe ich das entnommen. Aber hätte mir gestern jemand gesagt, dass ich mir diese Begegnung mit meinem Vater ansehen werde – ich hätte ihn für verrückt erklärt, für reif für die Klapsmühle.

Während wir, wie fast immer, schweigend nebeneinanderher gehen – ich einen Stock unter den Schulterblättern, er trotz der Hitze seine braune Baskenmütze auf dem Kopf –, frage ich mich, warum mein Vater sich zu diesem Schritt entschloss. Vielleicht, überlege ich, will er mich für meinen zunehmenden Gehorsam belohnen. Dass ich im Wald junge Fichten und Fingerhutstauden köpfe, weiß er ja nicht.

Ich wehre mich nicht mehr, wenn mein Vater darauf besteht, die Knickerbocker anzuziehen, diese dreiviertellangen, sich knapp über den Kniestrümpfen plusternden Hosen, die außer ihm und mir niemand im Bergtal trägt und bei deren Anblick die gnädige Frau neulich, wie mir nicht entgangen ist, mit einem leichten Lächeln den Kopf schüttelte. Geduldig schlucke ich morgens, mittags und abends Dr. Buers-Reinlecithin-Bonbons, die gut sein sollen für die Durchblutung meines durch allerlei unnütze Gedanken blockierten Gehirns. Die Pflaster, die meine abstehenden Ohren des Nachts fest an die Schläfen pressen, ertrage ich ebenso wie die Knirschschiene zwischen meiner oberen und unteren Zahnreihe und das Haarnetz, das meinen Scheitel auf Dauer begradigen wird.

Punkte müsste ich bei meinem Vater auch durch meine Bereitschaft sammeln, vor seinen Kriegskameraden, wenn sie es wünschen, »den Hermann« zu machen. Hermann Mehnert ist in der staatlichen Handelsschule, auf die ich wegen meiner mangelhaften Leistungen in der Oberschule gewechselt bin, mein Banknachbar. Immer mal wieder – ich schätze: alle vierzehn Tage – wird er wie aus heiterem Himmel von Krämpfen geschüttelt, denen oft eine kurze Ohnmacht folgt. Einen epileptischen Anfall nennt man das. Wenn die Kriegskameraden mich nun bitten, ihnen diese Attacke vorzuführen, dann läuft das so ab:

Ich trete aus dem Dunkel des Flures auf die Schwelle des Wohnzimmers, verbeuge mich wie der Conférencier Peter Frankenfeld bei der Sendung »1:0 für Sie!« kurz nach allen Seiten, schreite zunächst völlig normal in die Mitte des Raumes, halte plötzlich inne, strecke ruckartig die Hände von mir, lasse sie erstarren und gleich darauf zittern. Dieses Zittern übertrage ich, bevor ich mich auf den Boden werfe, auf den ganzen Körper. Steht Kaffeesahne auf dem Tisch, beschmiere ich am Ende der Vorführung meine Lippen damit. Schaum vorm Mund, bedeutet das.

Wenn ihr Lachen allmählich versickert, zücken die Kriegskameraden ihre Portemonnaies und belohnen mich mit einem Geldstück. Eine Mark ist es meistens je Kriegskamerad. Vier Mark macht das also pro Vorstellung. In einem guten Monat komme ich auf 16 Mark.

In den Nächten nach meinen Auftritten kann ich meist nicht schlafen. Um mich zu beruhigen, halte ich eine Ansprache an meinen Schulkameraden: »Lieber Hermann, ich weiß, wie schrecklich es für dich ist, jederzeit mit diesen Krämpfen rechnen zu müssen. Es kann ja auf der Straße passieren, in der Schule, im Kino oder im Stadion, das du im Gegensatz zu mir besuchen darfst. Glaub mir: Du hast mir neulich wirklich leid getan, als man dich auf dem Schulhof bei der Zusammenstellung von zwei Mannschaften einfach überging. Ich hätte dich, wäre ich für die Auswahl zuständig gewesen, nicht links liegenlassen.

Du kannst dich auch weiterhin darauf verlassen, dass ich der Erste bin, der dir, wenn es dich während des Unterrichts überkommt, die Aktentasche unter den Kopf legt und der dich, weil du nach einem solchen Anfall ja geschwächt bist, nach Hause begleitet. Die Bohnensuppe, lieber Hermann, die mir deine Mutter neulich aus Dankbarkeit serviert hat, war die beste Suppe, die ich je gegessen habe. Grüne Bohnen mit Kartoffelstücken und Hammelfleisch – mir läuft, wenn ich daran denke, noch heute das Wasser im Mund zusammen.

Nie, lieber Hermann, werde ich deine Krämpfe vor unserer Klasse nachmachen – und schon gar nicht, wenn du dabei bist. So gemein, wie es neulich meine Kumpels aus dem Bergtal zu mir waren, wäre ich zu dir nie. Ich bin mit diesen Kumpels am Herzberger Teich unterwegs, und weil es schon stockdunkel ist, hat einer von ihnen eine Taschenlampe bei sich. Plötzlich richtet er ihren Schein vom Weg auf die Böschung und von dort in eine Baumkrone, in der sich der Sohn des Bergmanns Töpperwien an einem Strick aufgehängt hat. Als ich aufschreie, wirft er den

Strick von sich und hangelt sich lachend den Stamm hinab. Man hat mir also einen Streich gespielt.

Warum die Kumpels das mit mir gemacht haben? Ich weiß es nicht. Ich habe jedenfalls keinem von denen etwas getan; wirklich nicht. Vielleicht haben sie sich an mir gerächt, weil sich ihre Väter durch meinen Vater ungerecht behandelt fühlten. Vielleicht hat er ihnen das Weihnachtsgeld gekürzt oder nicht genügend Getränkemarken für das Bergfest genehmigt. Vielleicht wollten sie mir auch zeigen, dass man im Bergtal Menschen verachtet, die mit dem Leben nicht fertigwerden und sich das Leben deshalb nehmen.

Und noch eins, lieber Hermann, möchte ich dir sagen: Das Geld, das mir die Kriegskameraden nach der Vorführung spendieren, benötige ich dringend für meine Zigaretten, von denen ich immer mehr rauche. Zwei Packungen sind es mittlerweile am Tag. Und hast du schon mal was von Danziger Goldwasser gehört? Das ist ein Likör, den die Lebensmittelgroßhandlung List in der Breiten Straße herstellt. Als ich da während der letzten Weihnachtsferien gearbeitet habe, war es meine Aufgabe, das Danziger Goldwasser von einem Fass in Flaschen zu füllen. Ich benutzte dazu einen Schlauch, den ich vor jeder neuen Füllung ansaugen musste.

Schon das bisschen Likör, das an meinen Lippen kleben blieb, tat mir so gut, dass ich gleich danach einen ganzen Schluck davon nahm. Jeden Tag wurde es ein Schluck mehr. Am Ende habe ich mir einen ganzen Vorrat an Flaschen angelegt. Ich halte sie in meinem Zimmer im Bücherschrank versteckt, und wenn es mir mal wieder nicht so gut geht, greife ich nach einer der Flaschen.

Ich bringe, indem ich die Flasche kräftig schüttele, die in dem Likör schwimmenden Goldblättchen zum Tanzen, setze die Öffnung an den Mund, quäle mich mit einem kurzen Innehalten, das meine Gier ins Unerträgliche steigert, nehme den ersten, den zweiten, den dritten, manchmal auch den vierten Schluck und genieße es, wie sich die Wärme vom Magen über den ganzen Körper verteilt. Du kannst es mir glauben: Danach sieht die Welt ganz anders aus. Man fühlt sich irgendwie leichter. Es ist, als wenn man schwebt. Ach, es ist, als ob die Goldblättchen in meinem Kopf weitertanzen. Weißt du was: Ich lade dich mal zu einer Flasche Danziger Goldwasser ein – mein Ehrenwort.«

Im Stadion am Osterfeld füllen sich die Ränge bereits mit Zuschauern. Auf dem Platz machen sich die Spieler mit Laufübungen warm. Der Blick von der halben Höhe des Rammelsberges verschafft mir endgültig Gewissheit: Die Begegnung zwischen Arminia Hannover und der Spielvereinigung Fürth findet statt.

Als wir uns in die Schlange am Kassenhäuschen einreihen, entdecke ich nebenan am Eingang für Kriegsversehrte einen alten Bekannten: den Blinden mit der gelben Binde. Ich winke ihm zu, aber er grüßt nicht zurück. Natürlich nicht. Er sieht mich ja nicht. Dafür winkt mir sein Sohn, der ihn wie immer untergehakt hat, zweimal zu: einmal für den Blinden und einmal für sich selbst. Ich achte genau auf seine Lippen, als er dem alten Herrn etwas ins Ohr flüstert. Ich bin überzeugt, dass es um mich geht, und ich glaube, der junge Mann sagt: »Diesmal hat er seinen Vater mitgebracht.«

Er könnte allerdings auch gesagt haben: »Heute wird die Spielvereinigung Fürth gewinnen.« Die Sätze sind etwa gleich lang, und bei dem »V« in »Vater« und dem »F« in »Fürth« spitzt sich der Mund in ähnlicher Weise. Allerdings besteht das Wort »Vater« aus zwei Silben und der Begriff »Fürth« nur aus einer Silbe. Und kam im letzten Drittel des Satzes nicht eindeutig ein Wort mit zwei Silben vor? Also doch, »Vater« und nicht »Fürth«.

Es müsste meinem Vater auch gefallen, dass mir die Stenografietexte, die er mir seit meinem Wechsel auf die Handelsschule jeden Abend diktiert, immer schneller von der Hand gehen. Zwar bleibt mir ihr Inhalt ebenso fremd wie die nichtssagende Schrift. Aber ich gebe mir Mühe, weil ich auf den Augenblick hoffe, in dem mein Vater zur Belohnung das Fußballverbot aufhebt oder zumindest lockert – ein Wunsch, der sich an diesem Sonntag im Sommer offenbar erfüllt.

Sehr geehrte Damen und Herren! Seit längerer Zeit vermissen wir zu unserem größten Bedauern Ihre Aufträge. Wir erlauben uns daher, Ihnen mit gleicher Post unsere Preisliste Nummer sechsundzwanzig zu übersenden. – Stopp. 80 Silben in der Minute.

Mein Vater war vierzehn, als er im Bergwerk unter Tage als Lehrling anfing. Nur kriechend, hat er erzählt, konnte man sich in den mehrere Hundert Meter tiefen, etwa achtzig Zentimeter hohen und sechzig Zentimeter breiten Stollen bewegen. Blass und ängstlich sieht er auf dem alten Foto aus, das ihn mit einem Schutzhelm auf dem Kopf und einer Karbidlampe in der Hand zeigt. Auch sein Vater, sein Urgroßvater und sein Ururgroßvater waren Bergleute. Sein Vater, also mein Opa väterlicherseits, hat bei einem Unfall im Stollen ein Auge verloren. Auch sein linkes Knie wurde zerschmettert. So arm war die Familie, dass aus der Kartoffelschale noch eine Suppe gekocht wurde.

Mit siebzehn hat mein Vater einen Stenokurs belegt und sich, als er es auf 140 Silben brachte und in dieser Klasse sogar Harzer Meister wurde, bei Bergrat Barry, dem alten Barry, als Bürogehilfe beworben. Heute ist mein Vater Bürovorsteher. »Ohne die Stenografie«, sagt er, »hätte ich das nie geschafft.«

Diskutiert mein Vater mit seinen Kriegskameraden über die Bedeutung einer Schlacht im Ersten Weltkrieg, über die Vorräte an Kupfer und Schwerspat oder über den Unterschied zwischen Fichten und Tannen, beendet er das Gespräch oft mit den Worten: »Bergrat Barry hat gesagt …« Ich glaube, mein Vater hält es nicht für möglich, dass Bergrat Barry sich jemals geirrt haben könnte.

Im Harz erzählt man sich einen Witz, der von einem Steiger und einem Bergrat handelt. *Der Steiger holt sich von dem Bergrat die Erlaubnis, seinen Arbeitsplatz eine Stunde vor Schichtende verlassen zu dürfen. Er müsse sich dringend um seine kranke Frau kümmern. Als er nach Hause kommt, entdeckt er seine Frau im Bett mit dem Bergrat. Der Steiger nimmt Haltung an und sagt: »Entschuldigen Sie bitte, Herr Bergrat, dass ich meinen Arbeitsplatz so früh verlassen habe. Ich hole die Stunde morgen sofort nach, Herr Bergrat!«*

Mein Vater mag diesen Witz nicht. Wenn er irgendwo erzählt wird, verlässt er den Raum und lenkt das Gespräch anschließend sofort auf ein anderes Thema. Ich glaube, mein Vater betet Bergrat Barry an, weil er ihn aus der Nacht des Stollens ins Licht des Büros geführt hat. Das Büro ist seine Kapelle, der Schreibtisch sein Altar. Wie wird er reagieren, wenn ich ihm eines Tages mitteile, dass ich mein Leben nicht zwischen all diesen Ordnern, messerscharf gespitzten Bleistiften und Aktendeckeln verbringen will? Er wird das nicht begreifen. Vielleicht wird er sogar verzweifeln.

Wenn du nicht ins Büro willst, hat mein Vater mal gesagt, dann musst du runter in den Stollen. In den Stollen will ich auch nicht. Was will ich eigentlich? Sportreporter will ich eines Tages werden. Ein Sportreporter wie Herbert Zimmermann. *Czibor – jetzt ein Schuss. Gehalten von Toni!!!! Gehalten! Turek, du bist ein Fußballgott.*

Am 28. November bestellte ich bei Ihnen zur sofortigen Lieferung verschiedene Werkzeuge. Bis heute, also nach zehn Tagen, habe ich weder die Werkzeuge noch eine Versandanzeige erhalten ... Stopp! 100 Silben in der Minute.

Mitglied bei Goslar 08 zu werden, hat mir mein Vater verboten. Beim Goslarer Stenografenverein hat er mich angemeldet, ohne mich vorher zu fragen. Als ich mit diesem Klub an einem Wettbewerb in Wolfenbüttel teilnehme, liegt zwischen zwei Kurzschriftdiktaten eine Pause von mehreren Stunden. Ein Plakat an einer Hauswand verkündet, dass Eintracht Braunschweig, Oberliga Nord, am Nachmittag gegen Kickers Offenbach, Oberliga Süd, spielt. Obwohl die Zeit nicht ausreichen wird, mir das Spiel anzusehen, setze ich mich in den Bus und fahre ins zwölf Kilometer entfernte Braunschweig.

Im Stadion an der Hamburger Straße bin ich der erste und lange Zeit der einzige Zuschauer. Ich beobachte, wie der Platzwart den Rasen abkreidet, die Tornetze anbringt, die Eckfahnen in den Boden rammt. Ich lausche der aus einem Lautsprecher dröhnenden Reklame. *Ist's die Brille, geh zu Wille. Wo Wille wohnt, das weiß ich: Friedrich-Wilhelm-Straße sechsunddreißig.* Genau in dem Moment, in dem die Mannschaften einlaufen (Eintracht Braunschweig in Blaugelb und Kickers Offenbach in Schwarzrot), verlasse ich das Stadion. Ich eile zur Bushaltestelle und fahre zurück nach Wolfenbüttel. Auf die Minute genau treffe ich im Hotel »Marie-Antoinetten-Ruh« ein, wo der Wettbewerb stattfindet. Bei den ersten Sätzen des Diktats habe ich noch den Rasen und die Ränge vor Augen, die zweiundzwanzig Spieler, den Schiedsrichter, die beiden Linienrichter.

Die angekündigte Sendung Hülsenfrüchte ist gestern hier eingetroffen. Zu meinem Bedauern musste ich bei der vorgenommenen Prüfung durch hinreichende Stichproben feststellen, dass die Ware die folgenden Mängel aufweist ... Stopp! 120 Silben in der Minute.

Ich gewinne in Wolfenbüttel in der 120-Silben-Klasse, werde Norddeutscher Meister. In Stenografie bin ich das, was der Hamburger Sportverein im Fußball ist.

Noch vier, fünf Meter trennen uns am Osterfeld-Stadion von der Kasse. Mein Vater zückt das Portemonnaie und zählt das Eintrittsgeld für uns beide ab. Er steckt das Geld ins Portemonnaie zurück, schert aus der Warteschlange aus, macht eine Kehrtwende und zieht mich mit. Für wenige Sekunden wirkt er so, als wolle er ein Wort aus sich herauswürgen. Aber da es seine Lippen nicht erreicht, kann ich es nicht entschlüsseln. Schweigend umrundet er mit mir mehrfach den Platz, von dem uns ein Zaun aus Maschendraht trennt. Das Spiel ist so nah und doch so fern.

Sekundenlang schwebt der Ball über den Kastanienbäumen, die das Stadion säumen. Aber ich weiß nicht, wohin er fällt, welcher Spieler ihn stoppt oder köpft, an wen er ihn weiterleitet, wer ihn daran zu hindern versucht. Schrill tönt die Pfeife des Schiedsrichters. Doch warum pfeift er? Wegen eines Fouls? Weil er eine Ecke gibt? Oder einen Einwurf? Warum tut mir mein Vater das an? Weil er glaubt, dass er keine Macht mehr über mich hat, wenn er sich meiner Fußballleidenschaft beugt?

Ich würde meinem Vater gern sagen: Hättest du mich

Fußball spielen lassen und mir den Besuch des Stadions erlaubt und hättest du mir sogar meinen Traum erfüllt, Mitglied bei Goslar 08 zu werden, dann wäre ich auf dem Ratsgymnasium bestimmt ein besserer Schüler geworden; vielleicht sogar einer der besten. Von den Volksschülern in Bad Grund, die damals die Aufnahmeprüfung für die Oberschule machten, habe ich jedenfalls die meisten Punkte erreicht. Frau Kindler, unsere Deutschlehrerin, hat es vor der ganzen Klasse verkündet. Außerdem irrst du, wenn du glaubst, ich hätte in den vergangenen Jahren nur an meinen Fußball gedacht. An meine Mutter habe ich während des Unterrichts gedacht, wenn ich mal wieder Angst um sie hatte.

In die Lücke, die zwischen zwei Kastanienbäumen klafft, preschen zwei Spieler. Einer trägt eine grüne Hose. Er gehört zur Spielvereinigung Fürth. Der Spieler mit der weißen Hose gehört zu Arminia Hannover. Zuerst verlässt der Ball diesen Bildausschnitt. Dann verschwinden auch die beiden Spieler. Es bleibt eine Leere, wie ich sie von meinen Blicken ins verschlossene Schlafzimmer meiner Mutter kenne. »Proletensport«, murmelt mein Vater, als die Zuschauer nach einer Entscheidung des Schiedsrichters pfeifen.

Oder könnte es sein, dass es mein Vater gar nicht so schlimm findet, dass ich das Gymnasium verlassen musste? Denkt er vielleicht: Das Gymnasium ist nur etwas für die Kinder der Haute wo Laute und die Handelsschule für den Sohn eines Bürovorstehers genau das Richtige? Er lehnt es ja auch ab, mit dem Taxi zu fahren, weil er denkt, ein Taxi steht nur der Haute wo Laute zu, der gnädigen Frau zum Beispiel. Und er geht ja auch nicht in die Bar wie der Lebemann Fritze Flügge oder der Herr Professor, der, obwohl er jeden Tag anderthalb Flaschen Rotwein trinkt, die Zusammensetzung des Erzes so genau einschätzen kann wie kein anderer.

Wenn mein Vater mit seinen Kriegskameraden über ihn spricht, nennt er ihn nicht »Herr Professor«, sondern »Herr Brotfresser«. Er sagt auch »Ofentüre« statt »Ouvertüre«, »besten Dung« statt »besten Dank«, »Ofenholz« statt »Overstolz« und »Dackel« statt »Deckel«. Als wir neulich beim schönen Erich zum Essen eingeladen waren, fragte mein Vater, weil ihn der aus dem Kochtopf aufsteigende Dampf störte: »Wo ist denn der Dackel?« Da kroch der dicke Otto unter den Tisch, schnupperte an den Schuhen der Gäste, bellte ein paarmal und stemmte anschließend, als wolle er wie ein Hund pinkeln, das Bein gegen den Küchenschrank. Die Kriegskameraden lachen oft. Aber so laut und so lange haben sie noch nie gelacht.

Meinem Vater gefällt es allerdings überhaupt nicht, wenn der dicke Otto sagt: »Kack mal ... äh, guck mal!« Er sagt sich wohl, dass das die Sprache der Proleten ist, die sich ja auch beim Fußball danebenbenehmen. War es vielleicht meine Mutter, die durchgesetzt hat, dass ich aufs Gymnasium gehe? Warum hat mein Vater so kurz vor dem Kassenhäuschen das Portemonnaie wieder weggesteckt?

So viele Fragen hätte ich an meinen Vater. Aber ich traue mich nicht, sie zu stellen. Ich habe das Gefühl, dass auch er sich nicht traut, mit mir über Dinge zu reden, die wichtig für uns beide sind – oder nur für mich oder nur für ihn. Doch, neulich hat er sich getraut. Auf der Brücke über die Gose war das, genau an der Stelle, an der fast immer die beiden Forellen stehen, die wir Schüler Max und Moritz nennen.

Ja, wenn Forellen sich minutenlang nicht vom Fleck rühren und nur gelegentlich mit kaum wahrnehmbaren

Flossenschlägen gegen die Strömung ansteuern, dann sagt man, obwohl Fische ja keine Füße haben: Sie »stehen« im Wasser. Bevor man Forellen brät oder kocht oder dünstet, muss man ganz vorsichtig mit dem Messer die Galle entfernen. Schon ein paar Tropfen Gallensaft genügen – und der ganze Fisch schmeckt bitter.

»Du bekommst eine neue Mutter«, hat mein Vater auf dieser Brücke zu mir gesagt und hinzugefügt: »Sie stammt vom Bauernhof.« Er hätte auch sagen können: Du bekommst ein neues Fahrrad, einen neuen Lodenmantel, neue Halbschuhe, eine neue Aktentasche oder einen neuen Ball. Nein, einen neuen Ball würde mir mein Vater nicht schenken. Das »Handbuch des Kaufmanns«, Ausgabe 1951, herausgegeben von Dr. Julius Greifzu, hat er mir zur Konfirmation geschenkt.

Die Auswertung der Kostenrechnung gestattet als Vorrechnung, Nachrechnung oder kombinierte Vor- und Nachrechnung die Überwachung und Steigerung der Wirtschaftlichkeit des Betriebes, die Buchführung der Betriebsergebnisrechnung und die Vorbereitung der Preisbildung.

Meine Mutter hat jeden Morgen zwei Pillen gegen ihre Traurigkeit geschluckt. Ich bekämpfe meinen Widerwillen gegen solche Sätze mit Zeitungsberichten über meine Helden von Goslar 08. *Wolfsburgs sonst überragender Halbrechter Hartmann kam, da er von Thielemann hervorragend bewacht wurde, nur selten zum Zuge.*

Der Wind weht von Osten, als wir uns vom Osterfeld-Stadion schweigend auf den Heimweg machen. Toooor! Der Jubel, der zu uns herüberweht, bedeutet, dass eine der beiden Mannschaften in Führung gegangen ist. Arminia Hannover? Die Spielvereinigung Fürth? Hat ein Stürmer das Tor geschossen? Oder ein Läufer? Oder sogar ein

Verteidiger? War es womöglich ein Eigentor? Hätte der Torwart den Ball halten können? Fiel das Tor aus einer Abseitsposition? War es ein Elfmeter? Oder ein Freistoß? Tut es meinem Vater weh, wenn er mir wehtut?

Er: Huuuuuu.

Ich: Hiiiiii.

Er: Hoooooo.

Ich: Hoooooo.

Oh Gott, derselbe Buchstabe. 1:0 für meinen Vater. Schon wieder. Vom Bauernhof kommt sie also. Ist ein Bauer mehr als ein Bürovorsteher?

12 Hochzeitssuppe

Rüben. Rüben. Rüben. Wohin man auch blickt: Rüben. Ihre in Herbstnebel gehüllten und vor Nässe triefenden Felder säumen, Kilometer um Kilometer, den Bahndamm. Rüben stapeln sich auf den Anhängern der über schlammige Wege schliddernden Trecker. Rüben purzeln von Fließbändern in den Rachen der Zuckerfabrik, deren Schornsteinen weißgraue Schwaden entweichen. Ihr ekelhaft süßlicher Duft dringt, obwohl mein Vater das Fenster unter leisem Fluchen schloss, bis in unser Abteil. Rüben, Rüben, Rüben spuken, während der Zug unaufhaltsam über die Schwellen bollert, auch durch meine Gedanken.

Steckrüben: Es gibt sie 1945, 1946, 1947 bei uns zu Hause fast jeden Tag – als Beilage zu Pellkartoffeln, Bratkartoffeln, Kartoffelbrei, als Spalten und Scheiben in der aus Knochenmark gewonnenen Kraftbrühe, als sämige Fäden im selbst gebackenen Maisbrot. Es gibt sie so oft, dass mir manchmal schon bei ihrem Anblick der Appetit vergeht – was ja, wenn man hungrig ist, auch ein Vorteil sein kann.

Zuckerrüben: Einen ganzen Handwagen voll hat meine Mutter, während ich ihn von ihrer Schulter mit traurigen Augen anblickte, einem Bauern abgeschwatzt. Sie putzt sie, schält sie, zerstückelt sie, füllt in unserer Waschküche in Bad Grund einen Kessel damit. Als sie den hölzernen Deckel hebt, um nachzusehen, ob sich der brodelnde Sud bereits in Sirup verwandelt hat, stößt sie einen die Mittagsruhe der Siedlung am Kurpark zerreißenden

Schrei aus. Einen halben Schritt zurückweichend, zeigt sie auf einen zusammengerollten, pechschwarzen Körper, an dessen Enden sich, als seien dies ihre letzten Zuckungen, ein paar kaum erkennbare Pfoten bewegen.

»Ganz klar: ein Maulwurf«, sagt der alte Bartels, unser durch den Schrei aufgeschreckte Nachbar. »Sirup mit Fleischbeilage – endlich mal was anderes!« Gemeinsam mit meiner Mutter fischt er den verklebten Körper aus dem Kessel und spaltet ihn im Garten mit dem Spaten in zwei Hälften. »Sicherheitshalber. Maulwürfe sind unheimlich zäh. Die ganze Wiese haben sie mir letztes Jahr versaut.«

Stundenlang beratschlagen mein Vater und meine Mutter, ob man den Sirup vernichten oder verzehren soll. »Für ein Jahr würde der Vorrat reichen«, sagt mein Vater. »Aber bei jedem Bissen würde man sich ekeln«, sagt meine Mutter. Am Ende fragt sie mich: »Und du?« Steckrüben hasse ich. Sirup liebe ich. Also sage ich: »Hebt ihn auf; bitte.« Mein Vater blickt mich an und sagt: »2:1 für uns.« Meine Mutter blickt uns beide an und sagt: »3:0 für uns.« Dann eilt sie in die Waschküche und beginnt, den Sirup in Gläser zu füllen.

Als wir meine Mutter, meine richtige Mutter, vor drei Jahren in der Klapsmühle in Woltorf besuchten, sind wir die gleiche Strecke gefahren wie an diesem trüben Herbsttag, an dem wir den Zug bereits auf dem Bahnhof des Dorfes verlassen, aus dem die Frau stammt, die mein Vater »deine neue Mutter« nennt. Auf dem Hof, der ihrer Familie, also auch ihr, gehört, kullert mir eine von einer Laderampe gefallene Zuckerrübe entgegen. Ich stoppe sie mit dem linken Fuß, schiebe sie vorsichtig auf den rechten, also meinen stärkeren Fuß und lasse sie in hohem Bogen in Richtung Rampe fliegen. Genau auf der Spitze eines Rübenberges bleibt sie, ohne den von mir befürchteten Rutsch auszulösen, liegen.

Der für die Rüben verantwortliche Knecht, der bis über die Knie reichende Gummistiefel und eine graue Schirmmütze trägt wie Torhüter Macha, stellt seine Forke beiseite und klatscht mir Beifall. Ich habe das Gefühl, es stört meinen Vater, dass ich auf ihn zugehe, um mich bei ihm zu bedanken. Als ich versuche, ihn in ein Gespräch über Eintracht Braunschweig, Union Salzgitter oder den WSV Wolfenbüttel zu verwickeln, die wichtigsten Vereine dieser Gegend, zieht mich mein Vater ruckartig von ihm weg. Mit einem der auf dem Pflaster verstreuten, schon halb vermoderten Rübenblätter wischt er mir über meine schwarzen Halbschuhe, die ich vor wenigen Stunden unter seiner strengen Aufsicht auf Hochglanz gewienert habe. Doch statt den Dreck zu entfernen, verteilt er ihn. Er ist so nervös, dass er sich auf das, was er tut, nicht mehr konzentrieren kann. »Benimm dich!«, sind die letzten Worte, die ich, bevor wir das Wohnhaus betreten, von ihm zu hören bekomme.

Die andere Frau sitzt an einem der Kopfenden des Tisches, um den sich auch ihre Familie versammelt hat. Sie hat sich extra für diesen Tag neue Dauerwellen legen lassen, und mit ihrem feierlich dunkelblauen Kostüm und der frisch gestärkten weißen Bluse vermittelt sie den Eindruck, dass sie der Haute wo Laute angehört. Mein Stuhl befindet sich in Reichweite zu ihr, und so fällt es mir nicht schwer, die Hand zu ergreifen, die sie mir entgegenstreckt. Was werden ihre, was meine ersten Worte sein? Oft habe ich mir in den vergangenen Monaten diese Frage gestellt.

»Tach«, sagt die neue Frau meines Vaters. »›Guten Tag‹ heißt das«, hat er mich korrigiert, als ich mal die

Frau des kaufmännischen Direktors, also die gnädige Frau aus dem Bergtal in Goslar, im Vorübergehen mit »Tach« grüßte. »Guten Tag, gnädige Frau!«, hat er damals hinzugefügt. Ist die Frau, die sich nach einem kurzen Händedruck wieder von mir abwendet, auch eine gnädige Frau? Nein, ist sie nicht. Eine gnädige Frau sagt nicht »Tach«, sondern »Guten Tag!« – wie die gnädige Frau aus dem Bergtal. Selbst wenn ich sie mit »Tach« grüße, grüßt sie mit »Guten Tag!« zurück. Und meistens sagt sie anschließend noch etwas Nettes zu mir: dass der Sommer so schön ist wie noch nie oder dass ihr Hund, der Chow-Chow, mich besonders gern mag.

Mein Vater blickt mich auffordernd an. Ich habe auf das »Tach« der Frau, die neben mir sitzt, noch nicht geantwortet. »Guten Taaag!«, presse ich aus mir heraus. So laut ist meine Stimme und so gedehnt das »a«, dass man meinen Gruß am Tisch als Frechheit empfinden muss.

Dabei wollte ich nicht frech sein bei meiner ersten Begegnung mit der Frau, die mein Vater »deine neue Mutter« nennt. Ich habe mir gesagt: Sie kann nichts dafür, dass meine richtige Mutter meinen Vater und mich von einem Moment auf den anderen verlassen hat. Und ich habe mir gesagt: Man kann es meinem Vater nicht übelnehmen, dass er zusagte, als ihm der Diplomingenieur Metelmann, der Erfinder eines neuen Aufbereitungsverfahrens für Nichteisenmetalle, ein Treffen mit einer unverheirateten Köchin vorschlug.

Aber hätte mein Vater nicht mit mir reden müssen über diese für uns alle wichtige Veränderung statt sie mir auf der Gose-Brücke nur knapp mitzuteilen? Und kann man nicht erwarten, dass auch die neue Frau das Gespräch mit mir sucht, statt es bei einem »Tach« zu belassen? Wir wissen, hätten die beiden sagen können, dass es nicht einfach für dich sein wird, dich an eine neue Mutter zu gewöhnen. Damit es dir leichter fällt, darfst du bei Goslar 08 Fußball spielen und auch wieder das Stadion besuchen. Die nächste Begegnung auf dem Osterfeld sehen wir uns gemeinsam an.

Eine junge Frau, die sich eine weiße, mit Spitzen verzierte Schürze umgebunden hat und die wohl zu den Bediensteten dieses Haushalts gehört, stellt eine große Terrine auf den Tisch. »Hochzeitssuppe«, sagt sie. Während ich mit diesem Wort ringe, greift mein Vater nach dem kleinen, für den Nachtisch bestimmten silbernen Löffel. Seine neue Frau tauscht den kleinen gegen den großen, für die Hochzeitssuppe vorgesehenen Löffel aus. Sie tut das so schnell und unauffällig, dass sie mich an den Zauberkünstler erinnert, der in der Fernsehsendung »1:0 für Sie!« im Bruchteil einer Sekunde ein Taschentuch in seiner hohlen Hand verschwinden ließ.

Außer mir hat wohl nur noch ihr Bruder, der Bauer und Bürgermeister, den Missgriff meines Vaters bemerkt. Kein Wunder, wenn man aus einer Bergmannsfamilie stammt, sagt sein nach innen gekehrtes, von einem kurzen Hochziehen der Augenbrauen begleitetes Lächeln. Vielleicht denkt er das ja gar nicht. Aber ich denke, dass er das denkt. Und ich denke, auch mein Vater denkt, dass er das denkt.

»Iss!«, zischt mein Vater, als er mitbekommt, dass ich, obwohl alle anderen Gäste längst mit ihren Löffeln in die Hochzeitssuppe fahren, teilnahmslos vor meinem Teller sitze. Ich nehme den großen, also den richtigen Löffel, führe ihn zum Teller, halte kurz vor dem Ziel inne (wie mein Vater neulich vor dem Kassenhäuschen des Osterfeld-Stadions) und lege den Löffel zurück auf seinen Platz.

»Guten Appetit«, schnarrt der Bruder der Frau, die mein Vater in wenigen Wochen heiraten wird. Es klingt wie ein Befehl. Mir gilt er. »Iss!«, befehle ich mir selbst. Ich greife wieder zu dem Löffel – und lasse ihn sinken. Ich kann jetzt nicht essen. Ich kann es nicht. Ach, stünde doch eine Flasche Danziger Goldwasser auf dem Tisch!

Auch die Kohlrouladen und den mit Schokoladensoße übergossenen Pudding rühre ich nicht an. Vielleicht, denke ich, hat mein Vater seiner neuen Frau den Tipp gegeben, dass ich nichts lieber esse als Kohlrouladen und Pudding mit Schokoladensoße. »Er hat's manchmal mit dem Magen«, entschuldigt er sich. Ich widerspreche ihm nicht.

Der Hausherr lässt eine Kiste mit Zigarren kreisen. »Echte Kubaner«, sagt er. Auch mein Vater, den ich noch nie mit einer Zigarre gesehen habe, greift in die Kiste. Er führt die Zigarre an seine Nase, zieht ihren Duft ein, schnauft dabei etwas zu laut und hebt, wie vorhin der Knecht nach meinem Kunststück mit der Rübe, den Daumen. Er senkt ihn erst wieder, als der Hausherr, also sein künftiger Schwager, die anerkennende Geste wahrnimmt.

Mein Vater wendet die Zigarre hin und her, und als ihm klar wird, dass sie keine Öffnung zum Saugen hat, blickt er hilfesuchend in die Runde. Die Gespräche verstummen. Alle Augen richten sich nun auf ihn. Er muss sich jetzt fühlen, denke ich, wie ich vor gut drei Jahren bei der Beerdigung meiner Mutter, meiner richtigen Mutter, als alle Trauergäste mich in der Erwartung anstarrten, dass ich endlich losheule.

Der Biss, mit dem mein Vater die Zigarre am versiegelten Ende zu öffnen versucht, fällt zu heftig aus. Ein Tabakstrunk ragt wie ein aus der Wand gerissenes Kabel ins Leere. Einige der sorgfältig geschichteten Blätter zerbröseln unter dem Druck der Zähne, setzen sich, einen unwiderstehlichen Spuckreiz auslösend, auf den Lippen fest oder rieseln in braunen Flocken auf den einfarbigen Schlips. Hektische Bewegungen mit der flachen Hand befördern sie von dort auf den Seidenteppich, wo sie sich wie aus dem Haar gefallene Schuppen um den Stuhl meines Vaters verteilen. Während das mit einem markigen »Martha!« herbeigerufene Dienstmädchen seinen Platz mit dem Staubsauger umkreist, demonstriert ihm der Hausherr, wie man eine Zigarre fachgerecht für das Rauchen präpariert. Mein Vater, denke ich, ist der Lehrling, sein künftiger Schwager der Bergrat.

Blitzschnell fährt das Messer des Schneidegerätes in das gewölbte Ende der Zigarre und, zack, hat sie ein Loch im Kopf. Ein Streichholz flammt vor dem Gesicht meines Vaters auf. Er nimmt einen so starken Zug, dass sein Loblied auf die Zigarre in einem Hustenanfall erstickt. Tränen verschleiern seine Augen. Denkt er an jemanden? Oder ist es nur der Qualm?

13 Polterabend

Der dicke Otto fährt. Der schlaue Willi klemmt die Kloschüssel zwischen seine Beine. Der schöne Erich hält den Stapel Porzellanteller fest. Wo der Harz aufhört und das Braunschweiger Land beginnt, stimmt er ein Lied an. Es ist das Lieblingslied meines Vaters. Von einer Radtour, die er Ende der zwanziger Jahre mit seinem Mandolinenklub nach Rüdesheim unternahm, hat er es mitgebracht.

Es zogen drei Burschen wohl über den Rhein,
Bei einer Frau Wirtin, da kehrten sie ein:
»Frau Wirtin, hat sie gut Bier und Wein?
Wo hat sie ihr schönes Töchterlein?»

Der Kriegskamerad Fritze Flügge darf nicht mit zum Polterabend, der heute auf dem Hof stattfindet, in den mein Vater einheiratet. Bei einem Lebemann wie ihm, hat mein Vater gesagt, weiß man nie, wie er sich benimmt. Der Kriegskamerad Ernst Ludewig ist auch nicht dabei. Er liegt seit ein paar Monaten auf dem Goslarer Friedhof, nur ein paar Gräber von meiner richtigen Mutter entfernt.

»Polizei nimmt Defraudanten fest«, hieß es in der »Goslarschen Zeitung«, nachdem man den Buchhalter des Erzbergwerks Rammelsberg dabei ertappt hatte, wie er Geld unterschlug. Das Schlimme war, dass das Verbrechen in der Abteilung geschah, die meinem Vater, dem Bürovorsteher und Kriegskameraden, unterstand. Aus der Untersuchungshaft schrieb der Defraudant einen Brief, den er an meinen Vater schickte und an seine Kriegskameraden richtete. Ich habe den Brief gelesen, heimlich.

Liebe Kameraden! Ich weiß, dass ich große Schuld auf mich geladen habe. Und mir ist auch klar, dass es besonders verwerflich ist, einen Kriegskameraden zu hintergehen. Aber, bitte, glaubt mir: Ich konnte nicht anders. Ich weiß auch nicht, warum es dazu kam: Aber ich habe jeden Tag gespielt – erst an Automaten, dann im Kasino in Bad Harzburg. Ich habe versucht, dagegen anzukämpfen, aber es ist mir einfach nicht gelungen. Als sich die Spielschulden auf 3000 Mark beliefen und ich nicht mehr ein noch aus wusste, habe ich in die Kasse gegriffen. Ich werde dafür büßen und alles wieder gutmachen. Bitte, verzeiht mir und gebt mir, wenn ich meine gerechte Strafe abgesessen habe, eine neue Chance. Euer Kamerad Ernst.

Die Kriegskameraden hielten Rat in unserer Wohnung und beschlossen, ihrem Kameraden Ludewig nicht zu verzeihen. Auch ein Gespräch mit seiner um Gnade bittenden Frau konnte sie nicht erweichen. Da hat ihr Kamerad Ludewig in seiner Zelle ein Bettlaken zusammengeknotet und sich erhängt.

Der Erste schlug den Schleier zurück
Und schaute sie an mit traurigem Blick:
»Ach, lebtest du noch, du schöne Maid!
Ich würde dich lieben von dieser Zeit.«

Ich sitze in dem VW-Bus, den der dicke Otto fährt, zwischen zwei Untergebenen meines Vaters: dem Sachbearbeiter Heinrich Brost, der für die Ausgabe der Essensmarken zuständig ist und gerade ein neues Hollerith-Verfahren entwickelt, und dem ehemaligen Schiffskoch Wilhelm Kruse, dem Leiter der Werkskantine. Er hat mir im Herzberger Teich das Schwimmen beigebracht – indem er mich, nach einigen Übungen im flachen Wasser, einfach vom Fünfmeterbrett stieß. Er sprang hinterher und achtete darauf, dass mein Strampeln nach und nach in geordnete Bahnen überging. Als ich ihm erzählte, dass ich manchmal träume, ich würde nach dem Fall in die Tiefe nicht wieder auftauchen, sagte er: »Kannst du nun schwimmen oder nicht?« Und er fügte hinzu: »Beim Barras haben wir das genauso gemacht.«

Die Koteletts, die der ehemalige Schiffskoch in der Werkskantine servieren lässt, sind, wie mein Vater sagt, »groß wie Klosettdeckel«. Und beliebt ist er bei seinen Kollegen auch wegen eines Kunststücks, mit dem er regelmäßig bei Geburtstagen oder Weihnachtsfeiern auftritt: Wenn er blitzschnell seine Zunge zwischen die Lippen stößt, klingt der Ton, den er dazu erzeugt, wie eine Mandoline.

Der Zweite deckte den Schleier zu
Und kehrte sich ab und weinte dazu:
»Ach, dass du liegst auf der Totenbahr'!
Ich hab dich geliebet so manches Jahr.«

Auf dem Gang zwischen den Sitzreihen steht ein Kasten Bier, aus dem sich die Kriegskameraden in immer kürzeren Abständen bedienen. »Feldschlösschen« heißt die Marke. »Schnellfötzchen«, sagt man im oberen Teil des Bergtals, wo die Holzhäuser der einfachen Arbeiter stehen. Es schäumt und zischt, wenn der Emailleverschluss vom Flachenhals springt. Hin und wieder darf auch ich einen Schluck nehmen.

Für den Polterabend habe ich mich mit einer großen Flasche Danziger Goldwasser eingedeckt. Ich halte sie in einer der Wölbungen meiner Knickerbocker versteckt. Um zu verhindern, dass sie mir bei einem heftigen Fußtritt gegen eine Rübe aus der Hose rutscht und über das Pflaster kullert, habe ich den Verschluss so fest wie möglich gezurrt. Noch mehr als vor der Strafe durch meinen Vater fürchte ich mich vor der Vorstellung, ich müsste den Abend ohne meinen Likör über die Runden bringen.

Der Dritte hub ihn wieder sogleich
Und küsste sie an den Mund so bleich:
»Dich liebt' ich immer, dich lieb ich noch heut
Und werde dich lieben in Ewigkeit.«

Kaum ist die letzte Strophe des Liedes verklungen, tuscheln der schlaue Willi und der schöne Erich miteinander. Wie damals in der Klapsmühle in Woltorf, als sich mein Vater mit dem Arzt im Flüsterton unterhielt, versuche ich, so viele Informationen wie möglich aufzuschnappen. Es geht, das vermag ich dem Gewirr aus Stimmen, Motorenlärm und dem Scheppern der Teller zu entnehmen, um die Frau, die mein Vater »deine neue Mutter« nennt.

»Die hat was an den Füßen«, sagt der schöne Erich. Mir ist klar, dass er damit keine Verletzung wie den Knorpelschaden meint, mit sich gerade der Halblinke Fritze Schröder herumplagt, sondern dass diese Redewendung auf die Zeit zurückgeht, in der Zigeuner durch den Harz zogen. Trug eine der Frauen besonders viele und wertvolle Ringe um ihre Fußgelenke, dann ließ das, wie ich dem Bergkalender entnahm, auf ihre Herkunft aus einer reichen Familie schließen. »Wenn die beiden zusammenlegen«, mischt sich der dicke Otto in das Gespräch zwischen dem schlauen Willi und dem schönen Erich ein,

»dann können die sich bald ihr eigenes Häuschen hinstellen. Vielleicht haben sie sich ja schon ein Grundstück ausgekackt – äh – ausgeguckt.«

Als wir uns mit unserem VW-Bus dem Bauernhof nähern, warten mein Vater, die Braut und ihr Bruder, der Hausherr und Bürgermeister, bereits an der Pforte. Mein Vater nimmt Haltung an, schlägt wie ein Soldat die Hacken zusammen, legt die rechte Hand an die Stirn und zieht sie zackig wieder zurück. Es ist, wie sein Lächeln verrät, eine scherzhafte Begrüßung. Aber ich weiß, dass er zu solchen Scherzen nur aufgelegt ist, wenn er sich wohlfühlt. Als seine Kriegskameraden und Kollegen den Bus verlassen und staunend das riesige Anwesen betrachten, füttert er sie, nachdem er sich mit einem prüfenden Blick von der Sauberkeit meiner Schuhe überzeugt hat, mit Informationen über die letzte Rübenernte, die Anzahl der Kühe und Schweine, den verheerenden Hagelschauer.

Wie ein eifriger Hütehund achtet mein Vater darauf, dass sich der schlaue Willi, der es bis zur Mittleren Reife brachte, in der unmittelbaren Nähe des Hausherrn aufhält und sich nicht der unberechenbare dicke Otto, der gerade mal die Volksschule schaffte, zwischen die beiden drängt. Nicht verhindern kann er, dass der dicke Otto plötzlich auf eine Reihe von Vogelnestern zeigt, die er unter dem Dach des Wohnhauses entdeckt hat. Doch sein »Kack mal!« übertönt mein Vater geistesgegenwärtig mit einem etwa genauso langen Begriff: »Schwalben!« Das »Guck mal«, das, wie immer, dem »äh« folgt, ergänzt mein Vater durch einen Satz, mit dem er endgültig die Herrschaft über das Gespräch zurückerobert. »Wenn die Schwalben tief fliegen«, sagt er, »gibt es meistens Regen.«

Die Kriegskameraden, die beiden Kollegen, mein Vater, seine neue Frau, ihre Verwandten und einige Gäste aus dem Dorf bilden einen Kreis, von dem ich mich, ohne dass es jemand merkt, ganz vorsichtig entferne. Ich habe schon fast die Haustür erreicht, als es unter lautem Gejohle zum ersten Mal scheppert. Das war die Kloschüssel. Es folgt, in kurzen Abständen, das Zersplittern der Teller, das in ein vielstimmiges »Prost!« mündet. »Prost!«, spreche ich leise in meinem Zimmer nach und setze die Flasche mit dem Danziger Goldwasser an die Lippen. Ich ziehe die Decke über meinen Kopf und stelle mir vor, Herbert Zimmermann zu sein, der Reporter des Endspiels von Bern. *Schäfer nach innen geflankt, Kopfball, abgewehrt, aus dem Hintergrund müsste Rahn schießen, Rahn schießt – Toooor! Toooor! Toor! Toor! Tor für Deutschland!*

14 Elfmeterpunkt

Alltag im Bergtal. Die Frau, die mein Vater »deine neue Mutter« nennt, kocht und bügelt, putzt und bohnert, näht und lüftet, fegt und jätet, brät und backt, schrubbt und wienert, plättet und häkelt, wischt und wedelt, stopft und püriert, klebt und misst.

Sie kauft ein, saugt Staub, wäscht ab, bezieht die Betten, pflückt Johannisbeeren, klopft den Teppich. Aber sie redet nicht. Jedenfalls nicht mit mir. Oder sagen wir: Sie redet kaum mit mir. Auch meine richtige Mutter hat oft geschwiegen – weil sie krank war und sie sowieso niemand verstand. Die neue Frau meines Vaters schweigt, obwohl sie, wie ich glaube, gesund ist. Sie ist da und gleichzeitig nicht da.

Und wenn sie mal mit mir redet, dann sagt sie solche Sätze: »Tee trinkt man aus Teetassen und nicht aus Kaffeetassen. Und Kaffee trinkt man aus Kaffeetassen und nicht aus Teetassen.« Ich denke dann: Irgendwie hat sie ja Recht. Andererseits bleibt Tee doch auch dann Tee, wenn man ihn aus Kaffeetassen trinkt, und Kaffee bleibt doch auch dann Kaffee, wenn man ihn aus Teetassen trinkt. Das Lieblingswort der Frau, die nun im Bett meiner richtigen Mutter schläft, lautet: akkurat. »Die Hemden müssen akkurat gestapelt sein.« Oder: »Die alte Müllersche ist eine akkurate Frau.«

Als der dicke Otto ihr zum Geburtstag einen Strauß von sechs Nelken überreicht, sagt die von dem großen Bauernhof bei Braunschweig stammende Frau: »Blumen schenkt man nie in graden, sondern immer in ungraden

Zahlen. Sieben ist gut oder fünf, aber nicht sechs.« Der dicke Otto reagiert auf das Ausbleiben eines »Danke schön« mit einem kurzen, verärgert klingenden »Bitttte!«. Fünf Blumen, wundere ich mich, sind also wertvoller als sechs Blumen.

Kein Tag vergeht, an dem ich mich nicht frage, ob aus der Frau, die mein Vater »*deine* neue Mutter« nennt, irgendwann eine Frau wird, die ich »*meine* neue Mutter« nenne. Wird sie wenigstens meine Schwester? Oder meine Tante? Oder meine Freundin? Ich weiß es nicht. Ich weiß nur, dass mir nie mein Vorrat an Zigaretten und Danziger Goldwasser ausgehen darf. Nie.

Auf meinem Bett finde ich nun fast jeden Abend das »Handbuch des Kaufmanns«. Mein Vater, der es dort hinlegt, will mir damit wohl sagen: Es wird Zeit, dass du dich auf eine kaufmännische Lehre vorbereitest. Einige Stellen hat er rot unterstrichen.

Das Hauptbuch symbolisiert die Würde des Buchhalters. Nur der Fachmann findet sich in ihm zurecht; aber er kann sehr viel daraus ersehen. Wenn man den Buchhalter das Gewissen des Betriebes nennt, dann ist das Hauptbuch das Gehirn.

Oder: *Wenn die Preise an die Veränderungen von Angebot und Nachfrage gebunden sind, dann ist die Preisbindung ein marktwirtschaftlicher Vorgang. Trotz der Unterschiedlichkeit der Wertschätzung der wirtschaftlichen Mittel und trotz der differenzierten Leistungsfähigkeit und Tauschbereitschaft der wirtschaftenden Menschen entstehen für die gleichen wirtschaftlichen Leistungen einheitliche Marktpreise.*

An der Wand, auf die ich von meinem Bett aus blicke, hat mein Vater, ohne mich zu fragen, einen Sinnspruch angebracht: *Was du ererbt von deinen Vätern hast, er-*

wirb es, um es zu besitzen. Was habe ich ererbt? Die Fähigkeit, es beim Stenografieren auf 120 Silben in der Minute zu bringen? Was soll ich eines Tages besitzen? Ein Zehntel des Hofes, auf dem die neue Frau an seiner Seite aufwuchs? Eine Hälfte des Hauses, das sich die beiden mit Hilfe ihres Geldes bauen wollen?

Als ich eines Abends allein zu Hause bin, leere ich eine Viertelflasche Danziger Goldwasser, nehme mir einen Stapel Karteikarten aus dem Schreibtisch meines Vaters und beschrifte einige der Karten mit einer Botschaft für ihn und die Frau, die nun im Bett meiner richtigen Mutter schläft. Sie lautet: ICH HASSE MEINE ELTERN!

Ich nehme noch einen Schluck und noch einen und noch einen und schreibe auf die übrig gebliebenen Karten genau das Gegenteil: ICH LIEBE MEINE ELTERN! Ich verteile die Karten in unserer Wohnstube auf dem Sofa, den Sesseln, den Stühlen, dem Tisch, dem Fensterbrett. So lückenlos ist das Zimmer mit meinen beiden Botschaften dekoriert, dass niemand an ihnen vorbeikommt. Aber geht das überhaupt: Jemanden hassen und gleichzeitig lieben?

Du musst dich entscheiden, sage ich mir und nehme noch einen Schluck und noch einen. Bestimmt eine Stunde lang tausche ich die Karten hin und her. Am Ende bleibt als Botschaft übrig: ICH LIEBE MEINE ELTERN! Das stimmt zwar nicht, aber ich möchte wohl, dass es stimmt. Und ich möchte wohl, dass sie antworten: WIR DICH AUCH!

Die Karten sind bereits eingesammelt, als ich am nächsten Morgen auf dem Weg von meinem Zimmer in die Küche die Wohnstube durchquere. Wie werden mein Vater und seine neue Frau reagieren? Auf jeden Fall, denke ich, müssen sie reagieren. Ich bin mir sicher, dass ich diese Aktion ohne den Genuss des Danziger Goldwassers niemals gewagt hätte, und würde mich am liebsten wieder die Dachrinne hinunterhangeln und durch die Wälder streifen wie Rübezahl, der Berggeist aus dem Riesengebirge. Aber auch der Halbrechte Walter Salier läuft ja nicht einfach weg, wenn er es, nachdem er sich den Ball auf den Elfmeterpunkt gelegt hat, plötzlich mit der Angst bekommt. Er muss da durch – egal, ob er trifft und wie das Publikum reagiert.

Also öffne ich die Tür zur Küche, wo mein Vater und die Frau, die nun im Bett meiner richtigen Mutter schläft, bereits frühstücken. Als ich mich zu ihnen setze, spüre ich, wie mein Puls zu rasen beginnt und das Blut gegen meine Schläfen pocht. Ich sehe meinen Vater fragend an. Er entzieht sich meinem Blick und untersucht mit seiner Lupe den Harzkäse. Dann weist er auf die dunklen Wolken über dem Rammelsberg und sagt: »Ist gut für die Ernte, wenn es endlich mal wieder regnet.« Die neue Frau sagt: »Wenn der Hahn kräht auf dem Mist, verändert sich das Wetter oder es bleibt so, wie es ist.« Mehr sagen die beiden an diesem Morgen nicht.

Am selben Tag, mittags. Es gibt Erbsensuppe. Eigentlich mag ich Erbsensuppe. Aber auf der Erbensuppe, die es nun schon zum dritten Mal in dieser Woche gibt, schwimmt ein so dichter Teppich aus fetten Speckstücken, das mir der Appetit vergeht wie früher beim Anblick von Steckrüben. Nun blickt mein Vater mich an. Iss!, befiehlt sein Blick. Ich reagiere nicht. Iss! Du sollst essen!

Ich nehme meinen Löffel – nicht den Löffel für den Pudding, sondern den Löffel für die Suppe – und schlage damit mitten in den Brei aus Erbsen und Speck. Gelbe Flocken sprenkeln die weiße Tischdecke. Dann greife ich mir den Teller mit dem Rest der Suppe und schleudere ihn gegen die Wand. Speckplacken gleiten über den Schleim der Suppe zu Boden. Scherben springen und schurren quer durch die Küche. Mein Vater zieht sich in die Stube zurück und vertieft sich in den Bergkalender. Seine neue Frau fegt die Scherben zusammen, scheuert den Steinboden, wischt die Wand ab – und schweigt.

»Unglaublich«, schimpft am nächsten Morgen Förster Kolle. »In der Fichtenschonung am Herzberg hat jemand fast sämtliche Setzlinge geköpft. Wie nach einem Orkan sah das da aus. Wenn wir den erwischen …«

War ich das? Ja: Das war ich. Wirklich? Wirklich.

15 Polackenkopp

Der in eine weitläufige Parklandschaft eingebettete Wohnkomplex im Bergtal Nummer 8 besteht aus drei Trakten: dem zweistöckigen Haus des kaufmännischen Direktors, unter dessen Dach die gnädige Frau ihre nackten Weiber mit den zu langen Armen und den zu kurzen Beinen malt, der Parterrewohnung des Bürovorstehers und dem langgestreckten Anbau, in dem der technische Direktor des Erzbergwerks Rammelsberg mit seiner Familie lebt. Als Bungalow bezeichnet man einen solchen Bau. »Bungaloff« spricht mein Vater dieses Wort aus.

Zwischen unserer Wohnung und dem Bungalow gibt es eine Verbindungstür, die auf mich seit einiger Zeit eine größere Anziehungskraft ausübt als die beiden Forellenteiche oder die Felswand hinter unserem Garten. Die Toilette des Dienstmädchens Christa befindet sich hinter dieser Tür.

Christa ist knapp über zwanzig Jahre alt und heißt bei den Kriegskameraden nur »Polackenkopp«. Das ist wohl darauf zurückzuführen, dass ihre ostpreußische Heimat, die mein Vater »kalte Heimat« nennt, nach dem Krieg an Polen fiel und dass Christa irgendwie anders aussieht als die jungen Frauen aus dem Harz. Mir gefallen an ihr vor allem ihre blauen Augen, ihre Stupsnase, ihre langen blonden Haare und ihr fast mondrundes Gesicht.

Torwart Macha, der auch aus der »kalten Heimat« stammt, hat, wie ich finde, ein ähnliches Gesicht. Hätte er so lange Haare wie Christa, denke ich manchmal, dann sähe er genauso aus wie sie. Und umgekehrt sähe Christa mit kurzen Haaren aus wie Torwart Macha. Auch seine graue Schlägermütze würde ihr bestimmt gut stehen. Kurz nach ihrer Beerdigung habe ich mal ein Kleid meiner Mutter, das im Schlafzimmer noch in ihrem Schrank hing, übergestreift und dazu ihren schwarzen Hut mit der breiten Krempe aufgesetzt. Als ich mich danach im Spiegel betrachtete, dachte ich, meine Mutter sehe mich an. Ich beugte mich zu ihrem Ebenbild vor, wollte mit ihm verschmelzen, aber dabei hauchte ich einen weißen, meinen Blick verstellenden Schleier auf das Glas.

»An Kristina Söderbaum erinnert sie mich«, sagt mein Vater über Christa.

»Die Reichswasserleiche«, sagt der schlaue Willi.

»Der Führer hat sie sehr geschätzt«, sagt der schöne Erich.

»Darauf kannst du einen lassen«, sagt der dicke Otto.

In einem Polenstädtchen,
da wohnte einst ein Mädchen,
das war so schön.
Es war das allerschönste Kind,
das man in Polen find',
aber nein, aber nein, sprach sie:
Ich küsse nie.

Wenn wir uns auf unserem Grundstück begegnen, blickt mich Christa mit einem Lächeln an, das meinen Puls genauso rasen lässt wie neulich der Gang von meinem Zimmer zu meinen am Frühstückstisch wartenden Eltern oder das Foul eines gegnerischen Stürmers an Torwart Macha. Meistens drehe ich mich, nachdem wir aneinander vorbeigegangen sind, noch einmal nach Christa um. Es ist seltsam: Genau in diesem Moment dreht auch sie sich um. Gut, dass sie auf diese Entfernung nicht erkennen kann, wie mir die Röte ins Gesicht steigt. Ob auch sie errötet? Würde ich in ihrer Dachkammer Karteikarten mit der Aufschrift »ICH MAG DICH!« auslegen, würde sie bestimmt mit Karteikarten antworten, auf denen steht: »ICH DICH AUCH!«

Es kommt vor, dass ich mich gerade in unserem Badezimmer aufhalte, während Christa ihre genau gegenüber liegende Toilette benutzt. Durch ein lautes Räuspern geben wir uns zu verstehen, dass wir uns ganz nah sind, nur getrennt durch zwei Türen und einen schmalen Flur. Danach geben wir uns Signale, indem wir die Toilettenspülung benutzen. Ziehe ich zweimal, zieht auch sie zweimal. Ziehe ich dreimal, zieht auch sie dreimal.

Wir sind beide froh darüber, eine Möglichkeit gefunden zu haben, uns trotz der räumlichen Trennung zu verständigen, belassen es aber bei höchstens drei Signalen. Es ist Christa, die diese Grenze plötzlich überschreitet und ein viertes Signal hinterherschickt. Unüberhörbar dreht sich sofort danach der Schlüssel im Schloss der Toilettentür. Das bedeutet: Der Weg zu ihr ist frei.

Früher, als sich meine Mutter, meine richtige Mutter, tagelang unter der Beckdecke verkroch, stand ich vor einer verschlossenen Tür – und hatte Angst, Angst, Angst. Nun stehe ich vor einer Tür, die ein ganz, ganz liebes Dienstmädchen aus Ostpreußen extra für mich geöffnet hat – und habe Angst, Angst, Angst. Glaub es mir, liebe Christa: Kein Tag verging in den letzten Wochen, an dem ich mir nicht gewünscht habe, dir ganz nahe zu kommen. Sogar geträumt habe ich nachts davon. Und jetzt, wo ein Schritt genügen würde, mir – nein: uns – diesen Traum zu erfüllen, traue ich mich nicht, ihn zu tun.

Ich traue mich nicht, liebe Christa, weil ich mir selbst

nicht vertraue. Der hat wohl kein Selbstvertrauen, hat der Kriegsblinde mal gesagt, als ihm sein Sohn im Osterfeld-Stadion schilderte, wie Linksaußen Juppe zwei Meter vor dem leeren Tor einen Ball verstolperte. Wenn er, obwohl er doch von seinem Sohn geführt wird, mit seinem Stock ganz vorsichtig seine Umgebung abtastet und vor jedem neuen Schritt zögert, dann merkt man, dass auch dem Kriegsblinden das Selbstvertrauen fehlt.

Ich kann dir genau sagen, Christa, wann ich zum ersten Mal das Gefühl hatte, nichts wert zu sein. Nach der Übertragung des Länderspiels zwischen Deutschland und Jugoslawien war das, als meine Mutter, meine richtige Mutter, ankündigte, ihr Leben zu beenden und mich mitzunehmen. Zu nichts mehr hatte ich Lust danach.

Und ich kann dir auch sagen, Christa, nach welchen Erlebnissen ich mich wahrscheinlich getraut hätte, über die Schwelle deiner Toilettentür zu treten und dir zu folgen, am liebsten bis in dein Bett. Die Mannschaft des Bergtals, das ist mein erstes Beispiel, spielt gegen die Elf der Rammelsberger Straße. 2:1 steht es für uns. In den letzten Minuten stürmt nur noch der Gegner. Ich fange und fauste, hechte und halte kurz vor dem Abpfiff sogar einen Elfmeter. »Torwart Macha ist nichts gegen dich«, sagt ein Mitspieler nach unserem Sieg.

Mit meiner Handelsschulklasse, das ist mein zweites Beispiel, besuche ich die berühmte Industriemesse in Hannover. Die Messe mit ihren Maschinen, Kränen, Pavillons finde ich todlangweilig. Das Einzige, was auf mich bei dieser Reise einen Reiz ausübt, ist die Fahrt über den Bischofsholer Damm, wo wir am Stadion von Arminia Hannover, Oberliga Nord, vorbeikommen. Durch eine Lücke im Zaun erkenne ich ein Stück Rasen, eines der beiden Tore, die Bande mit der Reklame, die

Hälfte des Tribünendaches, über dem ein Schwarm Tauben kreist.

Auf der Rückfahrt nach Goslar herrscht im Bus dann das absolute Chaos. Halb geleerte Bierflaschen kullern, Pfützen aus Schaum hinterlassend und einen widerlich süßen Duft verbreitend, über den Boden. Die Jungen zielen johlend mit zusammengeknülltem Papier auf die Mädchen, die sich kreischend hinter ihren Sitzen verstecken. Eine Gruppe grölt irgendwelche Lieder, eine andere bepöbelt sich beim Kartenspiel.

Als der Fahrer damit droht, uns mitten auf der Strecke stehen zu lassen, winkt mich Frau Heinze, unsere Klassenlehrerin, zu sich. »Du bist von allen der Vernünftigste«, sagt sie. »Bitte tu irgendwas, damit hier wieder Ruhe herrscht. Wenn sie auf einen hören, dann auf dich.«

Ich, der Vernünftigste? Ausgerechnet ich? Ich erschrecke regelrecht, als Frau Heinze das zu mir sagt. »Du kommst nie zur Vernunft!«, hat mein Vater x-mal prophezeit. Und war ich nicht bis eben im Bus der Lauteste und Wildeste von allen? Ich greife mir das neben dem Fahrersitz verankerte Mikrofon und ziehe die Aufmerksamkeit auf mich, indem ich für fünfzehn, zwanzig Sekunden überhaupt nichts sage und mich darauf beschränke, mein Publikum mit meinen Blicken zu fixieren. Peter Frankenfeld, der Conférencier der Sendung »1:0 für Sie!«, macht das, wie ich im »Maltermeister« beobachtet habe, genauso.

Als es mucksmäuschenstill ist im Bus, frage ich in die Runde: »Kennt ihr den Reporter Herbert Zimmermann?«

»Jaaaa.«

»Soll ich für euch den Herbert Zimmermann machen?«

»Jaaaa!«

Es ist ein großer Tag, es ist ein stolzer Tag. Seien wir nicht so vermessen zu glauben, er müsste erfolgreich ausgehen. Danken wir auf jeden Fall unseren tapferen Jungens für die großartige Leistung ... Aus! Aus! Aus! Das Spiel ist aus ... Deutschland ist Weltmeister! Schlägt Ungarn mit 3:2 im Finale zu Bern ...

Solche Erlebnisse, Christa, haben mich aufgebaut. Aber dann ist auf der Gose-Brücke plötzlich von einer »neuen Mutter« die Rede und dann macht dein Vater auf dem Weg zum Stadion kurz vor dem Kassenhäuschen kehrt – und schon fällst du wieder in ein schwarzes Loch. Auch Goslar 08 hat in der Saison, in der die Blauweißen fast abgestiegen wären, einige tolle Spiele hingelegt. Das reicht aber nicht, wenn du immer wieder zurückgeworfen wirst.

Erschrocken habe ich mich, liebe Christa, als ich neulich in der »Goslarschen Zeitung« auf eine Schlagzeile stieß, die deine Heimat betraf. »Ostpreußen dennoch deutsch und allzeit unser«, lautete sie. 50000 Vertriebene, hieß es in dem Bericht, hätten bei dem Heimattag in Hannover bekundet, eines Tages nach Ostpreußen zurückzukehren. Würdest auch du zurückkehren? Du kannst es mir glauben: Ich wäre dann ganz traurig.

Mitten in meine Gedanken hinein rauscht von der anderen Seite des Flures die Toilettenspülung – viermal, fünfmal, sechsmal: Nun komm schon! Ich bin allein in der Wohnung. Aber viel Zeit haben wir nicht.

Ich rühre mich nicht von der Stelle und warte darauf, dass Christa die Initiative ergreift. Komm, Christa, komm! Nein, Christa, bitte, komm nicht. Komm! Komm! Um Himmels willen: Lass es. Es knarrt. Ist es Christas Tür? Es ist mein Badezimmerfenster. Gott sei Dank.

Wieder rauscht auf der Toilette gegenüber die Spülung – fünfmal, sechsmal, siebenmal. Ich kann nicht, Christa. Ich kann nicht. Wenn du Bomber-Irmchen wärst – ich glaube, dann könnte ich. Bomber-Irmchen, Christa, hat ein Zimmer in dem frei stehenden Haus an der Immenröder Straße 25. »Puff« nennt man dieses Haus in Goslar.

Wie es zu dem Namen Bomber-Irmchen kam? Ich habe mir das so zusammengereimt: Die gewaltigste Bombe, die es gibt, ist – denk an Hiroshima, Christa – die Atombombe. Zu den gewaltigsten Titties sagt man Atombusen. Und da Irmchen, die ich schon mal von der gegenüberliegenden Straßenseite beobachtet habe, noch größere Titties besitzt als Silvana Mangano, nennt man sie eben Bomber-Irmchen.

Bei ihr stelle ich mir das so vor: Man zahlt, macht es und geht wieder. Wenn ich die fünfzehn Mark zusammenhabe, die das bei ihr kostet, werde ich mir, um mich ein paar Jahre älter zu machen, den Hut meines Vaters aufsetzen, die Doppelstunde Betriebswirtschaftslehre schwänzen und einfach bei ihr klingeln.

Bomber-Irmchen soll nett sein. Aber sie ist nicht lieb. Und wenn sie es doch ist, dann spart sie sich das für ihren Freund auf, falls sie einen hat. Bei dir ist das ganz anders, Christa. Du bist zu mir wie Bomber-Irmchen zu ihrem Freund ist. Ich glaube, deswegen habe ich Angst vor dir. Ich habe Angst davor, zu grob zu dir zu sein.

Auch bei meiner Mutter, meiner richtigen Mutter, musste man immer ganz vorsichtig sein. Ein falsches Wort, ein falscher Blick – und schon hat sie sich den ganzen Tag im Schlafzimmer eingeschlossen. Sie war übrigens der letzte Mensch, der mich berührt hat.

Im Frühjahr 1952, also wenige Monate vor ihrem Tod,

sind wir mit dem Zug nach Seesen unterwegs. Ich habe eine Mittelohrentzündung, und sie kennt in Seesen einen Spezialisten. Weil ich es vor Schmerzen kaum aushalten kann, nimmt sie mich während der ganzen Fahrt in den Arm. Das hat geholfen, Christa. Ich habe meine Schmerzen kaum noch gespürt. Und als der Arzt mich behandelte, habe ich sogar gedacht: Hoffentlich findet er kein Mittel gegen diese Entzündung.

Sich berühren: Ich weiß gar nicht mehr, was das ist, Christa. Okay: Wenn ich bei Spielen unserer Straßenmannschaft gut gehalten habe, dann haben mich manchmal meine Kameraden umarmt. Aber das ist etwas anderes. Und außerdem: Fußball spielen darf ich ja nun auch nicht mehr. »Du sollst nicht immer ›Okay‹ sagen, schimpft mein Vater. »›Okay‹ sagt der Ami.«

Einmal noch rauscht es kurz hinter der Tür zu Christas Toilette. Es klingt, als wollte sie sagen: Mir reicht's. Wenn du nicht willst, dann will ich eben auch nicht mehr. Vielleicht meint sie es ja gar nicht so. Aber ich habe das Gefühl, dass sie es so meint. Bevor ich in meinem Zimmer eine der Flaschen mit dem Danziger Goldwasser ansetze, streichele und küsse ich sie.

16 Proletensport

Eis. Eis. Eis. An die Fensterscheibe meines Zimmers malt es Sträuße aus zerfasernden Blumen. In Zapfen hängt es bedrohlich von den Dächern. Auf dem Beton der Rammelsberger Straße formt es scharfkantige Wellen, die in der Mittagssonne blitzen wie die Messer und Gabeln in unserem Besteckkasten.

Eis deckt die Bäche und Teiche. Nur an den wenigen porösen Stellen zeigt sich manchmal der schwarze Schemen einer Forelle. Auf dem Hohlweg zwischen Förster Kolles Holzhaus und unserem Grundstück sausen Schlitten über stahlharte Buckel. Hier und da lässt ein eisiger Wind pulvrigen Schnee von den Zweigen rieseln.

Asche aus den Öfen der Arbeitersiedlung hinter dem Deich des Herzberger Teiches besänftigt den Pfad, der sich vom »Maltermeister Turm« hinunter ins Bergtal schlängelt. Während mein Vater bei unseren wortlosen Spaziergängen die bestreute Mitte benutzt, weiche ich auf die mit Eis bedeckten Ränder aus. Auch beim Fußball habe ich als Feldspieler lieber einen risikoreichen Pass geschlagen statt die Verantwortung sofort an einen frei stehenden Nebenmann abzuschieben. Ich bin stolz und empfinde es als Sieg, wenn ich das Ziel trotz einiger Ausrutscher vor meinem auf Sicherheit bedachten Vater erreiche.

Wie gut, dass er mich nicht morgens auf meinem Schulweg begleitet. Dann würde er nämlich mitbekommen, wie meine Schritte vor der Brücke über die Gose langsamer und unsicherer werden. Der aus dem Bett des

Baches aufsteigende Dunst gefriert an diesen vor Kälte klirrenden Tagen auf den Bohlen und sogar auf dem Geländer zu einer spiegelglatten Glasur, und so mischt sich das Unbehagen, das die Erinnerung an die exakt an diesem Ort überbrachte Nachricht von der »neuen Mutter« in mir auslöst, mit der Angst vor einem Sturz, der meinen Traum, irgendwann wieder Fußball spielen zu können, endgültig begraben würde. Also warte ich geduldig, bis sich an diesem Nadelöhr so viele Schüler einfinden, dass man sich unterhaken und die Gefahr gemeinsam meistern kann.

»Platz da!«, kommandiert plötzlich eine Stimme aus dem Hintergrund. Da wir nicht sofort auseinanderstreben, stößt der Realschullehrer Albert Minnich, den man in Goslar »Kopfnuss-Albert« nennt, einen der Schüler zur Seite. Der Junge strauchelt, schlägt auf das Eis, bleibt liegen, krümmt sich wie mein Klassenkamerad Hermann, wenn ihn ein epileptischer Anfall übermannt, oder wie Torwart Macha, nachdem ihn ein gegnerischer Stürmer mit gestrecktem Bein attackiert hat.

»Ganz klar: Arm ausgekugelt!«, sagt der Arzt im Krankenhaus Theresienhof, das nur ein paar Dutzend Meter von der Gose-Brücke entfernt liegt und in das Eberhard Dremmler, der Sohn des technischen Bergwerkdirektors, und ich den Verletzten geschleppt haben. Obwohl wir im Bergtal Nummer 8 Tür an Tür wohnen, blieb es zwischen uns bisher bei einem unverbindlichen »Tach!«. Doch als ein Schmerzensschrei nach dem anderen durch den Krankenhausflur hallt, sind wir uns, ohne große Worte zu verlieren, einig: An »Kopfnuss-Albert« werden wir uns rächen.

An der Frankenberger Kirche trennen sich unsere Wege zunächst. Eberhard Dremmler biegt in Richtung

Ratsgymnasium ab, ich in Richtung Handelsschule. Wir verabreden uns für den Nachmittag. »Zur Lagebesprechung«, wie sich Eberhard Dremmler ausdrückt.

Der Direktor, das ist ein Gesetz am Erzbergwerk Rammelsberg, kommt nicht zum Untergebenen, sondern der Untergebene, also auch der Bürovorsteher, zum Direktor – aber auch nur, wenn der Direktor es wünscht. »Gehe nie zu deinem Fürst«, sagt mein Vater, »wenn du nicht gerufen wirst.« Auch für den Sohn des Untergebenen ist es selbstverständlich, dass er den Sohn des Direktors aufsucht – und nicht umgekehrt. Und da es der Sohn des Direktors war, der für den Nachmittag eine »Lagebesprechung« anregte, klingele ich zum ersten Mal seit unserem Umzug vom Roland in Bad Grund zum Bergtal in Goslar an der Eingangstür des Traktes, den mein Vater »Bungaloff« nennt.

Es ist Christa, das Dienstmädchen, das öffnet. Nach einer Schrecksekunde strecke ich Christa die Hand entgegen. Aber sie weicht der Berührung aus. Ich suche ihren Blick. Doch ihre Augen, die bei unseren Begegnungen im Garten jedes Mal aufleuchteten, bleiben matt. Sie bittet mich, als sei ich ein Gast wie jeder andere, freundlich über die Schwelle und zieht sich zurück. Ob sie sich, bevor sie in das Halbdunkel des Flures eintaucht, noch einmal nach mir umdreht? Sie tut es nicht. »Hey«, begrüßt mich Eberhard Dremmler und drückt mir so fest die Hand wie Bomber-Irmchen, als ich sie in ihrem Zimmer in der Immenröder Straße 25 besuchte.

Der Sohn des technischen Direktors ist gut ein Jahr jünger als ich. Ohne die Beziehungen seines Vaters, munkelt man im Bergtal, hätte er das Gymnasium wegen seiner mangelhaften Leistungen längst verlassen müssen. Da mir genau das passiert ist und ich dies als ungerecht empfinde, nutze ich die Chance, Eberhard Dremmler auf dieses Thema anzusprechen. Mit einer Stimme, die unverbindliche Neugier heuchelt, frage ich: »Na, wie läuft's bei dir in der Schule?« Kaum habe ich die Frage ausgesprochen, erschrecke ich über meinen Vorstoß. Wie kannst du, höre ich meinen Vater sagen, den Sohn des Direktors in Verlegenheit bringen ... Ich habe ohnehin das Gefühl, dass er mich von diesem »Bungaloff« genauso fernhalten möchte wie von der Holzhütte des Volksschülers Jörg, der an meinem zwölften Geburtstag plötzlich mit einem abgewetzten Tennisball vor unserer Tür stand.

»Wie's mit der Schule aussieht?«, wiederholt Eberhard Dremmler meine Frage. Und dann schickt er ein Wort hinterher, das ich vom dicken Otto erwartet hätte, aber nicht von diesem Gymnasiasten. »Beschissen!«

»Und?«

»Was: Und?«

»Und wie kommst du klar damit?«

»Mein Vater ist ein Blutsbruder meines Mathelehrers. Und mein Mathelehrer ist gleichzeitig mein Klassenlehrer.«

»Was ist das – ein Blutsbruder?«

»Blutsbrüder gehören derselben schlagenden Verbindung an. Sie fechten mit dem Degen gegeneinander und dabei passiert es immer wieder, dass die Klinge das Gesicht trifft. Weil meistens auch Blut fließt, heißen sie Blutsbrüder.«

»Hat dein Vater deswegen diese Narben neben der Lippe?«

»Genau. Schmisse nennt man diese Narben. Die Blutsbrüder sind mächtig stolz darauf. Blutsbrüder, die schon länger dabei sind, dürfen sich auch ›alte Herren‹ nennen. Mein Vater ist ein ›alter Herr‹.«

»Und dein Mathelehrer?«

»Der ist auch ein ›alter Herr‹.«

Eberhard Dremmler steigt aus der Untiefe seines gewaltigen Sessels auf, nimmt sich eines der Biergläser aus der Vitrine und umfasst, als wolle er ihn zerdrücken, den Henkel. »Wenn sie mit dem Fechten fertig sind«, sagt er, »saufen die Blutsbrüder literweise Bier und sagen dazu Sprüche auf. Weil ich auch mal ein Blutsbruder werden soll, hat mein Vater mich neulich zu einer solchen Sauferei mitgenommen.«

Der Sohn des technischen Direktors, Blutsbruders und ›alten Herrn‹ Ernst Dremmler nimmt Haltung an und presst das Glas gegen die unterschiedlichsten Stellen seines Körpers.

Von dem Boden
an die Hoden,
von den Hoden
an die Mitte,
von der Mitte
an die Titte.
Auf dem Teiche
schwimmt eine Leiche,
ihr Arsch ist bemoost –
Prost!

Als proste er den Blutsbrüdern seines Vaters zu, streckt Eberhard Dremmler das Glas in alle Richtungen aus. Der Kreis schließt sich genau an der Stelle, an der, schwarz gerahmt und mit einem seidenen Trauerflor versehen, das Bild einer gütig blickenden Frau von vielleicht vierzig Jahren hängt. Vor einigen Monaten, so viel weiß ich von ihr, ist sie gestorben. »Krebs, Gehirntumor«, hat das Dienstmädchen meiner neuen Mutter zugeflüstert.

Natürlich weiß Eberhard Dremmler, dass ich weiß, um wen es sich handelt. Doch als wolle er keine Gelegenheit auslassen, sich zu dieser Frau zu bekennen, sagt er: »Meine Mutter.« Und er fügt hinzu: »Meine richtige Mutter.«

»Und gibt es …«

»Ja, ich bekomme bald eine neue Mutter. Hat mir mein Vater jedenfalls gesagt.«

»Hat er dir auch gesagt, wer diese Frau ist?«

»Nein. Er hat nur gesagt: ›Du bekommst bald eine neue Mutter.‹ Mein Vater redet nicht viel. Jedenfalls nicht mit mir. Der sagt einfach was, und dann musst du es schlucken. Ach so, er hat noch gesagt: ›Du bekommst jetzt auch einen Bruder. Der ist genauso alt wie du.‹«

Wir achten darauf, dass sich unsere Blicke nicht kreuzen, und sind froh, dass ein aus der Küche zu vernehmendes Räuspern uns das Schweigen etwas erträglicher macht. Es ist Christa, die das Geräusch von sich gibt – einmal, zweimal, dreimal. Enthält es eine Botschaft für uns oder für einen von uns beiden?

Vielleicht will Christa mir sagen: Noch ist nichts verloren für dich – du musst nur ein bisschen Mut und Geduld haben. Vielleicht will sie Eberhard Dremmler sagen: Erzähl ihm nicht so viel von deiner neuen Mutter; er hat das auch alles hinter sich und du könntest ihm wehtun. Oder räuspert sich Christa einfach so? Ich räuspere zurück – einmal, zweimal, dreimal. Das einzige Geräusch, das aus der Küche zu uns dringt, ist das Klappern von Geschirr. Könnte es sein, dass sich Christa trotzdem räuspert und ihr Räuspern in diesem Geräusch untergeht?

Darauf bedacht, unserem Gespräch eine andere Richtung zu geben, frage ich Eberhard Dremmler: »Sag mal: Interessierst du dich eigentlich für Fußball?«

»Fußball? Nein: Aus Fußball mach ich mir überhaupt nichts. Hockey mag ich. Goslar 08 ist so gut, dass die Mannschaft jedes Jahr an der Deutschen Meisterschaft teilnimmt – im Hockey, nicht im Fußball.«

»Und Mittelläufer Thielemann hat einen Stammplatz in der Niedersachsen-Auswahl.«

»Mein Gott: Niedersachsen-Auswahl ... Günther Brennecke von der Hockeymannschaft ist für die Olympischen Spiele in Melbourne nominiert.«

»Ich finde Fußball trotzdem spannender.«

»Ach, Fußball ist doch ein Proletensport.«

Proletensport. Ich zucke zusammen, als dieses Wort fällt. Sprach mein Vater, als wir während des Spiels zwischen Arminia Hannover und der Spielvereinigung Fürth den Platz am Osterfeld umrundeten und die Zuschauer den Schiedsrichter auspfiffen, nicht von »Proletensport«? Hat Eberhard Dremmler diesen Begriff vielleicht von seinem Vater? Und hat sein Vater ihn womöglich während eines Gesprächs mit meinem Vater erwähnt? Mir ist klar: Wenn das der Fall ist, kann ich die Hoffnung endgültig fahrenlassen, dass mir das Fußballspielen oder wenigstens der Besuch des Stadions jemals wieder erlaubt wird.

Im Bergtal sagt man »der Alte«, wenn man von Direktor Dremmler spricht. »Der Alte« hat angeordnet ... »Der Alte« hat beim Bergfest gesagt ... »Der Alte« meint ... »Der Alte« war ... »Der Alte« wird ... »Der Alte« soll ... Es gibt zwei Geschichten über »den Alten«, die ich in- und auswendig kenne. Die eine erzählt der Betriebsratsvorsitzende Erich Wiederhold, der sich im »Maltermeister« nach der Sendung »1:0 für Sie!« mit meinem Vater zankte.

Bevor er zum Rammelsberg kam, berichtet der Betriebsratsvorsitzende, war »der Alte« Bergwerksdirektor in Peru. Bis zu 18 Stunden mussten die Kumpel täglich schuften. Wenn sie nicht mehr konnten, habe »der Alte« dafür gesorgt, dass ihnen die süchtig machenden Kokablätter entzogen wurden. Um an neuen Stoff zu kommen, haben die Kumpel wieder rangeklotzt bis zum Umfallen.

Die andere Geschichte erzählt mein Vater bei fast jedem Treffen mit seinen Kriegskameraden: »Der Alte« ist mit seinem Fahrer unterwegs zur Konzernzentrale in Hannover. Mitten in einem Dorf an der Bundesstraße 6 lässt »der Alte« den schwarzen Mercedes anhalten und rennt in eine für ihre Mettbrötchen bekannte Schlachterei. Er kehrt mit zwei Mettbrötchen zurück, weist seinen Fahrer an, auf einem Parkplatz anzuhalten und verzehrt die Brötchen auf dem Rücksitz seines Dienstwagens.

»Auf einem Parkplatz?«, fragt der dicke Otto.

»Auf einem Parkplatz«, sagt mein Vater.

»Der Alte?«, fragt der schlaue Willi.

»Der Alte.«

»Der Alte frisst in seinem Mercedes ein Mettbrötchen ... Das hast du doch erfunden«, sagt der schöne Erich.

»Sein Fahrer«, sagt mein Vater, »hat es mir selbst erzählt.«

Auf einem kleinen Tisch neben meinem Stuhl liegt eine Schallplatte. Ihre Hülle zeigt das Bild eines Schwarzen, der eine Trompete bläst. »Louis Armstrong«, sagt der Sohn des Direktors. »Soll ich die Platte mal auflegen?« Als mich mein Vater vor einigen Jahren dabei erwischte, wie ich vor unserem Blaupunkt-Radio saß und der Hitparade des amerikanischen Soldatensenders AFN lauschte, hat er mir ein für alle Mal verboten, diese »Negermusik« zu hören. Das »Ja!«, mit dem ich auf Eberhard Dremmlers Angebot antworte, klingt wie ein Trompetenstoß.

Oh the shark has pretty teeth dear.
And he shows them pearly white.
Just an Jack-knife has Mackeath dear.
And he keeps it out of site.

»Klasse«, sage ich, als das immer wieder von der rauchigen Stimme des Negers unterbrochene Trompetensolo verklingt. Und übergangslos füge ich hinzu: »Wir müssen es nachts machen.«

»Was müssen wir nachts machen?«

»Kopfnuss-Albert seinen Denkzettel verpassen.«

»Hast du schon einen Plan?«

»Ja: Aber den verrate ich erst, wenn der Winter vorbei ist. Eis und Schnee können wir bei unserem Racheakt nicht gebrauchen. Wichtig ist, dass wir zu unserem Wort stehen.«

Wir blicken uns an und reichen uns, ohne den Blick zu senken, die Hand. So lange hat sich meine Hand noch nie mit einer anderen Hand verschränkt. »Ehrenwort?«, frage ich. »Ehrenwort«, sagt der Sohn des technischen Direktors, »Indianer-Ehrenwort.«

Aus der Küche ist wieder ein Räuspern zu hören – einmal, zweimal, dreimal, viermal. Das Räuspern mündet in ein heftiges Husten. »Christa hat sich erkältet«, sagt Eberhard Dremmler. »Kein Wunder bei diesem Wetter.«

17 Racheakt

Nein: Kein Gebet. Bei einem Gebet weiß man doch gar nicht, ob es hilft. Jedenfalls glaube ich das. Und schließlich bete ich auch sonst nicht. Warum sollte ich es vor unserer Rache an Kopfnuss-Albert tun?

Ich kann mir auch nicht vorstellen, dass mein Vater betet. Er hat ja Bergrat Barry. Pfarrer Lindemann, der mich in der Frankenberger Kirche konfirmierte und der, als ich in Gedanken beim Freundschaftsspiel zwischen Goslar 08 und dem VfB Kiel war, die erste Schippe Erde in das offene Grab meiner Mutter rieseln ließ, nennt er jedenfalls einen »Himmelskomiker«. Ich bin mir sicher, dass er log, als er nach der Beerdigung zu Pfarrer Lindemann sagte: »Ich werde dafür beten, Herr Pfarrer, dass sie trotzdem in Frieden ruht.«

Trotzdem?

Nein: Beten hilft nicht. Danziger Goldwasser hilft. Der erste Schluck wärmt den Gaumen, die Kehle, den Magen. Der zweite Schluck sendet seinen süßen Nebel bis unter die Haarspitzen. Der dritte Schluck verbannt die Angst. Der vierte Schluck …

Der vierte Schluck würde mich leichtsinnig machen. Also wäre er der Schluck zu viel. Ich stelle die Flasche zurück in den Schrank, schließe ihn ab, lege den Schlüssel unter mein Kopfkissen. Ich schließe den Schrank wieder auf, starre auf die Flasche, wende den Blick ab, fixiere die Flasche erneut, berausche mich am Tanz der goldenen Blättchen, lockere den Verschluss, setze die Flasche an die Lippen. Einen Schluck noch, einen einzigen. Nein, nein,

nein: keinen Schluck mehr – jetzt. Nachher, wenn wir Kopfnuss-Albert seinen Denkzettel verpasst haben, ist das etwas anderes. Dann darf ich wieder von vorn zählen: eins, zwei, drei, vier ...

Ich tausche meinen Schlafanzug gegen meinen Trainingsanzug, stülpe mir meine Pudelmütze über das Gesicht, ziehe die in die Wolle geschnittenen Sehschlitze auf Augenhöhe. Als ich mich, wie verabredet, Schlag Mitternacht die Dachrinne hinunterhangele, wartet Eberhard Dremmler, der Sohn des technischen Direktors, bereits auf mich. Er hat sich genauso getarnt wie ich. Wäre ich nicht einige Zentimeter größer als er, sähen wir aus wie Zwillinge.

Bereits am Nachmittag habe ich unsere Route zu dem Haus festgelegt, in dem Kopfnuss-Albert wohnt. Einer muss bei solchen Aktionen das Kommando übernehmen. In den Karl-May-Romanen, die sich in Eberhard Dremmlers Zimmer stapeln, ist das auch so. Der Gymnasiast vertraut dem Handelsschüler. Er folgt mir blind in die Goslarer Nacht. Er ist der Lehrling, denke ich. Und ich bin der Bergrat.

Unsere erste Etappe führt von der Dachrinne bis zu dem Jägerzaun, der unser Grundstück gegen den parallel zur Rammelsberger Straße verlaufenden Waldweg abgrenzt. Kies knirscht unter unseren Turnschuhen, als wir uns auf der Höhe des Zimmers befinden, in dem mein Vater und meine Stiefmutter schlafen. Wir halten für einen Moment inne, ziehen die Schuhe aus, bewegen uns einige Dutzend Meter auf Zehenspitzen.

Auf dem mit Kopfsteinpflaster bedeckten, von einer trüben Straßenlaterne beschienenen Platz vor dem Zaun beschleunigen wir das Tempo wieder. Eberhard Dremmler wirft sich plötzlich auf den Boden und robbt, um sich zu verstecken, auf einen Busch zu. Er ist über seinen eigenen Schatten erschrocken. Ich greife nach seiner Jacke und richte ihn auf. »Mach keinen Scheiß!«, sage ich. »Jeder Fleck auf unserem Trainingsanzug könnte uns verraten. Also, merk dir: immer laufen, nie robben!«

»Christa ist es egal, wie der Trainingsanzug aussieht«, flüstert Eberhard Dremmler.

»Aber es könnte doch sein, dass dein Vater ihn entdeckt oder dass sie ihn meiner Mutter zeigt. Und dann werden blöde Fragen gestellt.« – Habe ich »meine Mutter« gesagt?

Die zweite Etappe, der etwa einen Kilometer lange Waldweg, beginnt am Grundstück von Förster Kolle. Unmittelbar unter dem Dach des Forsthauses brennt noch Licht. Das muss das Zimmer von Gisela sein, der jüngsten Tochter. »Das ist eine Leseratte«, sagen die Leute im Bergtal. »Selbst nachts kommt die von ihren Büchern nicht los.« Irgendwie klingt es wie ein Tadel, wenn sie das sagen.

Gisela spielt auch gern Tischtennis. Als ich sie mal dabei beobachte, wie sie in ihrem Garten gegen ihre Schwester spielt und den kleinen weißen Ball immer wieder mit voller Wucht auf die Kante der Platte schmettert, lädt sie mich zum Mitmachen ein. Obwohl mir die meisten Bälle unkontrolliert vom Schläger springen, spüre ich sofort: Das Schlagen gegen einen Ball reicht zwar bei weitem nicht an das Treten gegen einen Ball heran, aber die Reaktionsschnelligkeit, die ich irgendwann wieder als Torwart brauche, schult es auf jeden Fall.

Auch Bundestrainer Sepp Herberger ließ seine Mannen, bevor er sie bei der Weltmeisterschaft in der Schweiz aufs Feld schickte, Tischtennis spielen. Dem Sieger schenkte er den Soldatenroman »08/15« von Hans Hellmut Kirst. Im »Kicker« habe ich das gelesen. Es ist eine

Geschichte, die beim »Barras« spielt, wie der schöne Erich das Leben in der Kaserne und an der Front nennt. Auch mein Vater hat diesen Roman gelesen. In unserem Bücherschrank steht er zwischen dem »Bertelsmann Volkslexikon« und einem Sammelband des Bergkalenders. Zwei Eulen aus Holz dienen als Buchstützen.

Der »Kicker« ist eine Zeitung, die sich auf Fußball spezialisiert hat und deswegen die ideale Lektüre für mich ist. Sie liegt in der Lesehalle in der Marktstraße aus, wo ich sie jeden Montag von der ersten bis zur letzten Zeile studiere. Etwa zwei Stunden brauche ich dafür. Meinem Vater erzähle ich, dass ich in der Handelsschule an einem Kurs für englische Stenografie teilnehme. Da er kein Wort Englisch kann, muss ich nicht befürchten, dass er mich kontrolliert.

Nach dem »Kicker« lese ich oft noch den »Niedersachsen-Sport«. Und da ich ja auch an keinem Tag den Sportteil der »Goslarschen Zeitung« versäume, weiß ich immer mehr über Fußball. Wahrscheinlich würde ich bei einem Wettbewerb, bei dem es um Fußball geht, als Bester abschneiden.

Ich weiß, dass beim ETV Eimsbüttel, Oberliga Nord, die Gebrüder Manja spielen und einer von ihnen – wie der Halbrechte Walter Salier von Goslar 08 – eine Totoannahmestelle besitzt. Ich weiß, dass der VfL Osnabrück an der »Bremer Brücke« zu Hause ist, Bremerhaven 93 im Stadion am »Zollinland«, der FC St. Pauli am »Millerntor«, der Hamburger SV am »Rothenbaum«, die Spielvereinigung Fürth am »Ronhof«, der Wuppertaler SV an der »Radrennbahn«.

Ich weiß, dass der Torwart von Holstein Kiel Johnny Peper heißt, Preußen Dellbrück ein Kölner Stadtteilverein ist, Vowinkel 80 zu Wuppertal und TuS Neuendorf zu

Koblenz gehört, der FV Engers und die Spielvereinigung Andernach ständig gegen den Abstieg aus der Oberliga Südwest kämpfen und die Fuggerstadt Augsburg mit zwei Vereinen in der Oberliga Süd vertreten ist: mit dem BC Augsburg und mit Schwaben Augsburg. Ich weiß, dass der geniale Regisseur Fritz Walter vom 1. FC Kaiserslautern, der auch die Helden von Bern zum Sieg führte, als Soldat auf dem Fliegerhorst von Jever stationiert war und in der Berliner Oberliga lauter Vereine mit ihrem Gründungsjahr im Namen vertreten sind: Viktoria 89, Minerva 93, Blauweiß 90, Union 06, Wacker 04, Meteor 06, Tasmania 1900.

Ich weiß sogar, wie der Name »Tasmania 1900« zustande kam: Berliner Seeleute, die zu Beginn des 20. Jahrhunderts vor der australischen Insel Tasmanien gestrandet waren, gründeten nach ihrer Rettung in ihrer Heimatstadt einen Fußballklub. Aus Dankbarkeit für die Hilfe, die sie auf der fernen Insel erfuhren, nannten sie ihn »Tasmania 1900«. Und ich weiß, dass im Hamburger Volksparkstadion vor einem Länderspiel gegen Norwegen eine Polizeikapelle spielte und der Sturm dem Kapellmeister die Mütze vom Kopf fegte. In der Wochenschau habe ich das gesehen. Ich glaube, ich bin der einzige Kinobesucher, der sich das gemerkt hat.

Ich habe mich auch schon gefragt, ob Tennis für mich ein vorläufiger Ersatz für Fußball sein könnte. Die rot leuchtenden Plätze des Goslarer Tennisklubs liegen unmittelbar am Weg zum Friedhof, und es gefällt mir, wie weiß gekleidete Männer und Frauen ihre Schläger schwingen und der manchmal von einem Netz aufgehaltene Ball hin und her fliegt. Aber Tennis spielen in Goslar die Ärzte, die Architekten, die Rechtsanwälte. Tennis ist also der Sport der Haute wo Laute. Und damit kann ich Tennis genauso vergessen wie Fußball, den Sport der Proleten. Und Tischtennis? Wenn ich Glück habe, ist Tischtennis so etwas wie die Stenografie des Sports. Ich habe Glück.

Gisela, die Försterstochter, ist in der Turnhalle der Goetheschule meine Lehrerin. Jeden Dienstagabend achtet sie beim Training darauf, dass ich nicht zu dicht an der Platte stehe, den Schläger beim Schneiden des Balles auf genügenden Abstand vom Körper halte, bei der Angabe auf die richtige Hälfte achte. Und gleich nach den ersten Übungsstunden müssen wir uns entscheiden, ob wir für den gemeinsamen Heimweg die hell beleuchtete Rammelsberger Straße wählen oder den parallel verlaufenden, an manchen Stellen stockdunklen Waldweg. Wir entscheiden uns für den Waldweg.

Als Gisela über eine Wurzel stolpert, fange ich sie auf, und wir liegen uns für vier, fünf Sekunden in den Armen. Ich habe das Gefühl, dass Gisela das so wollte, dass sie der Wurzel ganz bewusst nicht aus dem Weg ging. Auch der Halblinke Fritze Schröder holt immer wieder Elfmeter heraus, indem er gezielt das Bein ansteuert, das ihm ein Abwehrspieler entgegenstellt.

Ich empfinde es als wunderbar, Giselas Haar und ihren Atem in meinem Gesicht zu spüren. Aber dann fällt mir plötzlich Christa ein, und ich löse mich aus der Umarmung. Als mir eines Tages klar wird, dass sich Christa nicht mehr für mich interessiert, nehme ich mir vor, bei der nächsten Gelegenheit selbst über eine Wurzel zu stolpern. Doch dazu kommt es nicht, weil uns seit ein paar Wochen mein Vater von der Goetheschule abholt. Er geht in der Mitte, wenn wir zu dritt über die Rammelsberger Straße nach Hause streben. »Mit Förster Kolle habe ich das abgesprochen«, sagt er. »In deinem Alter geht man nicht allein mit einem Mädchen durch den Wald.«

Hundegebell zerreißt am Anfang unserer zweiten Etappe die Stille. Der Chow-Chow der gnädigen Frau kann das nicht sein. Der Chow-Chow bellt nie. »Dafür ist der viel zu vornehm«, sagen die Leute im Bergtal. Also ist es der Rauhaardackel von Förster Kolle. Wenn er ihn von der Leine lässt, haben wir keine Chance. Bei dem Wettbewerb »Stellen von Wilddieben« gewann er, wie die »Goslarsche Zeitung« berichtete, vor ein paar Monaten die Goldmedaille. Sogar mit einem Foto war er im Blatt. In der Gaststätte »Maltermeister Turm« hängt es an der Wand.

Eberhard Dremmler beginnt zu zittern. Er blickt in die Richtung, aus der wir gerade kamen. Er weiß: Bis zu seinem »Bungaloff« ist es von hier näher als zum Haus von Kopfnuss-Albert. Ich greife nach seiner Hand und verschränke meine Finger mit seinen Fingern. Nach einer kurzen Pause folgt meinem Druck der Gegendruck. Nein, ich gebe nicht auf, bedeutet das.

Durch die Mulde zwischen der Rammelsberger Straße und dem Waldweg plätschert der Bach, der nach einigen Hundert Metern in die Gose mündet. An einer seichten Stelle spiegelt sich der Mond. Schäfchenwolken umkränzen ihn. Sein fahles Licht streift auch die Anemonen und wilden Osterglocken am Ufer. Nur noch vereinzelt beflecken Schneereste die Wiese. Ein frischer Wind weht. Die Kälte hat er auf dem Weg von Ost nach West verloren. Am Sonntag wird er, wenn er nicht die Richtung ändert, wieder den Torschrei bis an mein Fenster tragen.

Vom Eise befreit sind Strom und Bäche
Durch des Frühlings holden, belebenden Blick;
Im Tale grünet Hoffnungsglück;
Der alte Winter, in seiner Schwäche,
Zog sich in rauhe Berge zurück.

Der »Osterspaziergang« gefällt mir am besten in Goethes »Faust«. Ich habe das Drama nach unserer Lagebesprechung im »Bungaloff« des Direktors entdeckt und Eberhard Dremmler gefragt, ob ich es mir ausleihen kann. »So was«, hat er geantwortet, »rührt mein Alter sowieso nicht an. Das steht bei uns nur im Regal rum.« Wenn Eberhard Dremmler »mein Alter« sagt, klingt das ganz anders, als wenn die Kriegskameraden »der Alte« sagen. Dreimal habe ich den »Faust« schon gelesen. Vieles verstehe ich nicht. Aber wenn ich den Text laut vorlese, klingt das wie Musik. Solle ich vielleicht Schauspieler werden statt Sportreporter?

Die dritte Etappe beginnt in Höhe des Krankenhauses, in das wir im Winter den Schüler schleppten, der sich auf der Gose-Brücke den Arm ausgekugelt hatte. Hier verlassen wir den Wald, rennen in geduckter Haltung über die von allen Seiten einsehbare Rammelsberger Straße und steuern das Waldstück am Ende der Siedlung an, in der Kopfnuss-Albert wohnt. Unter einer Kiefer mache ich Eberhard Dremmler mit dem wichtigsten Teil unseres Racheaktes vertraut. Ich leite ihn ein, indem ich mir den genau in meine Hand passenden Wackerstein greife, den ich mir bereits am Nachmittag zurechtgelegt habe.

»Und warum hast du dir eben Handschuhe angezogen?«, fragt Eberhard Dremmler.

»Mein Gott, wegen der Fingerabdrücke. Kopfnuss-Albert ruft mit Sicherheit sofort die Polizei. Wir dürfen also keine Spuren hinterlassen.«

Bei dem Wort »Polizei« zuckt Eberhard Dremmler zusammen. Mir ist klar: Am liebsten würde er im letzten Moment aussteigen. Er steckt mich an mit seiner Angst. Aber dann sage ich mir: Das Spiel ist angepfiffen – und nun wird es zu Ende gespielt. Ich zeige auf das in blassem

Weiß vor sich hin dösende Krankenhaus Theresienhof und hoffe, dass der Anblick bei Eberhard Dremmler die Erinnerung an die durch den Flur hallenden Schreie des verletzten Schülers wachruft. Zögernd folgt er mir, als ich mich an den Zaun heranpirsche, der die Rückseite des Hauses begrenzt, in dem Kopfnuss-Albert wohnt.

Auf der Anhöhe hinter uns thront, von diffusem Mondlicht beschienen, der Fachwerkbau der Jugendherberge. Während drüben im Theresienhof hinter einem bläulich ausgeleuchteten Fenster plötzlich die Schattenrisse hektisch hantierender Figuren zu erkennen sind, verharrt die Jugendherberge im Tiefschlaf.

Ich streichele, als sei es Christas oder Giselas Kopf, mit der freien Hand über die glatte Oberfläche des Steines, wiege ihn, damit er Teil meines Körpers wird, einige Male hin und her und strecke ruckartig den Arm zur Seite, der ihn in die zwanzig, dreißig Meter entfernte Fensterfront schleudern soll. Immer wieder, zuletzt gestern Nachmittag, habe ich im Garten unseres Grundstücks im Bergtal zwei Varianten ausprobiert: die Variante »Völkerball«, bei der man den Gegenstand geradeaus von sich wirft, und die Variante »Diskus«, bei der man von der Seite ausholt. Nur in durchschnittlich vier von zehn Versuchen habe ich bei der Variante »Völkerball« mein Ziel, das Entenhaus in der Mitte des Forellenteiches, getroffen. Bei der Variante »Diskus« fiel die Quote doppelt so hoch aus.

Eberhard Dremmler blickt sich ängstlich nach allen Seiten um, als ich, die Fensterfront fixierend, mehrere Male mit dem rechten Arm aushole. Nach der letzten Drehung öffne ich die Hand. Die Angst weicht von mir. Nichts empfinde ich in diesem Moment. Mir ist, als sei ich tot wie der Stein, der nun in Richtung Fenster fliegt.

Ein Luftzug, ein pfeilschneller Schemen, ein Aufprall –

ein Klirren. Stille. Hitze steigt in mir auf. Ein Kribbeln kreist um mein Herz. Mein Puls rast. Bei Bomber-Irmchen habe ich das neulich so empfunden und viele, viele Male im Stadion am Osterfeld, wenn Fritze Schröder oder Walter Salier oder Hänschen Schilling einen Ball unter die Latte droschen. Ich möchte mein Glück herausschreien wie nach einem Tor von Goslar 08. Doch schon befinde ich mich wieder in den Fängen der Vorsicht.

Ich lege meinen Zeigefinger an die Lippen, als Eberhard Dremmler mir zu meinem Wurf gratulieren will. »Weg jetzt!«, kommandiere ich, während in der Siedlung die ersten Lichter eingeschaltet werden. Hunde schlagen an. Aus dem Garten, der zu dem Grundstück von Kopfnuss-Albert gehört, dringt Stimmengewirr. Indem ich mit ausholenden Schritten den Hang hinaufhetze, gebe ich die Fluchtrichtung vor.

Eberhard Dremmler betätigt, über einen schmerzhaften Tritt in eine Kuhle fluchend, den Knopf seiner Taschenlampe. Ihr Schein malt eine bis zur Jugendherberge reichende Lichtschneise in die Nacht. Ihrem mal nach links, mal nach rechts abweichenden Verlauf entnehme ich, dass die Hand meines Kumpanen wieder zu zittern beginnt. »Mach sofort das Ding aus!«, herrsche ich ihn an. »Du bist wohl wahnsinnig! Unsere Verfolger brauchen doch nur der Taschenlampe zu folgen – und schon sitzen wir in der Falle.« Als Eberhard Dremmler nicht sofort reagiert, reiße ich ihm die Lampe aus der Hand und lasse sie in meiner Trainingshose verschwinden.

Kurz vor dem Pfad, der die Rammelsberger Straße mit dem Platz vor der Jugendherberge verbindet, steigt der Hang noch einmal steil an. Ich greife nach einer jungen Birke und entwurzele sie bei dem Versuch, mich an ihrem dünnen Stamm hochzuziehen. Ich verliere den Halt, bin haltlos. Haben die Kriegskameraden nicht auch von ihrem Kameraden Ernst Ludewig, dem Defraudanten und Glücksspieler, gesagt, er sei haltlos? Bleibt ein haltloser Mensch für immer haltlos? Und wenn das so ist, gilt das auch für mich? Bin ich überhaupt dieser Mensch, der gerade, eine junge Fichte umklammernd, den Hang hinunterkullert? Ich kneife mir, als mein Körper endlich zum Halten kommt, in den Arm. Es tut weh. Ich bin es.

In zwei Richtungen führt der Weg, den wir in Höhe der Jugendherberge erreichen: nach links in die Stadt und nach rechts ins Bergtal. So sehr ich mich danach sehne, mich die Dachrinne hinaufzuhangeln und mir die Bettdecke über den Kopf zu ziehen, entscheide ich mich für die Strecke in die Stadt. »Es ist wegen der Fußspuren«, kläre ich Eberhard Dremmler auf. »Sollte morgen die Polizei die Fährte aufnehmen, dann läuft sie erstmal in die falsche Richtung.«

Etwa eine Stunde lang irren wir kreuz und quer durch die Nacht. Unter der Gose-Brücke, wo tagsüber die beiden Bachforellen Max und Moritz stehen, reinige ich meinen Trainingsanzug von den Spuren, die mein Sturz von der Böschung hinterließ. Kälteschauer erfassen meinen Körper, wenn das Wasser durch den Stoff dringt.

Die Meisen, Zaunkönige, Finken, Rotkehlchen, Bachstelzen singen bereits die frühe Morgenstunde ein, als wir endlich das Grundstück Bergtal Nummer 8 erreichen. Aus dem Schornstein des Försterhauses kräuselt schon Rauch.

Das alte Försterhaus,
Dort wo die Tannen stehn,
Das hat jahrein, jahraus
Viel Freud und Leid gesehn.

Der Alte hat einst über diese Schwelle
Die junge Frau ins Försterhaus gebracht.
Und später hat ihn, an der gleichen Stelle,
Zum ersten Mal sein Söhnchen angelacht.

Dann klangen froh durchs Haus die Kinderlieder.
Die Zeit verging, geschieden musste sein.
Der Sohn zog aus und kehrte niemals wieder,
Dann starb die Frau, der Förster blieb allein.

Die Birke vor unserem Küchenfenster, die Fichte am Jägerzaun, der graue Mast, von dem sich, als wolle sie uns begrüßen, die trübe scheinende Laterne in unsere Richtung beugt: Zum ersten Mal fühle ich mich hier zu Hause.

In meinem Zimmer öffne ich eine neue Flasche Danziger Goldwasser, nehme ein paar kräftige Züge und zünde mir eine Zigarette an – eine Kyriazi, die ich meinem Vater mal nach einem Sonntagabend mit den Kriegskameraden geklaut habe. Bevor ich die Bettdecke über meinen Kopf ziehe, starre ich, mir den Film von der vergangenen Nacht vor Augen führend, auf die Deckenlampe. Sie dreht sich wie ein Karussell.

18 Modepüppchen

Wir waren das nicht! Ich trichtere es mir in meinen schlaflosen Stunden ein, beim Zähneputzen, beim Frühstück, auf dem Schulweg, während des Unterrichts, in den Pausen. Denn mir ist klar: Nur wenn man selbst fest an seine Unschuld glaubt, kann man auch andere, wenn ein Verdacht aufkommt, davon überzeugen.

Doch dann stoße ich nach dem Mittagessen in der Buchstabenwüste der »Goslarschen Zeitung« auf eine Schlagzeile, die auf mich wirkt wie der Elektroschock, von dem meine Mutter, meine richtige Mutter, nach ihrer Entlassung aus der Klapsmühle berichtete: »Wildwest auf der Rammelsberger Straße.« Mitten in der Nacht, heißt es in dem fettgedruckten Artikel, sei auf die Wohnung des Realschullehrers Albert Minnich ein feiger Anschlag verübt worden. Es sei ein erheblicher Sachschaden entstanden und der allseits geachtete Pädagoge und seine Frau hätten einen Schock erlitten. Die Polizei habe die Ermittlungen aufgenommen und bereits ein Beweisstück sichergestellt. Man gehe also davon aus, den oder die Täter schon bald zu überführen.

Damit steht fest: Über Nacht sind Eberhard Dremmler, der Sohn des technischen Direktors, und ich, der Sohn des Bürovorstehers, Kriminelle geworden. Kriminelle? Ja, Kriminelle. Denn sonst wäre die Polizei nicht hinter uns her. Ein kalter Schauer rinnt mir über den Rücken, als ich an das Schicksal des Glücksspielers und Defraudanten Ernst Ludewig denke. Mir, dem Sohn, würde mein Vater ebenso wenig verzeihen wie ihm, dem Kriegskameraden.

Und warum wir Kopfnuss-Albert einen Denkzettel verpasst haben, wird ihn nicht interessieren.

Nun genügt es jedenfalls nicht mehr, sich ständig seine Unschuld einzureden, sondern wir müssen alles daransetzen, genauso gut zu sein wie die Polizei – nein: besser. Die Richtung gibt mir der Bericht über den 2:0-Sieg von Goslar 08 beim WSV Wolfenbüttel vor, zu dem ich, in einem letzten Fluchtversuch, blättere. *Es war ein schwer erkämpfter, dafür umso wertvollerer Erfolg, an dessen Zustandekommen die gesamte Mannschaft beteiligt war. Goslars Abwehr und Torwart Macha standen eisern. Macha war schier unüberwindlich und behielt selbst in den kritischsten Situationen kaltes Blut.*

Kaltes Blut behalten – für mich bedeutet das: zurückblättern zum Lokalteil, den Artikel über uns noch einmal Wort für Wort lesen, ihn auf seine gefährlichste Aussage prüfen. Kein Zweifel: »Beweisstück« lautet der entscheidende Begriff. Aber um welchen Gegenstand handelt es sich? Geübt darin, bewegende Ereignisse zu einem Erinnerungsfilm zu montieren, führe ich mir, Etappe für Etappe, noch einmal unseren nächtlichen Ausflug vor Augen.

Die Szene am Hang hinter dem Grundstück an der Rammelsberger Straße spule ich in Zeitlupe ab: Ich werfe den Stein, die Scheibe zersplittert, wir hetzen den Hang hinauf, Eberhard Dremmler schaltet seine Taschenlampe ein …

Stopp. Und weiter: Ich schimpfe mit Eberhard Dremmler, nehme ihm die Lampe aus der Hand – und lasse sie in meiner Trainingshose verschwinden …

An dieser Stelle breche ich den Film ab und reiße die Tür meines Kleiderschranks auf. Den Trainingsanzug habe ich dort »auf Kante« in eines der Fächer einsortiert. Ich greife in die linke Tasche – sie ist leer. Immerhin stehen die Chancen, die Lampe in der Hose zu finden, noch bei fünfzig zu fünfzig. Ich stoße die Hand pfeilschnell in die rechte Tasche und durchwühle sie zuerst hektisch, dann systematisch – nichts. Ich nehme einen kräftigen Schluck Danziger Goldwasser und taste mit einem Bügel den Boden unter meinem Bett ab – kein Widerstand. Ich fasse in die Lücken zwischen den Likörflaschen – Luft.

Die Taschenlampe ist also das Beweisstück. Irgendwo auf unserem Heimweg muss ich sie verloren haben. Auf dem Schreibtisch eines Kriminalkommissars wird sie gerade liegen. Ich stelle mir vor, wie er das Fabrikat und die Seriennummer notiert und im Kaufhaus Hottenrott – »Hottentott«, sagt mein Vater – nachfragt, ob man sich an den Kunden erinnern könne. Steht es also tatsächlich bereits 1:0 für die Polizei? Oder ist der Stand ihrer Ermittlungen mit der Situation vor einem Elfmeter vergleichbar? Der Schiedsrichter hat ihn zwar gepfiffen, aber man muss ihn erst verwandeln.

Auf Zehenspitzen nähere ich mich dem grauen Telefon in unserer Wohnstube und wähle die private Nummer des technischen Direktors. Ich weiß, dass er heute wieder einen Termin in Hannover hat und es dem Dienstmädchen Christa untersagt ist, den Hörer abzunehmen. Wenn also jemand reagiert, dann kann es nur Eberhard Dremmler sein.

»Weißt du noch, wo du die Taschenlampe gekauft hast?« – Ich spreche so leise in die Muschel, dass mich mein Vater, sollte er wieder mal an der Tür lauschen, auf keinen Fall verstehen kann.

»Warum willst du das wissen?«

»Hast du den Bericht in der ›Goslarschen Zeitung‹ nicht gelesen? Da steht drin, dass die Polizei hinter uns her ist.«

Schweigen. Da ist es wieder: dieses grauenhafte Schweigen. Das Rauschen, das dieses Schweigen ins Unerträgliche steigert, reißt ab. Eberhard Dremmler hat aufgelegt. Ich starre auf den Apparat und atme auf, als ich sein helles Surren vernehme. Mit einer Stimme, die noch immer vibriert vor Nervosität, sagt der Sohn des technischen Direktors: »Mein Alter hat mir die Taschenlampe vorigen Herbst zum Geburtstag geschenkt. Von einer Dienstreise ins Ruhrgebiet hat er sie mitgebracht.«

»Das ist gut«, sage ich spontan. Und da ich die Gefahr wittere, dass meine Erleichterung im Nu in Leichtsinn umschlagen könnte, korrigiere ich mich: »Also fürs Erste ist das schon mal ganz gut.«

»Was soll denn daran gut sein?«

»Die Polizei hat offenbar die Taschenlampe gefunden, die ich dir vorgestern Nacht abgenommen habe. Sie wird alles daransetzen, herauszufinden, wer dieses Ding in welchem Laden gekauft hat. Dass es ein Geschäft im Ruhrgebiet war – darauf wird sie nicht kommen.«

»Und wenn wir selbst zur Polizei gehen?«

»Um dort was zu tun?«

»Um denen mitzuteilen, dass wir es waren, die Kopfnuss-Albert den Denkzettel verpasst haben.«

»Sag mal: Spinnst du? Wenn das rauskommt, wandern wir beide in die Erziehungsanstalt, vielleicht sogar ins Gefängnis. Mag sein, dass dein Alter dich wegen seiner Beziehungen wieder rauspaukt. Vielleicht sind ja der Polizeichef und der Richter seine Blutsbrüder. Aber ich kann meine Zukunft vergessen. Also: Wir gehen nicht zur Polizei – denn wir sind besser als die Polizei. Sprich mir das bitte nach.«

Wieder unterbricht ein längeres Schweigen unser Gespräch. Ich weiß, dass Eberhard Dremmler zittert vor

Angst. »Mensch, Eberhard«, versuche ich ihn zu beruhigen, »wir haben das Ding gemeinsam gedreht und nun stehen wir das gemeinsam durch. Aber das schaffen wir nur, wenn wir kaltes Blut bewahren. Also sprich mir bitte nach, was ich dir eben aufgetragen habe.«

»Wir-wir-wir«, stottert der Sohn des technischen Direktors, »ge-ge-ge-hen nicht zur Po-po-po-li-li-zei. Denn wir-wir-wir sind besser als die Po-po-po-li-li-zei.« Auch mir kommen die Worte nur schleppend über die Lippen, wenn ich mich unter Druck fühle. Als die gnädige Frau mich neulich nach meinem Alter fragte, stammelte ich: »Fü-fü-fü-fü ...« Die gnädige Frau erlöste mich, indem sie meine Antwort beendete: »Aha, fünfzehn bist du also.« Dabei weiß ich, dass ich vor der gnädigen Frau eigentlich keine Angst haben muss. Die Angst ist einfach da. Wenn ich mit Eberhard Dremmler rede, dessen Vater ja auch zur Haute wo Laute gehört, ist die Angst wie weggeblasen. Ist es seine Schwäche, die mich stark macht?

Ich blicke aus dem Fenster und beobachte, wie eine Frau von vielleicht fünfundvierzig zusammen mit der seltsam mürrisch wirkenden Christa das Grundstück abschreitet. Sie zeigt missbilligend auf die welkenden Osterglocken und das Unkraut am Rande eines ausgetretenen, sich nicht akkurat von den Beeten abgrenzenden Weges, weist auf eine neben der Mülltonne liegende Blechdose, schüttelt den Kopf und zieht die Augenbrauen hoch, als sie ein einsam von einer Wäscheleine hängendes, noch vom letzten Regenschauer durchfeuchtetes Nachthemd entdeckt. Die Frau trägt eine lila Bluse zu einem grauen Kostüm und hochhackige Lackschuhe. »Modepüppchen« nennen die Kriegskameraden Frauen, die sich so auffällig kleiden.

Da ich weiß, dass Eberhard Dremmler, der den Hörer

noch nicht aufgelegt hat, das Grundstück von seinem Fenster aus einem ähnlichen Blickwinkel einsehen kann wie ich, frage ich ihn: »Sag mal, wer ist denn die Frau da draußen?«

»Die Frau, die mein Alter nächste Woche heiratet, ist das.«

»Und wie war das, als du ihr zum ersten Mal begegnet bist?«

»Sie hat gesagt: ›Guten Tag, ich bin deine neue Mutter!‹ – und dann hat sie mir ein Geschenk überreicht.«

»Und was hat sie dir geschenkt?«

»Ein Feuerzeug. Auf dem Etui klebte ein Lederstreifen – und ich wollte natürlich wissen, was da überklebt war. Na ja, und als ich den Streifen endlich entfernt hatte, las ich: ›Erzbergwerk Rammelsberg‹.«

Schweigen. Nun bin ich es, dem es die Sprache verschlägt. Wieder läuft ein Film in meinem Kopf ab. Mein Vater bringt ein dickes Handbuch mit nach Hause, das ein neues Verfahren für die Erzaufbereitung beschreibt. Direktor Dremmler habe ihn gefragt, ob er jemanden kennt, der den Text ins Englische übersetzen kann. Es müsse alles ganz schnell gehen, denn in Kürze käme eine Delegation aus Amerika, die sich für das am Rammelsberg entwickelte Verfahren interessiere. Mich habe er sofort vorgeschlagen, sagt mein Vater. In der Handelsschule läsen wir im Englischunterricht schließlich keine Werke von diesem »Schäkes-spä-are«, sondern Texte, die wichtig seien für unseren späteren Beruf. Und natürlich, habe der Herr Direktor noch gesagt, erhält Ihr Sohn ein wertvolles Geschenk für diese wichtige Arbeit.

Mehr als eine Woche lang sitze ich Nachmittag für Nachmittag und Nacht für Nacht über diesem Text. Oft graut schon der Morgen, als es mir endlich gelingt, Vokabeln wie »Cone Crusher« oder »Conveyor Belt« in einen vernünftigen Zusammenhang zu bringen. »Kegelbrecher« heißt der eine Begriff auf Deutsch, »Fließband« der andere. Es gibt auch Momente, in denen ich kurz davor bin, aufzugeben und dieses verdammte Papierbündel mitsamt dem Wörterbuch aus dem Fenster zu werfen. Und manchmal lange ich zwischendurch so oft nach der Flasche mit dem Danziger Goldwasser, dass mir die Zeilen vor den Augen verschwimmen.

Aber ich schaffe es – und ich freue mich auf das Geschenk, das ich mir wirklich verdient habe. Ein Feuerzeug ist es, auf dessen Etui ein Lederstreifen klebt. »Erzbergwerk Rammelsberg« lese ich, als ich ihn entferne.

»So ein Feuerzeug«, sagt Eberhard Dremmler, nachdem ich ihm die Geschichte erzählt habe, »bekommen jedes Jahr beim Bergfest die Jubilare und die Invaliden geschenkt. Zwei Mark kostet so'n Ding bei Hottenrott. Damit die Jubilare und die Invaliden nicht merken, mit was man sie abspeist, legt man die Dinger in ein Etui und graviert ›Erzbergwerk Rammelsberg‹ rein. Und damit wir nicht merken, dass die Feuerzeuge aus den Lagerbeständen für die Jubilare und die Invaliden stammen, hat man den Lederstreifen drübergeklebt.«

»Sag mal«, frage ich Eberhard Dremmler, »darfst du eigentlich rauchen?«

»Natürlich nicht. Wenn mein Alter mich mit 'nem Glimmstängel erwischt, schlägt der mir den glatt aus dem Mund.«

»Das würde mein Vater mit mir genauso machen … Aber da frage ich mich doch, warum man uns ausgerechnet ein Feuerzeug geschenkt hat …«

»Ist doch klar: weil das die billigste und die bequemste Lösung war.«

Es klingelt an der Haustür. Die Polizei? Wie während der Heimspiele von Goslar 08 lehne ich mich so weit aus dem Fenster, dass ich fast das Gleichgewicht verliere. Der Jägerzaun verstellt den Blick auf das Fahrzeug, das vor unserem Grundstück parkt. Es handelt sich, so viel kann ich erkennen, um einen hellblauen VW-Bus. Das Polizeiauto, das dort am 6. August 1952 stand, dem Todestag meiner Mutter, war grün. Benutzt die Kripo heute ein hellblaues Fahrzeug, um uns zu täuschen?

Hinter der Milchglasscheibe der Haustür zeichnet sich die füllige Figur des Besuchers ab. Aus seiner rechten Hand wächst ein Gegenstand, der sowohl eine Taschenlampe als auch eine Pistole sein könnte. Es ist eine Flasche Weinbrand; Dujardin. »Für unser Kameradschaftstreffen am Sonntag«, sagt der dicke Otto. Als er meine Stiefmutter begrüßt, nimmt er sein kariertes Hütchen vom Kopf, deutet eine Verbeugung an und überreicht ihr einen Strauß Tulpen. Es sind sieben.

Der dicke Otto hat »Alf« mitgebracht, seinen schwarzen Schäferhund. Er schnuppert an meinen Hosenbeinen und lädt mich ein, ihn zu streicheln. Wieso, frage ich mich, als ich mich zu ihm niederbeuge, ist er so freundlich zu einem Menschen, den die Polizei verfolgt? »Er hat eine schöne Schnauze«, sage ich zum dicken Otto.

»›Fang‹ heißt das«, sagt meine Stiefmutter.

»Bei Hunden«, pflichtet ihr mein Vater bei, »nennt man die Schnauze ›Fang‹.«

Eigentlich, denke ich, müsste es heißen: Was man bei anderen Tieren als »Schnauze« bezeichnet, heißt bei Hunden »Fang«. Aber das behalte ich für mich.

Der dicke Otto zieht die »Goslarsche Zeitung« aus der Kitteltasche und schlägt den Lokalteil auf. »Mensch, bei euch«, sagt er, »geht's ja zu wie in Texas. Aber so beliebt, wie die ›Goslarsche‹ schreibt, ist Kopfnuss-Albert nun auch wieder nicht.«

»Wenn wir in der Schule nicht pariert haben«, sagt mein Vater, »gab's was mit dem Lineal auf die Finger. Geschadet hat es uns nicht – im Gegenteil. Übrigens gehört das Haus, in dem Herr Minnich wohnt, dem Bergwerk. ›Der Alte‹ hat mich schon gebeten, die Polizei bei der Suche nach den Tätern zu unterstützen. Wenn wir die erwischen …«

Nach dem Abendessen bitte ich meinen Vater, mit mir Stenografie zu üben. Noch nie hat er das erlebt. Man sieht ihm an, dass er sich freut.

Wir bedauern außerordentlich, dass Sie mit den Zigarren nicht zufrieden sind, weil sie Ihnen nicht hell genug erscheinen. Sie schreiben uns, dass Ihnen unser Reisevertreter, Herr Immelmann, ganz helle Zigarren als Muster gezeigt habe und dass Sie darauf bestehen müssten, dass die Zigarren auch in dieser hellen Farbe geliefert würden. Wir gestatten uns, Sie darauf aufmerksam zu machen, dass es nicht möglich ist, Zigarren in ausschließlich hellen Farben zu liefern. Bei Tabak, der ja ein Naturerzeugnis ist, kann nicht ein Blatt wie das andere ausfallen, sondern es wachsen neben hellen auch mittlere und dunklere Blätter.

Stopp. – 160 Silben. Ein neuer Rekord.

19 Spinnenbeine

Die Kosten und die eigenen Schulden, das habe ich auf der staatlichen Handelsschule gelernt, verbucht man im »Soll« und die Gewinne im »Haben«. Entscheidend ist, dass am Ende die Bilanz günstig ausfällt. Für ein Unternehmen gilt das ebenso wie für einen Fußballklub. Schreibt die Firma vor allem rote Zahlen, droht ihr der Bankrott. Überwiegen bei einem Verein wie Goslar 08 die Niederlagen, kann das den Klassenerhalt gefährden. Als ich mal wieder nicht einschlafen kann, wäge ich nach diesem Prinzip auch das Für und Wider unserer Attacke auf Kopfnuss-Albert ab. Von zehn Pluspunkten bis zu zehn Minuspunkten reichen meine Bewertungen.

Erstens: die Freude darüber, meinem Vater nachts zu entwischen = sieben Pluspunkte.

Zweitens: die Angst, von der Dachrinne zu fallen = zwei Minuspunkte.

Drittens: die Angst, auf dem Weg zum Tatort erwischt zu werden = fünf Minuspunkte.

Viertens: das Gefühl unmittelbar vor der Tat = acht Pluspunkte.

Fünftens: das Gefühl während der Tat = zehn Pluspunkte.

Sechstens: Das Gefühl unmittelbar nach der Tat = zehn Pluspunkte.

Siebtens: Die Angst, nach der Tat ertappt zu werden = sechs Minuspunkte.

Macht, insgesamt: zweiundzwanzig Punkte über dem Strich. Dem sechsten Tabellenplatz von Goslar 08 entspricht das ungefähr. Und mir fällt ein, dass ein ganz wichtiger Vorteil noch gar nicht vorkommt in meiner Erfolgsbilanz: Ich existiere, wenn ich mich dem von meinem Vater vorgegebenen Stundenplan entziehe, zweimal: als Tagmensch und als Nachtmensch.

Als Tagmensch füge ich mich, sofern ich mich beobachtet fühle, der häuslichen und der schulischen Ordnung. Als Nachtmensch sprenge ich die Gitterstäbe meines Käfigs und streune, frei wie ein ungezähmtes Tier, durch die Wälder und Gassen, überliste meine Jäger, schere mich nicht um ihre Gesetze. Der Chow-Chow der gnädigen Frau ist so ein Tier. Der macht, was er will, sagen die Leute im Bergtal. Den bändigt keiner.

Der Schäferhund des dicken Otto pariert dagegen aufs Wort. Kommandiert der Herr »Platz!«, streckt er sofort alle viere von sich. Lautet der Befehl »Such!«, schnüffelt er nach dem in einem Gebüsch versteckten Ball und legt ihn, bereits auf neue Aufgaben erpicht, schwanzwedelnd vor den Füßen seines Meisters ab. Ja, ja, ich weiß: »Rute« heißt es bei Hunden und nicht »Schwanz«. Beim Affen sagt man »Schwanz« oder beim Eichhörnchen oder bei der Kaulquappe.

Also: Weitermachen mit den Racheakten! Und wenn uns doch irgendwann die Polizei erwischt? Sie wird uns nicht erwischen. Denn wir sind besser als die Polizei. Davon ist, nachdem seit unserem Anschlag auf Kopfnuss-Albert fast ein Monat ohne Zwischenfall verging, wohl auch Eberhard Dremmler überzeugt. Als wir eines Morgens auf der Gose-Brücke, unter der, wie gewohnt, die Forellen Max und Moritz mit ihren Flossen gegen die Strömung ansteuern, die Liste mit Zielen für neue Attacken zusammenstellen, zeigt er jedenfalls keinerlei Ängste mehr.

An Kopfnuss-Albert haben wir uns gerächt, obwohl der brutale Stoß auf der Brücke gar nicht einem von uns beiden galt. Nun, so beschließen wir, sind Kandidaten an der Reihe, die uns ganz persönlich etwas angetan haben. Der erste Schauplatz, den wir ansteuern, ist eine Villa an der Von-Garßen-Straße, die in kühnem Anstieg aus der Bahnhofsgegend in Richtung Frankenberger Kirche führt.

Die Geschichte, die unserer Vergeltung vorausgeht, beginnt während einer Unterrichtsstunde in der Handelsschule. Wirtschaftsgeografie, das einzige Fach, für das ich mich wirklich interessiere, steht auf dem Programm. Unser Klassenlehrer hat einen Gast eingeladen, der für einen internationalen Ölkonzern arbeitet. Er baut einen Projektor auf, dunkelt den Raum ab und zeigt einen Film, der mich genauso mitreißt wie ein spannendes Fußballspiel.

Eine Bohrinsel schwankt im sturmgepeitschten Meer. Männer in regennassen Gummianzügen hangeln sich an stählernen Gerüsten entlang. Die Kanthaken der in graues Gewölk stechenden Kräne schlagen gegeneinander. Ein gewaltiges Gewinde lässt einen zähflüssigen Saft aus der Tiefe sprudeln. »Öl«, verkündet die Stimme neben dem Projektor. Es zischt, scheppert, kracht, sprüht, gurgelt, rauscht, pfeift.

Dann blickt die Kamera, als schwebe sie wie ein Vogel über der Landschaft, auf einen breiten, von dichtem Grün gesäumten Fluss. Wo er ins Meer mündet, flackern über der Silhouette silberner Türme rotgelbe Flammen. Erfasst sie ein Windstoß, lösen sich violette Zungen aus ihren Rändern. »Unser Projekt am Amazonas«, sagt die Stimme aus dem Dunkel. Als ich sie vernehme, lodert auch in mir ein Feuer auf.

An die Bürgermeister von New York, Rio de Janeiro,

Buenos Aires, Melbourne und Managua habe ich bereits geschrieben und sie gefragt, ob sie nicht einen Job für mich hätten; irgendeinen. Die Straße würde ich fegen, in einem Krankenhaus die Betten machen, alten Leuten über die Kreuzung helfen. Selbst Mülltonnen würde ich leeren – wenn ich auf diese Weise wegkäme aus Goslar am Harz; weit, weit weg, so weit und so lange wie möglich. Es müsse einem Bürgermeister doch imponieren, habe ich geschrieben, wenn ein Handelsschüler so viel Mut aufbringt, sich direkt an die Spitze einer Stadt auf einem anderen Kontinent zu wenden.

Der Bürgermeister von Managua hat mir tatsächlich geantwortet. Ja, er bewundere meinen Mut. Aber ich sei noch zu jung für ein solches Wagnis. Ich solle warten, bis ich einundzwanzig bin und mich dann noch einmal bei ihm melden. So lange kann ich aber nicht warten, Herr Bürgermeister! Wenn es nach meinem Vater geht, habe ich mit einundzwanzig bereits eine kaufmännische Lehre abgeschlossen und assistiere vielleicht dem Buchhalter Wilhelm Brost bei der Entwicklung eines neuen Hollerith-Verfahrens. Ich will mein Leben nicht in einem Büro des Erzbergwerks Rammelsberg verbringen, Herr Bürgermeister! Ich will es nicht.

Und nun befindet sich also mitten in unserem Klassenzimmer ein Gast, der für einen weltweit operierenden Konzern arbeitet und dem der Begriff »Amazonas« so selbstverständlich über die Lippen kommt wie meinem Vater das Wort »Mettbrötchen«. Er ist bestimmt ein Manager, denke ich, und gehört der Haute wo Laute an. »Mänätscher« sprechen wir in der Handelsschule diesen Begriff aus. »Ma-nager«, sagt dagegen mein Vater – als handele es sich, wie beim Eichhörnchen oder beim Biber, um ein Nagetier.

Wie ein Stürmer von Goslar 08, dem durch einen Pressschlag eine unverhoffte Torschance zufällt, komme ich mir vor in diesem Augenblick. Und als unser Gast das Licht anknipsen lässt, nutze ich die Gelegenheit und spreche ihn auf meine Auslandspläne an. Er mustert mich, denkt kurz nach – und reicht mir seine Visitenkarte. Es ist das erste Mal, dass ich eine Visitenkarte in der Hand halte.

»Und wann«, frage ich mit einer Stimme, in der die Angst vor einer Absage mitschwingt, »darf ich Sie in der Von-Garßen-Straße besuchen?«

»Am besten gleich heute, am späten Nachmittag. Ja: Der späte Nachmittag ist eine gute Zeit.«

Da mein Vater glaubt, dass ich genau an diesem Montagnachmittag meinen Kurs in englischer Stenografie besuche, ist das für mich ein idealer Termin. Um Zeit zu gewinnen, verzichte ich sogar darauf, mich in der städtischen Lesehalle in den »Kicker« und den »Niedersachsen Sport« zu vertiefen. Mein Zeigefinger zittert, als er sich über das Klingelbrett am Eingang der zweistöckigen Villa in der Von-Garßen-Straße tastet.

Eine Landkarte, die fast eine gesamte Wand einnimmt, beherrscht das Zimmer, in das mich mein Gastgeber führt. Stecknadeln mit roten Köpfen markieren die Projekte des Ölkonzerns. Es sieht aus, als sei die ganze Welt, die Ozeane eingeschlossen, von Röteln befallen. Der Manager, den ich auf etwa fünfzig schätze, beobachtet mich aufmerksam, als meine Augen über die Karte wandern – von Europa nach Afrika, von Afrika nach Australien, von Australien nach Amerika, von Nordamerika nach Mittelamerika, von Mittelamerika nach Südamerika. Genau in dem Moment, in dem mein Blick auf dem Amazonas haften bleibt, streckt mir der Manager die Hand entgegen und sagt: »Ich fände es gut, wenn du mich Harald nennst. Und wie heißt du?«

»Jü-Jü-Jü-Jü...«

»Jürgen heißt du also. Sag mal: Hast du etwa Angst vor mir? Du brauchst keine Angst vor mir zu haben. Ich beiße doch nicht.«

Der Mann, den ich Harald nennen soll, aber nicht Harald nennen kann, greift zum Telefon und wählt einen Anschluss, der aus ungewöhnlich vielen Zahlen besteht. Die Anschlüsse, die mir geläufig sind, beschränken sich auf drei Ziffern – 223 und 224. Das eine ist unsere private Nummer im Bergtal, das andere der Dienstanschluss meines Vaters. Die Sprache, in der sich der Mann, den ich »Harald« nennen soll, mit seinem Partner am anderen Ende der Leitung unterhält, habe ich noch nie gehört. Mir fällt auf, dass sie viele weiche Laute wie das »tsch« in »Mänätscher« enthält.

»Portugiesisch war das«, sagt mein Gastgeber. »Der Leiter unserer petrochemischen Anlage am Amazonas meint zwar, dass du noch ein bisschen jung bist, aber er sieht sich mal um nach einem Job.«

Hat er das wirklich gesagt? Waren die Abstände zwischen den Sätzen, die ich zwar nicht verstanden, aber doch gehört habe, nicht viel zu kurz für ein echtes Gespräch? War da überhaupt jemand am anderen Ende der Leitung? Ich bestrafe mich für meine Zweifel, indem ich meine Fingernägel in die Handballen presse. Und ich sage mir: Wenn ein Manager mit einem Untergebenen telefoniert, dann spricht fast nur der Manager. Bei den Telefonaten, die mein Vater mit dem kaufmännischen oder dem technischen Direktor führt, ist das doch auch so.

Ein Rollo, das den Raum abdunkelt, rastet ein. Ein Projektor wirft ein Foto auf eine Leinwand. Arbeiter mit freien, schweißbedeckten Oberkörpern und Schutzhelmen auf den Köpfen beladen ein Boot mit Rohren. Vom Ufer sehen ihnen nackte Kinder zu. Manche der Jungen und Mädchen sind bestimmt schon zwölf oder dreizehn.

»Ist ziemlich heiß da unten«, sagt der Mann neben dem Projektor. »Im Sommer hatten wir manchmal bis zu 45 Grad im Schatten und fast hundert Prozent Luftfeuchtigkeit. Selbst wenn du da nur am Schreibtisch gesessen hast, musstest du ständig unter die Dusche. Da hat es sich gar nicht gelohnt, sich wieder anzuziehen. Ich fühle mich nackt sowieso wohler als mit Schlips und Kragen.«

»Sie waren also schon am Amazonas?«

»Warum sagst du: Sie? Harald heiße ich. Sei doch nicht so schüchtern. Das passt doch gar nicht zu dir. Mensch, so'n kräftiger Typ wie du ist doch nicht schüchtern! Ich wette: In deiner Fußballmannschaft stehst du im Tor. Ja, fünf Jahre meines Lebens habe ich am Amazonas verbracht.«

»Und wenn Sie da von Goslar aus anrufen: Hört man dann noch immer auf Sie?«

»Und ob. Wenn du für so ein Projekt verantwortlich warst, dann bleibst du da unten für immer der King.«

Der Mann, der neben mir auf dem Sofa sitzt, rückt näher an mich heran. Er knöpft sein Hemd auf, streift es hastig von den Schultern und lässt es auf den Boden fallen. Auf dem Rücken, den das Seitenlicht des Projektors bescheint, erkenne ich zwei lange, nebeneinander verlaufende Narben. Sie stoßen mich ab wie die tiefen Poren im Nacken meines Vaters. Hässliche, von einer Talgschicht umgebene Haare wachsen aus diesen Trichtern, die mich an die Maare in der Eifel erinnern. Im »Bertelsmann Volkslexikon« ist so ein Maar abgebildet. Ich habe danach gesucht, weil ich wissen wollte, in welcher Landschaft mein Onkel Ernst kurz vor Toresschluss fiel.

»Monte Cassino; Lungenschuss«, sagt der halbnackte Mann neben mir, als er merkt, dass ich auf die Narben auf seinem Rücken stiere. »Ein paar Zentimeter weiter unten – und ich wäre hin gewesen. Schwein gehabt.«

Wie Spinnenbeine krabbeln Finger an einem meiner Hosenbeine hinauf. Schweiß zeichnet dunkle Flecken auf mein Hawaiihemd. Weil sich Vögel und Blumen, Palmen und Fische auf dem Stoff zu einem paradiesischen Muster vereinen, heißen diese Hemden so. »Mit einem Hawaiihemd«, sagt mein Vater, »geht man nicht zur Schule. In der Schule trägt man ein ordentliches Hemd. Auch später im Büro musst du ein ordentliches Hemd tragen.« Also verlasse ich das Haus morgens in einem weißen Nyltesthemd und tausche es spätestens auf der Gose-Brücke gegen mein Hawaiihemd aus. Fast alle Jungen in meiner Klasse tragen ein Hawaiihemd.

Um mir ein wenig Ablenkung zu verschaffen, prüfe ich die Flecken auf meinem Hawaiihemd darauf, ob ihre Form bestimmten Ländern gleicht. Australien erkenne ich, Norwegen ... Spanien ... Italien ... Ein neuer Schweißausbruch vereint die Inseln Sizilien und Sardinien mit dem italienischen Festland. Als ich spüre, wie eine Hand an meinem Hawaiihemd einen Knopf nach dem anderen aus seiner Fassung löst und Stöße warmen Atems über mein Gesicht streichen, verschwimmt die gesamte Landkarte zu einem Meer aus Schweiß.

Jemand öffnet die Zimmertür. Eine stattliche Frau erscheint. Unter ihrer Bluse wölben sich Titties wie ich sie von Bomber-Irmchen oder aus den Filmen mit Silvana Mangano kenne. »Maria Emonds, meine Vermieterin«, sagt der Mann mit den langen Narben auf dem Rücken.

Maria Emonds? Ist das nicht die Frau, die beim Erzbergwerk Rammelsberg als Werksfürsorgerin arbeitet? Wenn ein Arbeiter oder Angestellter auffallend lange seinem Arbeitsplatz fernbleibt, sucht sie ihn zu Hause auf und prüft, ob er wirklich krank ist oder ob er nur »blaumacht«, wie man im Bergtal sagt. Das Ergebnis meldet sie dem Bürovorsteher, also meinem Vater.

Eine »Verräterin« sei Maria Emonds, schimpfte der Betriebsratsvorsitzende Erich Wiederhold neulich im »Maltermeister«. Statt Kollegen anzuschwärzen, solle sie sich lieber um mehr Sicherheit in den Stollen kümmern. Das verstehe er unter »Fürsorge«.

Mir fällt die Todesanzeige ein, die ich am 12. August 1952 in der »Goslarschen Zeitung« fand. Unmittelbar über der »Danksagung« stand sie, die mein Vater nach der Beerdigung meiner Mutter in das Blatt rücken ließ. *Am 9. August verstarb unser Arbeitskamerad Horst Sandhofe im blühenden Alter von 18 Jahren. Wir verlieren in dem Verstorbenen einen aufrichtigen, pflichtbewussten Arbeitskameraden, dessen Andenken wir stets in Ehren halten werden. Betriebsleitung und Belegschaft des Erzbergwerks Rammelsberg.* Jedem im Bergtal oder auf der Rammelsberger Straße ist klar, dass es sich bei solchen Todesfällen häufig um ein Unglück handelt. Aber niemand spricht darüber, jedenfalls nicht laut.

Maria Emonds blickt mich an, als wolle sie sagen: Natürlich weiß ich, wer du bist. Fast jeden Morgen begegnen wir uns auf dem Waldweg neben der Rammelsberger Straße. Und nun sitzt du also nackt auf einem Sofa in der Von-Garßen-Straße. Wenn das dein Vater wüsste ... Soll ja ein ziemlicher Spießer sein, dein Vater.

Etwas Merkwürdiges geschieht mit mir: Ich empfinde plötzlich eine tiefe Sympathie für meinen Vater. Niemand hat das Recht, denke ich, so über ihn zu urteilen. Er hat seine Frau verloren, als er vierundvierzig war, und er hat einen Sohn, der nicht will, was er will. Das muss ein Mensch erst mal verkraften. Und wo war denn die Werksfürsorgerin, als mein Vater am 6. August 1952 wie ein Häufchen Elend auf einer der Sauerstoffflaschen saß?

Als sei das, was sich gerade vor ihren Augen abspielt, das Normalste auf Welt, fragt Maria Emonds: »Na, ein Drink gefällig?«

»Ich glaube, ein Cognac würde uns gut tun«, sagt der Mann, den ich »Harald« nennen soll. Die Werksfürsorgerin kehrt mit zwei Gläsern zurück, die so groß sind, dass sich ihr goldgelber Inhalt in ihren Wölbungen verliert. Wenn der dicke Otto bei uns zu Hause seinen Dujardin einschenkt, benutzt er ganz normale Schnapsgläser, und manchmal füllt er sie so voll, dass die Kriegskameraden sie nicht an den Mund führen können, ohne einen Teil des Weinbrands zu verschütten. »Weinbrand gibt keine Bierflecken«, sagt der dicke Otto, wenn die Frau, die nun im Bett meiner richtigen Mutter schläft, auf dem Teppich kniet und ihn mit Reinigungsschaum besprüht.

Der Mann mit den hässlichen Narben auf dem Rücken hebt sein Glas, atmet mit der Nase das Aroma des Cognacs ein und stößt mit mir an: »Auf den Amazonas!« Ich ahne, wie gut dieser Cognac schmecken würde, säße jetzt Christa neben mir. Oder Gisela. Oder die gnädige Frau. Oder Bomber-Irmchen. Oder Maria Emonds. »Warum ist Maria nicht bei uns geblieben?«, frage ich.

»Maria könnte deine Mutter sein …«

Ich denke an meinen Vater und stelle mir vor, wie er gerade an seinem Schreibtisch sitzt und ausrechnet, welche

Kosten das letzte Bergfest verursacht hat: 200 Mettbrötchen à vierzig Pfennig, macht 80 Mark. Miete für das Festzelt: 300 Mark. Honorar für den Mandolinenklub »Die Edeltannen«: 150 Mark. Die Feuerzeuge für die Pensionäre und die Invaliden: 80 Mark. Und was passiert, wenn mein Vater ausgerechnet heute am späten Nachmittag bei der Werksfürsorgerin vorbeischaut, um mit ihr einen besonders schwierigen Fall zu besprechen? Ich glaube, er würde tot umfallen, wenn er mich jetzt sähe.

»Sag mal, flennst du?«, fragt der Mann, zu dem ich »Harald« sagen soll.

»Danke, Harald«, sage ich, als er mir ein Papiertaschentuch reicht. Habe ich »Harald« gesagt? Als er mir, wie zum Trost, den Rücken und den Hals streichelt, bereue ich es.

»Und wie ging es weiter?«, will Eberhard Dremmler wissen, als ich meine Schilderung an dieser Stelle abbreche und die letzten Worte in dem Schluchzen versickern, gegen das ich mich, obwohl ich doch so kurz vor unserem Ziel kaltes Blut bewahren müsste, nicht wehren kann. Ich antworte Eberhard Dremmler nicht und bin froh, dass meine Traurigkeit beim Anblick der Villa in der Von-Garßen-Straße in Hass umschlägt. Ich wundere mich, wie schnell der Hass das Blut, das er im ersten Moment in Wallung bringt, erkalten lässt. Und ich bin mir sicher: Auch der Torwart hasst den Stürmer, der ihn überlisten will.

Als Erstes nehmen wir uns die Limousine des Managers vor. Ritsch, ratsch, ritsch, ratsch – tiefe Wunden reißt der Meißel in den weißen Lack. Dann öffnen wir, uns nach allen Seiten absichernd, die Gartentür und fallen über die Blumenbeete her, die Maria Emonds mit Sorgfalt, vielleicht ja auch Liebe, angelegt hat. Tulpen, Rosen, Stiefmütterchen, Hyazinthen, Veilchen fliegen in hohem Bogen durch die Luft. Grassoden, Gießkannen, Schläuche wirbeln hinterher. Wir pinkeln in den kleinen Zierteich, kappen die Spitze einer jungen Edeltanne, zerschneiden das Gummirad einer Schubkarre, öffnen einen aus der Wand ragenden Wasserhahn.

»Ein Hundertfünfundsiebziger, ein warmer Bruder, ist dieser Typ«, sagt Eberhard Dremmler, als wir uns nach unserem zweiten Racheakt auf den Heimweg in Richtung Bergtal machen. »Wenn du diesen Typen anzeigst, wandert der übrigens garantiert in den Knast.«

»Ich zeige den nicht an – und der zeigt uns nicht an. Es ist für uns alle besser, wenn wir die Polizei aus dem Spiel lassen. Und das größere Schwein ist sowieso diese Maria.«

»Wieso diese Maria?«

»Dieser Hundertfünfundsiebziger kann wahrscheinlich nicht anders. Aber diese Maria könnte anders. Wahrscheinlich kassiert sie auch noch Geld dafür, dass sie ihre Wohnung für solche Sauereien zur Verfügung stellt. Und außerdem verrät sie die Bergleute an meinen Vater.«

Der Garten vor der Villa in der Von-Garßen-Straße habe ausgesehen wie ein Schlachtfeld, heißt es am übernächsten Tag in der »Goslarschen Zeitung«.

20 Heidelied

Rumkugeln! Schon wenn ich an Rumkugeln denke, läuft mir das Wasser im Munde zusammen. Ich weiß gar nicht mehr, wann meine Zunge zum ersten Mal über den Mantel aus Zimt und Schokolade strich, die Zähne in die matschige Backmasse drangen, die Nase den süßlichen, an eine Kneipe um Mitternacht erinnernden Duft einsog. Ich weiß nur, dass ich neuerdings auf dem Nachhauseweg von der Handelsschule an dem Kiosk am Ende der Bergstraße nicht vorbeikomme, ohne mir zwei Rumkugeln eintüten zu lassen.

Die erste Rumkugel teile ich mir so ein, dass sie genau bis zu unserem etwa eine halbe Stunde entfernten Grundstück reicht. Wenn man ihn in kleinen Portionen genießt, so habe ich von den Kriegskameraden gelernt, erhöht man die Wirkung des Alkohols. Auch wenn man ihn mit dem Strohhalm zu sich nehme, werde man schneller besoffen. Beim dicken Otto hätten bei einer Geburtstagsfeier in Perpignan drei Gläser Schnaps genügt – und schon habe er sich auf einem Misthaufen gewälzt und »gequiekt wie ein Hausschwein«.

Manchmal macht der dicke Otto das in der Runde der Kriegskameraden vor. Und ich muss sagen, dass er mich wirklich an ein Schwein erinnert, wenn er seinen massigen Körper über den Teppich rollt. Wobei die Töne, die er dabei von sich gibt, eher wie ein Grunzen klingen. Aber auch das Grunzen passt ja zu einem Schwein, vielleicht sogar noch eher als das Quieken. Ich meine, Schweine quieken nur, wenn man sie zur Schlachtbank führt und sie ahnen, dass ihnen gleich der Bolzen gegen die Schläfe schießt. Fast immer endet die Vorführung damit, dass der schöne Erich zu dem an unserem Kachelofen lehnenden Schürhaken greift, um seinen sich auf dem Teppich wälzenden Kriegskameraden damit zwischen den Beinen zu kitzeln. Der dicke Otto sagt dann immer: »Lass doch den Unsein sinn – äh – Unsinn sein.«

Da sich in einer Rumkugel wohl kaum mehr als ein Schuss Rum befindet, ist der Effekt bei mir minimal. Aber er reicht aus, um den bereits am Nachmittag aufkeimenden Gedanken an das Danziger Goldwasser im Zaum zu halten.

Die zweite Rumkugel hebe ich mir für die Stunde auf, in der ich in dem Band mit deutscher Lyrik blättere. Von Eberhard Dremmler, der die Wildwesthefte »Bill Jenkins« und »Tom Mix« bevorzugt, habe ich ihn mir ausgeliehen. Mein Lieblingsdichter ist Heinrich Heine, den ich ja schon von der Verfilmung seiner »Harzreise« kenne. Eines seiner Gedichte gefällt mir so gut, dass ich es manchmal vor mich hin murmele, wenn es in der Handelsschule um Steuerrecht geht, ein Thema, das mich besonders langweilt.

Wo?

Wo wird einst des Wandermüden
Letzte Ruhestätte sein?
Unter Palmen in dem Süden?
Unter Linden an dem Rhein?

Werd ich wo in einer Wüste
Eingescharrt von fremder Hand?
Oder ruh ich an der Küste
Eines Meeres in dem Sand?

Immerhin! Mich wird umgeben
Gottes Himmel, dort wie hier,
Und als Totenlampen schweben
Nachts die Sterne über mir.

Hätte meine richtige Mutter ihre Ankündigung wahrgemacht, mich am 6. August 1952 mitzunehmen, dann wäre meine letzte Ruhestätte längst der Friedhof zwischen dem Bahndamm und der Hildesheimer Straße. Aber meine richtige Mutter hat ihre Ankündigung ja nicht wahrgemacht – und deswegen bin ich mir sicher: Meine letzte Ruhestätte wird nicht dieser Park sein, in dem auch der Reichsbauernführer Darré, der Panzergeneral Guderian und der Kriegskamerad, Buchhalter, Glücksspieler und Defraudant Ernst Ludewig begraben sind.

Heinz Helfgen heißt der Held, der mich in meinem Willen bestärkt, der alten Kaiserstadt am Fuße des Harzes so bald wie möglich zu entfliehen. Dreimarkachtzig, berichtet er bei einem Dia-Abend in der Aula des Ratsgymnasiums, habe er in der Tasche gehabt, als er zu seiner mehrere Jahre dauernden Radtour rund um die Welt aufgebrochen sei. Türkei. Syrien. Irak. Persien. Indien. Birma. Thailand. Vietnam. Kambodscha. Japan. Amerika. Kuba. Jamaika. Venezuela ... Die Stationen, die Heinz Helfgen, eine Hand lässig auf den Sattel seines Fahrrades »Patria – WKC« gestützt, in den Saal streut, haben auf mich die gleiche Wirkung wie mein Danziger Goldwasser, meine Zigaretten, meine Rumkugeln und die Tore von Goslar 08.

Am Tag nach diesem Vortrag schwinge ich mich selbst aufs Fahrrad und strampele, mir die Bilder von der Weltreise vor Augen führend, einige Dutzend Kilometer durch den Harz. Wo sich vom »Auerhahn«, der ersten Anhöhe auf dem Weg nach Clausthal-Zellerfeld, der Blick auf die Wiesen und Wälder, Berge und Seen öffnet, sehe ich die mächtigen, schneebedeckten Gipfel des Himalaya vor mir. Der Romkerhaller Wasserfall, der zwischen den Gemeinden Altenau und Oker zu Tale stürzt, schwillt in meiner Phantasie zu den schäumenden Kaskaden des Niagara an. Die Holzkirche von Hahnenklee verwandelt sich in die Blaue Moschee von Istanbul, der Kartoffelacker vor der Siedlung am Sudmerberg in eine asiatische Reisterrasse.

Vor dem Breiten Tor in Goslar, wo man im Mittelalter den Stadtzoll entrichtete, biege ich in Richtung Osterfeld ab und umrunde mehrmals das Stadion, das, was die Spiele von Goslar 08 betrifft, in genauso weiter Ferne liegt wie der Nanga Parbat oder das Taj Mahal. Übe ich eigentlich Verrat an meinem Verein, seinem Torwart Macha und seinem Mittelläufer Thielemann, wenn ich fortwährend an meine Flucht aus Goslar denke? Ich werde, so schwöre ich, als zwischen einer Reihe von Kastanienbäumen eines der beiden Tore sichtbar wird, an meine Blauweißen auch in den fernsten Winkeln der Welt denken und im Übrigen dafür sorgen, dass ich, solange ich an Goslar gekettet bin, eine Möglichkeit aushecke, sie bei ihren Spielen anzufeuern.

Die Abende, an denen Weltenbummler, Bergsteiger oder Tiefseeforscher über ihre Abenteuer berichten, finden einmal im Monat in der Aula des Gymnasiums statt. Und obwohl mich dieses Gebäude ja an mein schulisches Versagen erinnert, lasse ich keine Veranstaltung aus. Da ich weiß, dass alles spannend ist, was in diesem Saal gesagt und gezeigt wird, achte ich vorher schon gar nicht mehr auf die Themen und die Titel. Ich lasse mich, was ja die Spannung noch steigert, überraschen.

Auf den Ladeflächen von Militärlastwagen stapeln sich Leichen. Soldaten – wie meine Zigarettenlieferanten sind es Engländer – wühlen kopfschüttelnd in Kleiderresten und geleiten ausgemergelte Gestalten zu Krankenstationen. Von den Bettgestellen in einer Baracke starren Augen aus tiefen Höhlen in die Kamera. Ein Kommentator schleudert einen Begriff in den abgedunkelten, diesmal nur schwach besetzten Raum, den ich noch nie gehört habe: »Konzentrationslager«. Es folgt der Name des Ortes, an dessen Rand sich dieses Lager befindet: Bergen-Belsen. Bei Celle, in der Lüneburger Heide, liege er.

Als ich gestern einsam ging
Auf der grünen, grünen Heid',
Kam ein junger Jäger an,
Trug ein grünes, grünes Kleid;
Ja, grün ist die Heide,
Die Heide ist grün,
Aber rot sind die Rosen,
Wenn sie da blühn!

Wo die grünen Tannen steh'n,
Ist so weich das grüne Moos,
Und da hat er mich geküsst,
Und ich saß auf seinem Schoß;
Ja, grün ist die Heide,
Die Heide ist grün,
Aber rot sind die Rosen,
Wenn sie da blühn!

Fast jedes Mal, wenn die Kriegskameraden sich treffen, singen sie das Heide-Lied. Stößt der Kantinenchef Wilhelm Kruse dazu, begleitet er sie, indem er seine Zunge zwischen die Lippen schnellen lässt und dabei einen Klang wie eine Mandoline erzeugt. Kein Lied eignet sich besser für dieses Kunststück. Wenn der Kantinenchef an der Haustür klingelt und mein Vater aus dem Wohnzimmer eilt, sagt der dicke Otto jedes Mal: »Immer kommen lassen, nur keinen gehen lassen.«

Fünfzigtausend Menschen, sagt der Kommentator, seien in Bergen-Belsen ums Leben gekommen. Ich rechne: Das sind zehntausend mehr, als Goslar Einwohner hat. Zwanzig Heimspiele muss Goslar 08 austragen, um auf diese Zahl zu kommen. Als die Kamera über die Massengräber schwenkt, verlassen einige der Zuschauer den Saal. Ich starre auf den Boden, richte den Blick dann aber doch wieder auf die Leinwand. Vor allem Juden, sagt die Stimme, seien von den Nazis ermordet worden, sechs Millionen insgesamt.

Juden? Nicht ein einziges Mal haben meine Lehrer diesen Begriff erwähnt. Und meine Eltern? Ja, doch: Meine richtige Muter hat dem alten Bartels, unserem Nachbarn in Bad Grund, mal erzählt, dass sie vor dem Krieg als Hilfe im Haushalt eines jüdischen Arztes gearbeitet habe. Auf die Frage, ob sie wisse, was aus der Familie geworden sei, hat sie geweint und dieselbe wegwerfende Handbewegung gemacht wie später der Sanitäter, dem ich am Mittag des 6. August 1952 auf unserer Veranda begegnete. Ich erinnere mich auch noch an den Satz, mit dem mein Vater sich zurückzog, als meine Mutter und der alte Bartels über die Arztfamilie sprachen: »Ich geh mal die Karnickel füttern.«

Auf der Leinwand erscheint eine Gruppe von Frauen, die von britischen Offizieren zu einem der Massengräber geführt werden. »KZ-Aufseherinnen« seien das, sagt der Sprecher. Einige von ihnen haben ihr Haar zu einer Frisur hochgesteckt, wie auch Christa sie für einige Monate trug. Gut sah sie damit aus, viel besser als mit ihrem Pony. Würden mir diese Frauen auf der Rammelsberger Straße begegnen, würde ich sie für Sekretärinnen halten oder für Lehrerinnen oder für Werksfürsorgerinnen.

Torwart Macha faustet. Linksaußen Juppe flankt. Mittelläufer Thielemann klärt. Vergebens kämpfe ich in der Nacht nach der Veranstaltung im Ratsgymnasium mit solchen Bildern gegen die Szenen aus dem Konzentrationslager an. Bergen-Belsen ist stärker als Goslar 08.

21 Tunichtgut

Samstag, ein Uhr dreißig, mittags. Die ganze Woche über spukt dieser Termin durch meine Gedanken und Träume. Ich möchte ihn streichen, aufschieben, verdrängen. Aber das geht nicht. Seinen Schatten über die Forellen Max und Moritz werfend, wartet jeden Samstag, ein Uhr dreißig, mittags, der Tischlerlehrling Helmut Klingebiel an der Gose-Brücke auf mich. Er hält die Hand auf, prüft den Zehnmarkschein, den ich hineinlege, und befiehlt mir, bevor er in einem der heruntergekommenen Häuser zwischen dem Krankenhaus Theresienhof und der Rammelsberger Straße verschwindet, mit unmissverständlichem Blick: Bis nächsten Samstag, ein Uhr dreißig! Und wenn du nicht erscheinst, gibt's was auf die Fresse, und ich verpfeife dich bei der Polizei.

Helmut Klingebiel, sagt man, besitzt die größte Sammlung an Schlagringen im Harz, und von den 17 Kämpfen, die er im Halbschwergewicht für den »Boxring 38 Goslar« bestritt, gewann er 13 durch K.o. Beim letzten Goslarer Schützenfest trat er in einem Zelt gegen den Berufsringer Samson junior an. Nur drei, vier Griffe benötigte er, um ihn, ich habe es selbst miterlebt, aufs Kreuz zu legen. Sogar die »Goslarsche Zeitung« berichtete über seinen Sieg. »David bezwingt Goliath«, lautete die Überschrift. Der Bericht hängt, golden gerahmt, in der Gaststätte »Maltermeister Turm« an der Wand.

Ob Helmut Klingebiel seine Lehre beim Erzbergwerk Rammelsberg schafft, ist fraglich. Er neigt dazu, seinen Arbeitsplatz bereits vor dem Aufheulen der Feierabendsirene zu verlassen, und als ihm sein Meister damit drohte, ihn deswegen der Werksfürsorgerin Maria Emonds zu melden, packte er ihn beim Schlafittchen und schüttelte ihn so lange, bis er seine Drohung zurücknahm. Und ausgerechnet vor diesem »Tunichtgut«, wie mein Vater ihn nennt, protzte Eberhard Dremmler mit unserem Anschlag auf Kopfnuss-Albert. An den Sohn des allmächtigen Direktors, der ihn von heute auf morgen entlassen oder in die Nacht des Stollens verbannen könnte, traut er sich nicht heran. Also bin ich es, den er an der Gose-Brücke erpresst.

Einen Mitwisser zu haben, der nach Geld giert wie der Automat, der dem Kriegskameraden, Spieler und Defraudanten Ernst Ludewig zum Verhängnis wurde – das verändert unsere Lage. An ein Beispiel aus dem »Handbuch des Kaufmanns« muss ich denken, als ich sie mir vor Augen führe: Wegen seiner riskanten Geschäfte gerät ein Fabrikant an den Rand des Ruins. Als er den Druck, den die Forderungen seiner Lieferanten auf ihn ausüben, nicht mehr aushalten kann, entschließt er sich, Insolvenz anzumelden und einen Offenbarungseid zu leisten. Nun ist er zwar pleite, aber auch mit sich im Reinen. Und ohne dieses Ende gäbe es keinen neuen Anfang für ihn.

Ach, könnte ich mich doch meinem Vater offenbaren! Von unserem Anschlag auf Kopfnuss-Albert würde ich ihm berichten, von der Schweinerei in der Wohnung der Werksfürsorgerin, von den Zigaretten, dem Likör, den Rumkugeln, von den Bildern aus Bergen-Belsen … Wie ein Löwe in seinem Käfig laufe ich in meinem Zimmer hin und her, formuliere Geständnisse, male mir Gespräche, Strafen und Pläne aus. Aber selbst nach dem vierten, fünften Schluck Danziger Goldwasser bin ich mir ziemlich sicher: Die Wand, die sich im Laufe der Jahre zwischen meinem Vater und mir aufbaute, ist zu hoch und zu dick für eine solche Beichte.

Auch in der Amateuroberliga Niedersachsen-Ost gibt es Mannschaften, die sich sofort nach dem Anpfiff in die eigene Spielhälfte zurückziehen und dort eine kaum zu überwindende Mauer errichten. Der »FC« aus dem Göttinger Vorort Grone, wo es auch eine Klapsmühle gibt, gehört dazu. Jedes Mal bietet Goslar 08 einen offenen, vom ständigen Hin und Her lebenden Schlagabtausch an – und fast immer verteidigt der FC Grone mit elf Mann das 0:0.

In weißen Hemden und grünen Hosen spielt der FC Grone. Ich mag dieses Trikot nicht, weil sich das Grün der Hosen kaum von der Farbe des Rasens unterscheidet. Grün auf Grün – das macht das Spiel langsam; jedenfalls kommt es mir so vor. Ich finde, eine Mannschaft sollte Hosen tragen, deren Farbe sich absetzt von der Farbe des Rasens. Dann wirkt sie frischer, dynamischer. Das Schwarz von Hannover 96, Borussia Dortmund oder unserer Nationalmannschaft ist so eine Farbe – auch das Blau von Schalke 04, Eintracht Braunschweig und Goslar 08.

Und was wäre, wenn die Spieler von Goslar 08 grüne Hosen und die Spieler des FC Grone blaue Hosen trügen? Ich glaube, Mittelläufer Thielemann, der Halbrechte Salier oder der Linksaußen Juppe kämen mir auch mit grünen Hosen schneller vor als ihre Gegner vom FC Grone. Das liegt wohl daran, dass der FC Grone der Verein ist, den ich am meisten hasse, und Goslar 08 der Verein, den ich über alles liebe. »Liebe macht blind«, hat der schlaue Willi mal gesagt. Damit meinte er aber die Tochter des Werksarztes, die ein Verhältnis mit dem Tunichtgut Helmut Klingebiel haben soll.

Was ich, als ich das Stadion am Osterfeld noch besuchen durfte, an der Mannschaft von Goslar 08 am meisten bewunderte, war ihr Wille, die Mauer, die Mannschaften wie der FC Grone errichteten, doch noch irgendwie und irgendwann zu durchbrechen. Und manchmal gelang das ja auch – sei es durch einen Freistoß, den der Halblinke Fritze Schröder, als der Schiedsrichter bereits auf seine Uhr blickte, an der Abwehr vorbeizirkelte, sei es durch eine Ecke, die Rechtsaußen Hänschen Schilling direkt verwandelte. Dass es eine Laune des Windes war, die dem Ball den entscheidenden Dreh gab, interessierte am nächsten Tag niemanden mehr.

Nie aufgeben – nach dieser Devise unternehme auch ich einen letzten Versuch, die Mauer zwischen mir und meinem Vater zu überwinden. Und wie ich es von Goslar 08 gelernt habe, tüftele ich schon für die ersten Minuten eine genaue Taktik aus. Ich darf, sage ich mir, nicht sofort blind in die Offensive gehen und damit die Gefahr eines frühen Konters heraufbeschwören, sondern ich muss mit einer Gangart beginnen, die man beim Fußball »abtasten« nennt. Also denke ich mir ein Thema aus, das meinen Vater zwar herausfordert, aber noch nicht an die Brisanz meiner Erlebnisse, Vergehen und Probleme heranreicht. Ich versuche also, meinen Vater aus der Reserve zu locken, seine Bereitschaft zum Gespräch zu testen.

Das Fischesterben in der Gose, über das die Leute im Bergtal seit Tagen diskutieren, ist mein Thema. Auch die Forellen Max und Moritz schaukelten gestern morgen mit weißen, aufgeschwemmten Bäuchen in der Strömung, gegen die sie, als sie noch vor Kraft strotzten, mit ihren Flossen ansteuerten. Dass Fische krepierten, streitet mein Vater nicht ab. Schließlich hat auch die Zeitung darüber berichtet. Doch als ich auf Offensive umschalte und ihn mit dem Vorwurf konfrontiere, vergiftete Abwässer aus dem Bergwerk seien schuld an dem Desaster, springt er auf mich zu, richtet den Zeigefinger auf mich und zischt: »Red nicht!« Mein Gott, wie oft ich das schon gehört habe: dieses »Red nicht!«.

Mit Helmut Klingebiel und Eberhard Dremmler rede ich. Dem Tischlerlehrling ringe ich an der Gose-Brücke das Zugeständnis ab, seine Forderungen durch eine pauschale Summe befriedigen zu können. Fünfzig Mark biete ich an. Hundert Mark will er. Auf siebzig Mark einigen wir uns. Eberhard Dremmler mache ich klar, dass er sich, obwohl er selbst nicht erpresst wird, an der Lösung des Problems beteiligen müsse. Der Preis für seine idiotische Geschwätzigkeit sei das. Da er sich seiner Schuld offenbar bewusst ist, kommt er mir sofort mit einer Idee entgegen: Im Freibad am Herzberger Teich habe gerade die Saison begonnen und er wisse, dass dort viele Portemonnaies minutenlang unbeobachtet auf der Wiese herumlägen. Der richtige Griff zur richtigen Zeit – und wir wären unsere Sorge mit einem Schlag los.

Es ist das Karree, in dem der Schauspieler Moritz Hartmann sein Handtuch ausgebreitet hat, das wir ins Visier nehmen. Als der Held des Goslarer Jugendtheaters mit wiegendem Schritt dem Sprungturm zustrebt, folgt ihm eine ganze Schar tuschelnder Mädchen. Moritz Hartmann klettert, auf jeder Sprosse ein paar Sekunden innehaltend, die Leiter zum Fünfmeterbrett hinauf, bringt es, indem er sich mit den Füßen abfedert, zum Schwingen, blickt hinab auf den modrig grünen, von einem leichten Wind gekräuselten Wasserteppich, geht noch einmal zurück ans Ende des Brettes, nimmt einen Anlauf, stößt sich ab und zerschneidet, die Arme ausgestreckt und das lockige Haar von einer Gummikappe gebändigt, die laue

Luft dieses Sonntags im Mai. Aus dem heiteren Stimmengewirr der vielen Hundert Badegäste wächst, als der Körper wie ein Pfeil ins Wasser sticht, ein bewunderndes »Aaaaah!«. Jetzt zugreifen – und weg.

Mensch, hundert Mark trägt ein Schauspieler des Goslarer Jugendtheaters mit sich herum. Siebzig Mark bekommt der Erpresser von der Gose-Brücke. Zwanzig Mark zweige ich für Zigaretten, Danziger Goldwasser und Rumkugeln ab. Für die zehn Mark, die für ihn übrig bleiben, kauft sich Eberhard Dremmler Munition. Er lädt damit das Luftgewehr, das er zu unserem nächsten Anschlag mitnimmt. Unser Kandidat ist diesmal der Goslarer Tennisklub.

Die Geschichte, die zu diesem Racheakt führt, beginnt an einem der Abende, an denen ich mich, weil ich ständig neues Geld brauche, auf der Anlage zwischen dem Bahnhof und der Von-Garßen-Straße als Balljunge nützlich mache. Goslars Haute wo Laute spielt dort Tennis, und wenn einer der Bälle in einer der Hecken landet, die das Areal säumen, bin ich es, der ihn aus dem Grün fischt und ihn, wie ein gut dressierter Schäferhund, den ganz in Weiß gekleideten Spielern zurückbringt. Aber irgendwann passiert mir ein Missgeschick, das sie stärker in den Bann zieht als ihr Sport.

Die Hände auf die Hüften gestützt, sehen sie zu, wie ich mich in meinem Übereifer immer stärker in einem Drahtgeflecht verheddere. Ein lautes Lachen klingt in meinen Ohren, als ich meine Füße zu ruckartig aus der Falle befreie, das Gleichgewicht verliere und, den Tennisball umklammernd, lang hinschlage. So habe ich selbst mal über das Komikerpaar »Dick und Doof« gelacht. Aber das war im Kino.

Von Eberhard Dremmler erfahre ich, dass der Tennisklub im Schützenhaus, wo ich am 4. Juli 1954 den 3:2-Sieg über die Ungarn erlebte, sein Maifest feiert. Eine Schülerin des Lyzeums habe auch ihn dazu eingeladen – und kurz darauf wieder ausgeladen. Sie habe wohl, vermutet er, von seinen schlechten Leistungen auf dem Gymnasium erfahren. »Stattdessen«, schimpft er, »geht sie wahrscheinlich mit irgend so 'nem Streber dahin. Also, diesen arroganten Typen vom Tennisklub würde auch ich gern einen Schreck einjagen.«

Da der Mond nur als schmale Sichel am Himmel steht und auch keine der wenigen Straßenlaternen leuchtet, ist der Festsaal des Schützenhauses in dieser Nacht der einzige Lichtpunkt am Osterfeld. Die Silhouetten tanzender Paare sind zu erkennen; Tabletts tragende Kellner, Girlanden, Lampions. »Ganz Paris träumt von der Liebe«, das Lied Caterina Valentes, spielt die Kapelle, als Eberhard Dremmler sein Luftgewehr auf die akkurat gestutzte Hecke legt, auf die obere Hälfte der Fensterfront zielt – und dreimal abdrückt. Pitsch. Pitsch. Pitsch. Die Musik reißt ab. Die Paare streben auseinander, flüchten von der Tanzfläche. Ihrem Aufschrei folgt Stille.

Um unsere Spuren zu verwischen, machen wir wieder einen weiten Umweg. Am Hang des Steinbergs, wo die Haute wo Laute wohnt, entdecken wir ein Wochenendhaus, das im Moment offenbar nicht benutzt wird. Wir klettern über den Zaun, brechen mit dem Lauf des Luftgewehres die Riegel eines der Fenster auf, schlagen seine Scheibe ein, steigen über eine Bank ins Innere. Runter mit den Bildern von der Wand. Raus mit den Kabeln aus dem Radio. Rein mit den Blumen und den Mettwürsten und den Gardinen ins Spülbecken.

Ich hasse den FC Grone. Ich hasse das Handbuch des Kaufmanns. Ich hasse die Stenografie. Ich hasse Maria

Emonds. Hass. Hass. Hass. Ich hasse meinen … Nein, meinen Vater hasse ich nicht. Ich hasse die … Nein, die Frau, die nun im Bett meiner richtigen Mutter schläft, hasse ich nicht. Ich kenne sie ja gar nicht. Ist sie überhaupt da? Wäre es besser gewesen, wenn meine richtige Mutter mich am 6. August 1952 mitgenommen hätte?

Rotwein, Bordeaux. Die Haute wo Laute trinkt also Bordeaux. Ein paar Flaschen zerschlagen wir mit dem Gewehrkolben. Wie eine Lache aus Blut verteilt sich ihr Inhalt auf dem Steinboden. Die letzte Flasche teilen wir uns: ich einen Schluck, Eberhard Dremmler einen Schluck, ich einen Schluck, er einen Schluck …

Einige Wochen später beobachte ich den Sohn des technischen Direktors dabei, wie er im Garten sein Luftgewehr auf einen Eichelhäher richtet, der mit seinem Schnabel eine Kirsche zerpickt. Drei, vier Kugeln genügen – und der schöne, stolze Vogel fällt wie ein Stein auf eines der Beete, die Christa nun endlich »auf Kante« begradigt hat. Ich zupfe eine der blauweißen Federn aus seinem Gefieder. Blau und weiß – es sind die Farben von Goslar 08.

Zwei Eichelhäher unterhalten sich. Sagt der eine Eichelhäher zum anderen: »Merkwürdig, im Winter hängen uns die Menschen ganze Ringe aus Körnern vor die Vogelhäuschen, und wenn wir im Sommer in ihren Kirschbäumen sitzen, schießen sie auf uns. Ob es nun Winter ist oder Sommer: Futter bleibt doch Futter! Ich verstehe die Menschen nicht. Verstehst du sie?« – »Nein«, sagt der andere Eichelhäher, »ich verstehe sie auch nicht. Ich habe sie noch nie verstanden. Und ich werde sie auch nie verstehen.«

Ich schicke den Text, den ich unmittelbar nach meiner Beobachtung niederschreibe, an die Redaktion der »Hannoverschen Presse«. Dieses Blatt, das in der niedersächsischen Hauptstadt erscheint, ist bedeutender als die »Goslarsche Zeitung«, die mein Gedicht *Wenn du noch eine Mutter hast* auf der Kinderseite abdruckte. Der Betriebsratsvorsitzende Erich Wiederhold liest die »Hannoversche Presse«, weil sie der SPD gehört, der Partei, die mein Vater hasst wie ich den FC Grone.

Als eines Tages ein Exemplar der »Hannoverschen Presse« in unserem Briefkasten steckt, bin ich so aufgeregt, dass ich beim Entfernen des Umschlags fast auch die Zeitung zerreiße. »Feuilleton« heißt der Teil, in dem mein Text Wort für Wort unter der Rubrik »Parabeln« abgedruckt ist. »Zwei Eichelhäher« lautet die Überschrift. Und unmittelbar darunter steht, in fetten Buchstaben, mein Name. Immer wieder richte ich meinen Blick darauf – bis die Buchstaben nach dem letzten Schluck Danziger Goldwasser vor meinen Augen verschwimmen. Schade, denke ich, dass Christa die »Hannoversche Presse« nicht liest.

»Oh, im Fäuleton«, sagt mein Vater, als ich ihm beim Frühstück die Seite mit meinem Text zeige. Mehr sagt er nicht. Ich reiche die Seite an seine neue Frau weiter. Sie sagt: »Ja, ja, die Eichelhäher … Bei uns im Dorf haben sie mal einen ganzen Baum leergefressen.« Auf dem Weg zur Schule formuliere ich im Kopf einen Text, der meinem Vater bestimmt gefallen hätte.

Zwei Eichelhäher sitzen in einem Kirschbaum und unterhalten sich. Sagt der eine Eichelhäher zum anderen: »Wenn ich am Tag zehn Kirschen zerpicke, beträgt der Verlust für den Besitzer des Baumes acht Pfennig. Wenn er mich mit dem Luftgewehr tötet und dafür vier Kugeln benötigt, kostet ihn das zwölf Pfennig. Es wäre also günstiger für ihn, mich leben zu lassen.«

22 Knickerbocker

Eiche, die weiche. Weide, die meide. Fichte, die flüchte. Buche, die suche. An diese Bauernregeln, heißt es im Bergkalender, soll man sich halten, wenn man im Wald von einem Gewitter überrascht wird. Die Buche ist der Baum des Reinhardswaldes. Also fühle ich mich einigermaßen sicher, als ich durch eines seiner Täler wandere und aus den schwarzen Wolken über mir plötzlich Blitze zucken.

Es war die Idee meines Vaters, den dicken Otto zu bitten, mich auf einer seiner Touren an einem Autobahnparkplatz bei Hannoversch Münden auszusetzen und mich der Einsamkeit des Reinhardswaldes zu überlassen. Mein Vater liebt das Wandern wie seinen Harzkäse, seine Mettbrötchen und seine Stenografie, und da auch ich es bereits auf 160 Silben in der Minute bringe, will er mich jetzt wohl an das Wandern gewöhnen.

Ich kann nicht sagen, dass ich das Wandern hasse. Es langweilt mich. Die Höhepunkte der Endspielreportage von Herbert Zimmermann, die ich inzwischen herunterbeten kann wie Heinrich Heines Gedicht vom Wandersmann, tragen kaum mehr als einen Kilometer. Außerdem übertönt immer wieder das Grollen und Grummeln des Gewitters meine Stimme. Eine Spinne zu beobachten, ist nur in dem Moment spannend, in dem sie die in ihrem Netz zappelnde Fliege oder Mücke durch ihren Giftbiss lähmt. Ob sie dabei wohl die gleiche Erregung empfindet, wie ich beim Zerbersten einer Fensterfront, bei einem Tor von Goslar 08 oder beim Anblick der Titties von Bomber-Irmchen?

Stößt man eine Schnecke mit der Fußspitze an, zieht sie sich, statt sich zu wehren oder zu fliehen, feige in ihr Haus zurück. Die Wildkatze faucht und rollt ihre Krallen aus, wenn man sie neckt. Selbst die putzigsten Hunde neigen dazu, nach der Hand zu schnappen, die sie streichelt und krault. Die Schnecke aber verharrt nach einer Berührung regungslos auf ihrer Schleimspur und streckt erst dann wieder ihre Fühler aus, wenn die Gefahr wirklich vorüber ist. Das Einzige, was ich an einer Schnecke aufregend finde, ist die ständige, aber auch ständig unterdrückte Versuchung, sie wie einen Ball vor mir her zu rollen.

Wo parallel zu meinem Weg ein schmaler Kanal verläuft, breche ich einen Stock in zwei Teile und werfe sie ins Wasser. Das eine Holz nenne ich »Goslar 08«, das andere »FC Grone«. Gewonnen hat das Stück, das als erstes das Gatter erreicht, hinter dem der Kanal unterirdisch weiter fließt.

Noch drei, vier Meter sind es bis zum Ziel. Grone liegt in Führung, aber Goslar holt auf. Goslar bleibt an einem Stein hängen. Grone treibt in der Strömung. Noch zwei Meter ... Goslar befreit sich, kommt an Grone heran. Grone stellt sich quer. Goslar zieht an Grone vorbei. Noch einen Meter, fünfzig Zentimeter, zwanzig, zehn ... Grone gerät in einen Strudel, dreht sich im Kreis. Goslar flutscht durch das Gatter. – Aus! Aus! Das Spiel ist aus. Goslar hat gewonnen, schlägt den FC Grone mit 1:0.

Unter einer Brücke, die über die Autobahn führt, sucht ein junger Mann, vermutlich ist es ein Student, Schutz vor den Regenschauern, die dem Gewitter folgen. Nähert sich ein Auto, hebt er den Daumen. Zwei Autos fahren vorbei, das dritte hält an. Der junge Mann steigt ein. Der Fahrer gibt Gas. Aus dem Auspuff wirbelt eine weiße Wolke auf.

Wo die Spuren über eine Anhöhe führen, vermischt sie sich mit dem Grau des Horizonts.

Anhalten. Einsteigen. Wegfahren; irgendwohin. Ich habe schon fast die Stelle erreicht, an der eben noch der junge Mann stand, als mir ein Auftrag meines Vaters einfällt. Zwei Mal in meiner Ferienwoche soll ich mich aus Hannoversch Münden, der Stadt, die er mein »Hauptquartier« nannte, mit einer Postkarte melden. Ich kann mich also nicht einfach an die Autobahn stellen und ins Blaue reisen. Wieder einmal muss ich lügen und betrügen, um mir einen Traum zu erfüllen.

An einem Kiosk in Hannoversch Münden kaufe ich mir drei Rumkugeln und zwei Postkarten. Die eine zeigt eine Straße mit mittelalterlichen Häusern, die andere eine Landschaft, in der zwei Flüsse verschmelzen.

Wo Werra sich und Fulda küssen,
Sie ihre Namen büßen müssen.
Und so entsteht aus diesem Kuss
Deutsch bis zum Meer der Weserfluss.

Ich frankiere die Karten und beschrifte die Vorderseite mit unserer Adresse in Goslar. Meine Eichelhäher-Parabel für die »Hannoversche Presse« habe ich in zehn Minuten geschrieben. Für die Anrede auf der Rückseite der Postkarte benötige ich mehr als eine halbe Stunde.

»Lieber Vater, liebe Mutter …« – Nein, das geht nicht. Meine Mutter, meine richtige Mutter, ruht in Goslar in einem Grab zwischen dem Bahndamm und der Hildesheimer Straße. Ich verrate sie, wenn ich die Frau, die nun in ihrem Bett schläft, »Mutter« nenne. »Liebe Eltern« … Das geht auch nicht. Eltern bestehen aus einem Vater und einer Mutter. Mit einer solchen Anrede würde ich die

Frau, die mit mir kaum ein Wort wechselt, als meine neue Mutter anerkennen. »Ihr Lieben« ... Meine Hand streikt, als sie das niederschreiben soll. Für »Liebe Bergtaler!« entscheide ich mich. Das Unpersönliche in dieser Anrede federe ich durch einen etwas freundlicher klingenden Gruß ab: »Euer Wandersmann«. Während ich per Anhalter durch den Süden reise, so mein Plan, muss jemand die beiden Postkarten an zwei unterschiedlichen Tagen in Hannoversch Münden in einen Briefkasten werfen. Aber wer?

In meinem Schlafsaal in der Jugendherberge komme ich mit einem Oberschüler aus Göttingen ins Gespräch. Er ist Anhänger von Göttingen 05, einem Klub, der in der Oberliga Nord spielt, also nicht mit Goslar 08 konkurriert. Die gerade hinter uns liegende Saison hat er mit 31:29 Punkten auf dem achten Tabellenplatz abgeschlossen. Da ich die Aufstellungen sämtlicher 16 Mannschaften in der obersten Klasse des Nordens auswendig kenne, fällt es mir nicht schwer, die Spieler von Göttingen 05 aufzuzählen: Knopp im Tor, Engel I und Nünnemann in der Verteidigung, Kuzniewski, Wedemeyer und Koschinski als Läufer und Barth, Dobrik, Wasch, Engel II und Schaff im Sturm.

»Und die Reservespieler«, fragt mein Bettnachbar, »kennst du die etwa auch?«

»Rudolphi, Bachert, Marten, Riesenkamp.«

Es ist der Oberschüler aus Göttingen, der die Postkarten für mich in den Briefkasten werfen wird – die erste am Montag, die zweite am Mittwoch.

Fährt es vorbei? Hält es an? Und wohin fährt es, wenn es anhält? Die Spannung, die mich erfasst, wenn sich aus Richtung Norden ein Auto meiner Unterführung nähert, vertreibt die Ängste, die mich, wenn mir das Gegengift der Ablenkung ausgeht, immer stärker beherrschen: Ist die Polizei in Goslar doch noch auf eine Spur gestoßen? Fängt der Boxer Helmut Klingebiel irgendwann wieder an, mich auf der Gose-Brücke zu erpressen? Werde ich versagen, wenn das Dienstmädchen Christa und die Försterstochter Gisela wieder versuchen, mich zu verführen? Sitze ich nächstes Jahr in einem Büro des Erzbergwerks Rammelsberg?

Ein roter Borgward-Isabella hält. Aus Finnland stammt der Fahrer. Ich versinke neben ihm in einem Sitz aus frisch duftendem Leder. Wir fahren, fahren, fahren. Da unten: die Werra. Da oben: die Kuppen des Hessischen Berglandes. Links: die Kirchtürme von Bad Hersfeld. Rechts: der Taunus. Der Finne ist der dritte Ausländer, dem ich begegne. Der erste war der Italiener Mokri, der in Bad Grund mit der Flinte auf unsere Singvögel schoss, um sie zu braten, zu kochen, zu dünsten oder sie gleich roh zu verzehren.

Der zweite Ausländer war ein Student aus dem Kongo, der am Erzbergwerk Rammelsberg ein Praktikum absolvierte und den ich, da ich einigermaßen Englisch spreche, auf seinen ersten Wegen in Goslar begleitete. Ob seine Haut auf den Laken abfärbe und es nicht angebracht wäre, das Bett mit einer bunten, also nicht zu empfindlichen Wäsche zu beziehen, hat mich Frau Meinecke, seine Zimmerwirtin, gefragt. Auch auf weißer Wäsche, habe ich sie beruhigt, hinterlasse ein Neger keine schwarzen Abdrücke. Sicher war ich mir allerdings nicht.

Seine Tochter, sagt der Finne, studiere in Wien. Er sei auf dem Weg zu ihr. Wenn ich wolle, könne ich ihn bis Wien begleiten. Mein erster Gedanke ist: Er hat eine Familie. Ich muss also keine Angst haben, dass mir in diesem Borgward-Isabella etwas Ähnliches passiert wie in der Wohnung in der Von-Garßen-Straße. Mein zweiter

Gedanke ist: Wien wäre ein Traum, aber Wien ist zu weit. Wenn ich auf der Rückfahrt hängenbleibe, bricht mein ganzes Lügengebäude zusammen. Dann erhält mein Vater eine Postkarte aus Hannoversch Münden, und ich rufe ihn, pleite und hilflos, aus München, Nürnberg oder Würzburg an. Am Frankfurter Kreuz lasse ich mich absetzen.

Flugzeuge! Ich habe noch nie ein Flugzeug gesehen. Hinter dem Zaun, der die Autobahn vom Rhein-Main-Flughafen trennt, parken mehr als ein Dutzend. Eine der dickbäuchigen, mit silbernen Flügeln ausgestatteten Maschinen dreht sich um ihre eigene Achse. »PANAM« steht auf dem Heck, das mich an die Flosse einer Forelle erinnert. Das »AM« ist bestimmt die Abkürzung von »Amerika«. Werde ich jemals in einem solchen Flugzeug sitzen und nach Amerika fliegen, nach New York, Chicago oder Washington? Das Flugzeug rollt auf eine graue, mit weißen Strichen gekennzeichnete Piste zu. Es wird schneller und schneller und schneller, hebt ab, steigt steil in den Himmel, verschwindet in einer Wolkenbank, taucht, klein wie eine silberne Schachtel, wieder auf.

Rumkugeln! Fast jeder der Kioske an der langen, langen Straße vom Flughafen ins Frankfurter Zentrum hat Rumkugeln im Angebot. Dreizehn Rumkugeln zähle ich bis zur Jugendherberge, die an das Ufer eines Flusses grenzt. Main heißt er. Ein Karree, sicher viermal größer als der Herzberger Teich, dient als Freibad. Das Wasser des Herzberger Teiches kommt nicht von der Stelle. Der Main fließt und fließt und fließt. Ich vertraue mich seiner Strömung an und lasse mich treiben. Links und rechts steht die große Stadt Spalier. Über mir malen Flugzeuge weiße Streifen auf das unendliche Blau. Was ist das für ein Gefühl, das ich in diesem um mich schwappenden, in der Abendsonne glänzenden Fluss empfinde? Nennt man es Glück?

Wie gern würde ich es festhalten und bei Mainz zusammen mit dem Main in den Rhein münden. Am Niederwalddenkmal, das mein Vater vor dem Krieg mit seinem Mandolinenklub besuchte, würde ich vorbeischwimmen, an der Loreley, wo eine Maid, die so blond und so schön ist wie Christa, die Rheinschiffer bezirzt, am Siebengebirge, am Drachenfels, am Bonner Bundestag.

In Köln würde ich das Ufer hinaufklettern, den Dom besuchen, mir vielleicht ein Spiel des »1. FC« ansehen, mit Hans Schäfer als Linksaußen, der am 4. Juli 1954 in Bern die Vorlage zum 3:2-Siegtreffer gab und der in Köln einen Friseurladen besitzt. Ich würde ihn bitten, mein streng gescheiteltes, nach hinten gekämmtes Haar zu einem »Bibob« zu kürzen, dem Stoppelschnitt, wie ihn die amerikanischen Rock-'n'-Roll-Musiker tragen, die man manchmal im Kino in der »Wochenschau« sieht. Als ich mir mal heimlich einen Bibob geschnitten hatte, brachte mir das sechs Tage Stubenarrest ein. Fünf Wochen hat es gedauert, bis meine Frisur wieder »akkurat« saß. Dabei wirkt ein auf Streichholzlänge gestutztes Haar, so sehe ich das jedenfalls, viel akkurater als mein Fassonschnitt.

In Köln waren die Römer. Mein Vater war in der Normandie, in Paris, in Perpignan, in Smolensk. Auch Remagen, wo ihn der Ami nach dem Ende des Krieges festhielt, läge an meiner Strecke. Ich wurde 1940 geboren. Mein Vater kehrte im Juli 1945 nach Bad Grund zurück. Ob er mich mal gesehen hat zwischen 1940 und 1945?

Während der Sommerpause nimmt auch der Fußball Urlaub von den Punktspielen. Daher ist die Sommerpause die große Zeit der Freundschaftsspiele. Als im Osterfeld-Stadion in Goslar die Oberliga-Mannschaften von Arminia Hannover und der Spielvereinigung Fürth aufeinandertrafen, kehrte mein Vater kurz vor dem Kassenhäuschen um. Das Spiel, das am Sonntag zwischen Hessen Kassel und Minerva 93 Berlin stattfindet, werde ich sehen; garantiert. Kassel, das an der Strecke zwischen Frankfurt und Goslar liegt, passt ideal in meine Rückreisepläne.

Die Begegnung beginnt am frühen Nachmittag. Gegen acht Uhr morgens verlasse ich im Kasseler Stadtteil Wilhelmshöhe die Jugendherberge. Zum ersten Mal auf dieser Reise trage ich meine Knickerbocker. Ich habe das Gefühl, dass sie zu einem so wichtigen Spiel besser passen als die abgewetzte Lederhose, mit der ich durch den Reinhardswald und die Straßenschluchten Frankfurts gewandert bin. Nach anderthalb Stunden und sieben Rumkugeln erblicke ich in den Fulda-Auen endlich einen gewaltigen Block aus Terrassen. Wie die Stufen einer Tribüne ragen sie steil ins Nichts. Das muss das berühmte Aue-Stadion sein. Zu seiner Einweihung im August 1953, so stand es damals im »Kicker«, reiste sogar der hessische Ministerpräsident an.

Aber wo sind die Kassenhäuschen, die Tore, die Eckfahnen? Vier in ein steinernes Kreuz gemeißelte Jahreszahlen klären mich auf: »1914–1918« und »1939–1945«. Darunter heißt es: »Den Gefallenen«. Wo ich Stehplätze vermutete, sind Gedenkplatten eingelassen. Was ich für das Aue-Stadion hielt, erweist sich bei näherem Hinsehen als gigantisches Kriegerdenkmal. Aber das Aue-Stadion liegt nur ein paar Hundert Meter davon entfernt.

»... Döring, Schulz, Schmied ...« – Der Stadionsprecher legt eine kurze Pause ein, bevor er den Namen des nächsten Spielers in der Elf des KSV Hessen Kassel bekanntgibt: »Metzner!« Beifall braust auf. Ein Kribbeln, wie ich es von meinen Begegnungen mit Christa kenne, kreist um mein Herz. Der Halblinke Karl-Heinz Metzner, genannt »Gala«, hat schon zwei Länderspiele absolviert. Sogar dem Weltmeisterschaftskader von 1954 gehörte er an. Im Hotel »Belvedere«, dem Mannschaftsquartier im Schweizer Kurort Spiez, teilte er sich mit dem Stürmer Uli Biesinger vom BC Augsburg das Zimmer 308. Dass Bundestrainer Sepp Herberger ihn nicht einsetzte, lag daran, dass der geniale Regisseur Fritz Walter vom 1. FC Kaiserslautern auf seiner Position spielte. Karl-Heinz Metzner ist der erste Nationalspieler, den ich in einem Stadion erlebe – und dem ich nun so nahe bin wie in Goslar dem Torwart Macha oder dem Mittelläufer Thielemann.

Nach einem Pressschlag fliegt der Ball auf die Trasse zu, auf der ich mir dreieinhalb Stunden vor dem Beginn des Spiels einen Platz gesucht habe. Dutzende von Händen strecken sich dem Ball entgegen. Ich, der Todos vom Roland in Bad Grund und vom Bergtal in Goslar, bin es, der ihn fängt. Der Halblinke Metzner wartet unten auf dem Rasen darauf, dass er den Freistoß ausführen kann, den der Schiedsrichter seiner Mannschaft zugesprochen hat. Ich werfe ihm den Ball zu. Er bewegt seine Lippen. Ich lese ihnen fünf Buchstaben ab: »Danke.«

Halbzeit. Ich habe eine Idee, eine der besten seit vielen Jahren: Ich werde meinem Vater erzählen, dass ich sonntags durch den Harz wandere, in Wahrheit aber die Spiele von Goslar 08 besuchen – und zwar nicht die Heimspiele, sondern die Auswärtsspiele. Verabschiede ich mich an einem Sonntag zum Wandern, an dem Goslar 08 ein Heimspiel austrägt, könnte mein Vater Verdacht schöpfen und meine List entlarven. Auf die Idee, dass ich, statt nach Hahnenklee oder Bad Harzburg zu wandern, per Anhalter nach Hameln oder Holzminden reise, wird er nicht kommen.

Autobahnauffahrt Kassel-Bettenhausen, später Nachmittag. Ich stehe und stehe und winke und winke. In fast jedem zweiten Auto sitzen an diesem Sonntag Angehörige der amerikanischen Armee. In der Frankfurter Jugendherberge habe ich gehört, dass sie keine Anhalter mitnehmen dürfen. »Der Sekundenzeiger, er wandert so langsam«, hat der Reporter Herbert Zimmermann in der 86. Minute des Finales in Bern geseufzt. »Der Sekundenzeiger, er wandert so schnell«, denke ich an der Auffahrt. Zehn Autos warte ich noch ab. Acht ... neun ... zehn. Vorbei.

Ich zähle mein Geld. Es reicht nicht für den Zug nach Goslar. Nicht mal bis zur nächsten Station reicht es. Aber ich muss heute Abend zu Hause sein, unbedingt. Bin ich es nicht, erwartet mich wohl die höchste Strafe, die mein Vater je über mich verhängt hat. Und ich würde kaum umhinkommen, ihm den wahren Grund meiner Verspätung zu offenbaren. Also renne ich, ständig das mächtige Herkules-Denkmal auf der Wilhelmshöhe vor Augen, zum Kasseler Hauptbahnhof.

Auf den Koppeln an der Fulda weiden Pferde, Kühe, Schafe. Laubwälder spiegeln sich im träge fließenden Wasser. Hannoversch Münden. Witzenhausen. Friedland. Ein elegant gekleideter Herr von etwa fünfzig Jahren steigt zu. Er hat schütteres blondes Haar, blaue Augen, schmale Hände. Wie der schöne Erich sieht er aus. Ist es der schöne Erich? Wird er mich verraten, wenn er der schöne Erich ist?

Ich haste durch den Gang, schließe mich in der Toilette ein. Das milchige Fenster lässt die Wälder und Wiesen, über die ich eben noch das weiche Licht der Abendsonne wandern sah, zu Schemen verschwimmen. Die Bilder und Töne, die nun in klaren Konturen auf mich einwirken, kommen von innen. Der tote Fuchs auf der Veranda. Meine Mutter in der Klapsmühle. Die Sauerstoffflaschen auf der Veranda. Der Strick. Das Jägerdenkmal. Bergen-Belsen. Heil Hitler. Das Polizeiauto. Die Narben auf dem Rücken des Managers. Der Sarg.

Ich heule Rotz und Wasser. Habe schon mal miterlebt, dass mein Vater geheult hat? Ja, einmal habe ich das miterlebt. Als das Radio das Lied vom »Pferdehalfter« spielte, war das.

Es hängt ein Pferdehalfter an der Wand,
und der Sattel liegt gleich nebenan.
Fragt ihr mich, warum ich traurig bin,
schau ich nur zum Pferdehalfter hin.

Ich seh das Eisen, das mein Pony trug,
dieses Eisen, das ich selbst ihm schlug.
Sein Zaumzeug rostet jetzt im Stall,
doch ich seh mein Pony überall.

Es ist heiß. *Werd ich wo in einer Wüste eingescharrt von fremder Hand?* Es ist stickig. *Die Qualle durch das Weltmeer segelt, es quietscht, wenn man im Wasser vögelt.* Es ist eng. *Das Hauptbuch symbolisiert die Würde des Buchhalters.* Mir ist übel. *Meine Oma fährt im Hühnerstall Motorrad, Motorrad, Motorrad.* Ich muss kotzen. *Ein dreifach Hoch, ein dreifach Hoch, ein dreifach Hoch dem Sanitätsgefreiten Neumann, der, schon lang ist's her, die Tripperspritze hat erfunden …*

Raus hier – raus, raus, raus! Ich entriegele das Schloss, drücke die Klinke nach unten. Der blonde Herr mit den schmalen Händen wartet vor der Tür. Ich lächele ihn an wie einen alten Bekannten, strecke ihm die Hand entgegen. Er zieht seine Hand zurück und schüttelt, als sei ich reif für die Klapsmühle, den Kopf. Vielleicht bin ich ja reif für die Klapsmühle. Der blonde Herr mit den schmalen Händen zwängt sich an mir vorbei und verschwindet in der Toilette. Es ist nicht der schöne Erich.

Nörten-Hardenberg. An sanfte Hügel schmiegt sich das Städtchen. Wohin man auch blickt: Fachwerk, Schieferdächer, Jägerzäune. Neunmal schlägt die Kirchturmuhr. Vor halb elf wird der Zug nicht in Goslar eintreffen. Vor einer Stunde sollte ich schon zu Hause sein. Der Schaffner naht. So oft bin ich während der Fahrt schon vor ihm geflohen, dass ich mich nun im letzten Wagen befinde. Es gibt kein Zurück mehr. Bevor er mich nach meiner Fahrkarte fragt, muss ich auf ihn zugehen und ihn ablenken. Er soll das Gefühl haben, dass er mein Lehrer ist und ich sein gelehriger Schüler. Im Geist habe ich diese Situation schon durchgespielt, als ich von der Auffahrt Kassel-Bettenhausen zum Bahnhof rannte.

»Ich habe ein Problem, Herr Schaffner.«

»Na, dann schieß mal los!«

»Ich habe mich neulich mit einem Freund darüber gestritten, was die Ziffern vorn auf der Lokomotive bedeuten. Er sagt: Das sind die Seriennummern. Ich sage: Sie bezeichnen das Baujahr. Ich bin gespannt, was Sie sagen, Herr Schaffner.«

»Ihr habt beide nicht recht. Die Zahlen auf der Lokomotive bedeuten …«

Der Vortrag, der folgt, dauert bis zu den ersten Erhebungen des Harzes. Ohne nach meiner Fahrkarte zu fragen, nickt der Schaffner mir freundlich zu, als wir uns nach unserem Gespräch noch mehrere Male auf dem Gang begegnen. Hinter dem Städtchen Seesen werden die von Licht und Luft durchfluteten Buchenwälder von dem tiefdunklen, auch das Gemüt verdunkelnden Grün der Tannen und Fichten abgelöst. Über einer Hügelkette erhebt sich, anziehend und bedrohlich zugleich, der Rammelsberg.

Hahausen. In Hahausen wohnt eine Großtante meines Vaters, Tante Alma. Mit ihrem Mann, der im Krieg ein Bein verlor und deswegen an Krücken geht, betreibt sie einen kleinen Bauernhof. Oft sind wir dort früher hingefahren, um nachmittags Windbeutel und abends Mettbrötchen zu essen und uns immer wieder die Geschichte von dem Fuchs anzuhören, der im Hühnerstall ein Blutbad anrichtete. Zum Abschied drückte Tante Alma meinem Vater regelmäßig drei Dosen mit Hausmacherwurst in die Hand, eine mit Blutwurst, eine mit Brägenwurst, eine mit Leberwurst. Einmal vergaß sie es. Und seitdem fahren wir nicht mehr nach Hahausen.

Goslar. Die Dunkelheit greift bereits nach der Stadt, als ich auf dem kürzesten Weg nach Hause hetze. Ich erzähle meinem Vater die Geschichte von der Wildschweinherde, die auf der letzten Etappe meiner Wanderung meinen Weg kreuzte und mich zwang, für einige Stunden in einer Baumkrone auszuharren. »›Bache‹ nennt man das weibliche Wildschwein«, korrigiert mich meine Stiefmutter, als ich von einer »Sau« rede. »›Frischlinge‹ heißt das«, kommt ihr mein Vater zuvor, als ich den Begriff »Ferkel« benutze.

Bevor ich einschlafe, schließe ich einen Vertrag mit mir: Ich werde per Anhalter zu den Auswärtsspielen von Goslar 08 reisen, aber immer genügend Geld für eine Fahrtkarte bei mir haben.

23 Schicksalsspiel

Nein, nein, nein! Nein: Goslar 08 darf nicht absteigen!

Aber der Blick auf die Tabelle der Amateuroberliga Niedersachsen-Ost zeigt: Nur ihrem besseren Torverhältnis verdanken es meine Blauweißen, dass nicht sie, sondern ihre Rivalen vom Hannoverschen Stadtteilverein Limmer 1910 auf dem letzten Platz stehen. 20:34 Punkte weisen beide Klubs auf. Am Sonntag, dem 8. April 1956, treffen sie in Hannover aufeinander. Wer gewinnt, bleibt wahrscheinlich oben. Wer verliert, fliegt raus. Ein Schicksalsspiel ist das. Für mich hat es eine größere Bedeutung als das Finale von Bern.

Woran denkst du bloß dauernd? Keine Frage höre ich häufiger in den Tagen vor dieser Begegnung. Mein Vater stellt sie, als ich den Ascheimer in den Papierkorb entleere und aus dem Garten mit Tomaten zurückkehre, obwohl ich Zwiebeln holen sollte. Mein Stenolehrer in der Handelsschule stellt sie, als ich, nachdem es längst zur Pause geläutet hat, geistesabwesend auf meinem Platz sitzen bleibe. Das Stück Kreide, das er nach mir wirft, lenke ich allerdings so geschickt mit der Faust über meinen Kopf, dass mir meine Klassenkameraden Beifall klatschen. »Mit dir im Tor«, sagt der Epileptiker Hermann Mehnert, »würde Goslar 08 gewinnen.«

Je näher das Spiel rückt, desto totaler wird seine Herrschaft über mich. Auch in der Wochenendausgabe der »Goslarschen Zeitung«, von der ich mir eigentlich Ablenkung erhoffte, gibt es kaum eine Zeile, die ich nicht auf dieses Ereignis beziehe. Im »Goslarer Theater« läuft, mit

Frank Sinatra in der Hauptrolle, der Film »Der Mann mit dem goldenen Arm«. Das wird, denke ich, am Sonntag auch die Rolle von Torhüter Macha sein. Das »Zentraltheater«, ein anderes Kino, zeigt den Film »Duell mit dem Teufel«. Steht nicht exakt dieser Zweikampf auch Goslar 08 bevor?

Die Schlagzeile, die mich am meisten erschreckt, lautet: »Sonntagsfahrverbot für ›dicke Brummer‹«. Limousinen, das weiß ich aus Erfahrung, sind sonntags häufig voll besetzt. In den Lastwagen ist dagegen meistens noch ein Plätzchen frei für einen Anhalter. Und noch nicht ein einziges Mal habe ich einen LKW-Fahrer erlebt, der mit mir in einen Seitenweg bog, um mich dort zu betatschen. Wenn ich in der Kabine diese Abziehbilder mit den halbnackten Weibern sehe, weiß ich: Dieser Typ ist okay. Mit dem Fahrverbot, so zitiert die »Goslarsche Zeitung« das Verkehrsministerium in Bonn, »erfüllt sich ein klarer Wunsch des deutschen Volkes, das am Sonntag seine Ruhe haben will«. Mein Wunsch ist es nicht.

Den Text, der mich, jedenfalls auf den ersten Blick, am meisten tröstet, finde ich in der Rubrik »Wort zum Sonntag«.

Man kann Gott nicht beweisen, aber man kann seine lebendige Gegenwart erspüren. Er ist doch *da, überall. Man muss nur lernen, die Dinge richtig zu sehen. Man muss für diese kleinen unerklärlichen Tatsachen, diese Zufälle und das viele andere, nur das richtige Wort einsetzen: Gott. Dann erfährt man, dass Gott lebt. Und ist das nicht ein schönes Wort, dass Gott dem ein Lebenszeichen gibt, der es nötig hat?*

»Diese kleinen unerklärlichen Tatsachen, diese Zufälle« … Ja, gerade beim Fußball spielen sie oft eine entscheidende Rolle: Landet der von der Latte herunterprallende Ball vor der Torlinie, auf der Torlinie oder hinter der Torlinie? Wurde der Stürmer kurz vor dem Strafraum oder bereits innerhalb des Strafraums gefoult? War der von der Eckfahne hereingegebene Ball bereits im Aus, als er in Richtung Tor segelte? Stand der Stürmer, als ihn ein Mitspieler mit einem Pass in die Gasse schickte, hinter dem gegnerischen Verteidiger, also im Abseits, oder vor ihm, also nicht im Abseits?

Gottes »Lebenszeichen« ... Goslar 08 wird sie am Sonntag dringend benötigen in solchen kniffligen Situationen. Aber gilt das nicht auch für Limmer 1910? Und hieß es im Konfirmandenunterricht nicht, Gott sei »gerecht«? Und muss Gott, wenn er ein gerechter Gott ist, seine »Lebenszeichen« nicht halbe-halbe auf Goslar 08 und Limmer 1910 verteilen?

»Stark wolkig, leichte Niederschläge, leichter Temperaturanstieg«, sagt der Wetterbericht für den 8. April voraus. Geregnet hat es auch am 4. Juli 1954 in Bern. Von »Fritz-Walter-Wetter« sprachen die Reporter, weil der Regisseur aus Kaiserslautern auf weichem Boden seine überragende Technik ausreizen konnte. Auch Goslars Halbstürmer Walter Salier und Fritze Schröder bevorzugen das körperlose, das elegante Spiel. Limmer 1910 setzt dagegen mehr auf Kampf. Der Wettergott meint es also gut mit meinen Blauweißen. Und was meiner Elf einen Vorteil verschafft, ist für mich auch gerecht.

Goslar, 8. April 1956, morgens gegen neun. Ich trage die festen Wanderschuhe mit der Kreppsohle, meine Knickerbocker, die grüne Joppe und einen dunkelbraunen Hut, als ich meinen Stammplatz an der Bundesstraße 6 einnehme. Auf der Seite, die den Autofahrern zugewandt ist, habe ich die Hutkrempe hochgeschlagen und mit meiner blauweißen Eichelhäherfeder geschmückt. Das verleiht zumindest diesem Kleidungsstück einen gewissen Pfiff.

Aus Richtung Goslar nähert sich ein schwarzer Mercedes. Am Steuer sitzt der Schlachtermeister Tappe. Ich erkenne ihn sofort, weil er noch dicker ist als der dicke Otto. Wie Bockwürste sehen die Finger aus, die das Lenkrad umklammern. Aus dem Laden an der Bergstraße bezieht mein Vater die Mettbrötchen, über die er mit demselben Heißhunger herfällt wie ich über meine Rumkugeln.

Hat Schlachtermeister Tappe mich erkannt? Und wird er, wenn er mich erkannt hat, meinem Vater von seinem Erlebnis berichten? Will er etwa anhalten und mich ein Stück mitnehmen? Ich hechte in den hinter mir liegenden Graben und presse mich an die Böschung. Während ich mit einem Stock den Morast von meinen Wanderschuhen und meinen Strümpfen kratze, denke ich: Irgendwann wird der Tag kommen, an dem ich etwas unternehme, ohne Angst dabei zu haben.

Erste Halbzeit. Limmer 1910 greift pausenlos an, degradiert Goslars Stürmer zu Verteidigern. Der Halblinke Schröder klärt auf der Linie. Der Halbrechte Salier, der Regie führen sollte, wehrt zur Ecke ab. Wie die ständig mauernden Spieler des FC Grone agieren meine Blauweißen, halten aber bis zur 45. Minute wenigstens das 0:0. Ach, hätten sie nach der Pause doch denselben Dusel wie Eberhard Dremmler und ich bei unseren Aktionen.

Die Polizei in Goslar hat die Ermittlungen im Zusammenhang mit dem Anschlag auf Kopfnuss-Albert, wie mein Vater neulich beim Frühstück verriet, eingestellt. Auch die Sonderkommission, die er selbst leitete, wurde aufgelöst. Und der Erpresser Helmut Klingebiel gibt sich mit der Pauschale von 70 Mark offenbar zufrieden. Als ich ihn neulich auf der Rammelsberger Straße traf, bot er mir sogar an, mir das Boxen beizubringen. Fußball, sagte ich, sei mein Lieblingssport – und schon warf er mir eine Blechdose zu, die ich mit dem rechten Knie auffing, das Schienbein hinunterrutschen ließ und mit dem Spann zu ihm zurückbeförderte. Ein paarmal ging das so hin und her zwischen uns.

Ich habe mich sogar schon gefragt, ob der Tunichtgut Helmut Klingebiel mein Freund werden könnte. Auf jeden Fall wäre er besser dazu geeignet als der Gymnasiast Eberhard Dremmler. Mit einem Menschen, den der Fußball gleichgültig lässt, kann man Fensterscheiben einwerfen, Blumenbeete zerstören oder Wochenendhäuser verwüsten, aber nicht befreundet sein. Nur der Gedanke, dass mich eine Freundschaft wohl auch zu stark an Goslar binden würde, hält mich davon ab, um den Tunichtgut Helmut Klingebiel zu werben.

Zweite Halbzeit, 55. Minute. Ein Stürmer von Limmer 1910 nimmt eine Steilvorlage aus dem Mittelfeld auf, prescht in den Strafraum, schießt. 1:0 für Limmer 1910. Mit diesem Ergebnis wäre der Abstieg von Goslar 08 so gut wie besiegelt. Nein, nein, nein! Nein: Meine Blauweißen dürfen nicht absteigen!

70. Minute. Der Halbrechte Walter Salier schießt auf das gegnerische Tor. Ein Verteidiger wehrt den Ball mit der Hand ab. Elfmeter. Der Halblinke Fritze Schröder, Kfz-Schlosser in einer Werkstatt in der Breiten Straße und Goslars sicherster Schütze, legt sich den Ball zurecht, läuft an, hält inne, täuscht den Torwart, schießt – Pfosten. Es bleibt beim 1:0 für Limmer 1910.

72. Minute. Rechtsaußen Hänschen Schilling, Beamter beim Goslarer Finanzamt, dringt in den Strafraum ein, legt sich den Ball vier, fünf Meter vor, narrt die gesamte Verteidigung. Limmers Torwart springt ihm entgegen,

wirft sich ihm vor die Füße. Hänschen Schilling weicht aus, schlenzt den Ball ins Netz. 1:1. Ein Tor noch – und Goslar 08 wäre gerettet. Ein Tor für Limmer 1910 – und Goslar 08 wäre verloren.

88. Minute. Der Schiedsrichter blickt bereits auf die Uhr. Freistoß für Goslar, kurz vor der Strafraumgrenze. Der Halblinke Schröder, der vor 18 Minuten einen Elfmeter verschoss, zirkelt den Ball flach an der Mauer vorbei. Rechtsaußen Schilling fälscht den Ball ab. Limmers Torwart, der bereits in die richtige Ecke flog, greift ins Leere. 2:1 für Goslar. 90. Minute: Der Schiedsrichter pfeift das Spiel ab.

Gerettet, gerettet, gerettet! Goslar 08 ist gerettet. Wir sind gerettet. Ich bin gerettet.

Die »Goslarsche Zeitung« schreibt am Montag:

Den Goslarer Schlachtenbummlern, die gestern ihre Mannschaft nach Limmer begleiteten, um in diesem wohl wichtigsten Spiel der Saison die notwendige Rückendeckung zu geben, wird diese Begegnung lange im Gedächtnis bleiben. Selten gab es ein Spiel mit einer solchen, fast unerträglichen Spannung, und selten verlief eine Begegnung für Goslar 08 derartig dramatisch wie die gestrige Vorentscheidung für den Klassenverbleib. Als zwei Minuten vor Schluss der Siegtreffer für die Goslarer Elf fiel, waren Spieler und Schlachtenbummler eine glückliche Familie.

Woran denkst du bloß dauernd? Nach dem Spiel in Hannover wird mir diese Frage noch häufiger gestellt als vor dem Spiel.

III
AUFSTIEG

24 Totenlampen

Zettel. Zettel. Zettel. Auf den Zetteln: Zahlen. Zahlen. Zahlen. Erst stapele ich die Zettel mit den Zahlen. Dann sortiere ich die Zettel mit den Zahlen. Monteure, verheiratet, ohne Kind; Korb links. Monteure, verheiratet, mit Kind oder mehreren Kindern; Korb rechts. Monteure, ledig; Korb Mitte.

Die Lohnbuchhaltung ist die erste Abteilung während meiner dreijährigen Lehre als Industriekaufmann. Aber mein Schreibtisch, auf dem ich die Zettel so akkurat ordne wie früher die Beete in unserem Garten, steht nicht, wie von mir seit Jahren befürchtet, in der Verwaltung des Erzbergwerks Rammelsberg, sondern bei der Mühlenbau- und Industrie GmbH, kurz MIAG, in Braunschweig.

Eine knappe Stunde ist man mit dem Zug oder dem Auto von Goslar nach Braunschweig unterwegs. Zweieinhalb Stunden braucht man für die 53 Kilometer mit dem Fahrrad. Zwölf Stunden dauert, bei flottem Tempo, der Fußmarsch. Seit dem 1. April 1957 habe ich also ein Stück Freiheit gewonnen. Das Unglück, dem ich dieses Glück verdanke, hat sich in meinem Kino im Kopf sogar vor die Bilder von dem Abstiegsduell zwischen Goslar 08 und Limmer 1910 geschoben. Mich schaudert's, als der Film, während sich die Körbe mit Lohnzetteln füllen, vor mir abläuft.

Goslar, an einem Samstagabend im Winter. In dem Lokal »Maltermeister Turm« drängen sich wieder Gäste aus allen Teilen der Stadt vor dem Fernseher. Eine Karnevalssendung steht auf dem Programm. Noch auf der Schwelle macht mein Vater kehrt, als er den Tisch mit dem Betriebsratsvorsitzenden Erich Wiederhold und dem Tunichtgut Helmut Klingebiel entdeckt. Die beiden winken mich zu sich heran. Statt meinen Vater auf seinem Rückweg durch die Dunkelheit zu begleiten, setze ich mich zu ihnen.

Der Tunichtgut Helmut Klingebiel feiert seinen 19. Geburtstag und gibt eine Runde nach der anderen aus. »Stamm« nennt man im Harz die Kombination aus einem Bier und einem Korn, die der Wirt in immer kürzeren Abständen serviert. Wie auf Kommando greifen wir nach den Gläsern und prosten uns zu. »Auf die Gewerkschaft! Prost.« – »Auf Bubi Scholz! Prost.« – »Auf Goslar 08! Prost.«

Entsteht, nachdem die Gläser wieder einmal gefüllt sind, eine längere Pause, fragt der Betriebsratsvorsitzende Erich Wiederhold: »Wie heißt der Leuchtturmwärter von Helgoland?« Der Tunichtgut Helmut Klingebiel antwortet dann jedes Mal: »Prost.« Und vor dem ersten Schluck sagt er: »Zwischen die Leber und die Milz – da passt immer noch ein Pils.« In den Gesang, der dem »Prost!« immer häufiger folgt, stimmen auch einige der Gäste an den anderen Tischen ein.

Trink, trink, Brüderlein, trink,
lass doch die Sorgen zu Haus!
Meide den Kummer und meide den Schmerz,
dann ist das Leben ein Scherz!

Nachdem er, den Tränen nahe, über seine verkorkste Jugend geklagt hat, beginnt der Tunichtgut Helmut Klingebiel über meinen Vater herzuziehen. Ein »Bürokrat« sei er, ein »Sturkopf«, ein »Spießer«, ein »Arbeiterverräter«. Der Betriebsratsvorsitzende Erich Wiederhold nickt ihm

Beifall. »Nach oben buckeln und nach unten treten«, sagt er, »das haben wir gern.« Ich denke: Die Werksfürsorgerin Maria Emonds ist es, die die Arbeiter verrät. Mein Vater verwaltet den Verrat nur.

Ich hebe mein Glas. »Auf meinen Vater! Prost.« Keine Hand rührt sich. Kein Mund öffnet sich. Der Schankraum leert sich. Der Wirt schaltet den Fernseher aus und gibt uns zu verstehen, dass wir die Polizeistunde bereits überschritten haben. »Auch der Gast macht sich strafbar«, mahnt er uns. Ich gebe vor, die Toilette aufsuchen zu müssen, mache aber an der Theke halt, hinter der die Wirtin die Aschenbecher stapelt und die Biergläser spült. »Einen noch!«, bitte ich sie. Den Korn einschenken, das Glas zum Mund führen, das Glas leeren – keine zwanzig Sekunden dauert das. »Na, einen noch?«, fragt die Wirtin. »Einen Doppelten«, sage ich.

Während meine beiden Trinkkumpane noch die Rechnung prüfen, ziehe ich mir bereits meinen Lodenmantel an. Ein eiskalter Wind bläst mir ins Gesicht, als ich die Tür öffne. Aus dem Osten weht er, aus Richtung Osterfeld-Stadion. Wenn Goslar 08 spielt, trägt er den Torschrei bis an mein Zimmerfenster im Bergtal. Nun trifft er mich wie ein Keulenschlag. Ich wanke, rutsche auf der Steintreppe aus, taste nach Halt, fange mich. Die vielen Punkte, die am Himmel funkeln, verschwimmen, je länger ich sie betrachte, zu einem gelben Meer.

Einer der Punkte löst sich, fällt, verglüht. Eine Sternschnuppe war das. Ich wünsche mir, dass Goslar 08 Meister wird, der Halblinke Fritze Schröder nicht zum VfL Wolfsburg wechselt und ich nicht zu meinem Vater ins Büro muss.

Der Frost hat den Platz vor der Gaststätte in eine Eisbahn verwandelt. Ich nehme einen Anlauf, stoße mich ab.

Hui! Ich sause über die spiegelglatte Fläche wie die Sternschnuppe durch das All. Wo das Eis an den stumpfen Schnee grenzt, zieht es mir den Boden unter den Füßen weg. In dem Arm, mit dem ich meinen Sturz abzufedern versuche, verspüre ich einen stechenden Schmerz.

Ein paar Hundert Meter hinter dem »Maltermeister Turm« beginnen die Serpentinen, die steil hinunterführen ins Bergtal. Ich hangele mich an dem Geländer entlang, das den Weg von einem parallel verlaufenden Graben trennt. Zuerst geraten die Hände ins Rutschen, dann die Füße. Am Ende schliddert mein ganzer Körper über den steinharten Boden. Erst ein Felsvorsprung hält mich auf. Ich versuche, mich aufzurappeln – vergebens. Mein Kopf ruht auf einer Schieferplatte. Eine Schneewehe bettet meine leblosen Beine. Als ich mit der Zunge über meine Lippen fahre, schmecke ich Blut. Ich hasse den Alkohol. Ich hasse mich. Ich hasse alle. Ich hasse alles. »Scheiße!«, schreie ich in die Nacht. »Schei-ei-ße, Schei-ei-ße«, »Schei-ei-ße.« – Das Echo verwandelt meinen Fluch in eine Melodie.

Ich spüre, wie sich ein Stock zwischen zwei Rippen bohrt. Vor Schmerzen stöhnend, drehe ich mich um und blicke in das Gesicht des Betriebsratsvorsitzenden Erich Wiederhold. Mit einer Stimme, die noch strenger klingt als bei seinen Attacken gegen das Denkmal für die Goslarer Jäger, fragt er mich: »Weißt du eigentlich, wie viel Grad wir heute Nacht haben?«

Mein »Nein« fällt so schwach aus, dass man es kaum verstehen kann. Der »Scheiße«-Schrei hat mich zu viel Kraft gekostet.

»Minus zwanzig Grad haben wir heute Nacht«, sagt der Betriebsratsvorsitzende Erich Wiederhold. »Bei dieser Temperatur kann man, wenn man sich nicht bewegt, innerhalb kürzester Zeit erfrieren. Dem Kauenwärter Willrodt ist das voriges Jahr passiert. Seine Witwe wartet noch heute auf die Knappschaftsrente. Und nun hör mal gut zu: Wenn du dich mit Erwachsenen besäufst, dann gehst du auch mit einem Erwachsenen nach Hause. Mensch, hättest du doch bloß auf mich gewartet …«

Der Betriebsratsvorsitzende Erich Wiederhold greift mir unter die Achseln, zieht mich vorsichtig zu sich hoch und legt, als ich wieder zusammenzusacken drohe, die Arme um meinen Oberkörper. Wenn ein Versuch scheitert, einen Fuß vor den anderen zu setzen, lasse ich mich einfach von ihm mitschleifen. »Ein paar Hundert Meter musst du noch durchhalten. Dann liefere ich dich bei deinem Vater ab. Keine Angst: Ich werde ein gutes Wort für dich einlegen.«

Die letzten Sätze treffen mich wie Blitze und zünden auch in meinem Kopf für den Bruchteil einer Sekunde das Licht an. Ich löse mich aus der Umklammerung, mache einen Satz zur Seite und lasse mich den Abhang aus Schlacke hinunterrollen, der kurz vor unserem Grundstück im Bergtal endet. Die lehmige Masse, die meinen Lodenmantel umhüllt, wird schwerer und schwerer. Placken aus Dreck, Schnee und Eis klatschen in mein Gesicht, verkleben auch meine Augen. Um meine Skistiefel bilden sich graue Klumpen. Auf der kleinen Wiese, in die der Abhang mündet, rolle ich aus.

Ich möchte kotzen. Ich kann nicht kotzen. Ich möchte pennen. Ich kann nicht pennen. Ich darf auch nicht pennen. Wenn ich auf dieser Wiese einpenne, wache ich wahrscheinlich nie wieder auf. *Und als Totenlampen schweben nachts die Sterne über mir.* Ich klopfe an die Tür der Kaue, in der sich die Bergleute nach der Schicht säubern. Unter die Dusche möchte ich mich stellen – erst meine Klamotten reinigen, dann meinen Körper und mit dem Körper meine Seele. Niemand macht auf.

Torkelnd überquere ich die Rammelsberger Straße, humpele bis zu unserer Wohnung, drücke den Klingelknopf. Mein Vater, der wohl schon auf mich gewartet hat, öffnet die Tür, mustert mich, schüttelt den Kopf, schlägt die Hände vor seine Augen. »Ich kann nicht mehr!«, stammele ich. »Wir sprechen uns morgen früh«, sagt mein Vater. Ich starre auf die Lampe über meinem Bett. Sie dreht sich, dreht sich, dreht sich. Die Bilder im Kino meines Kopfes verschwimmen. Ich versuche, sie scharf zu stellen. Es gelingt mir nicht. Irgendwann schlafe ich ein.

Als mich mein Vater nach dem Frühstück, bei dem wir uns wieder einmal stumm gegenübersitzen, zu einem gemeinsamen Spaziergang um den Herzberger Teich auffordert, weiß ich: Er hat mir etwas Wichtiges mitzuteilen. Auf den ersten dreihundert, vierhundert Metern lenkt er sich ab, indem er auf dem Weg verstreute Papierfetzen mit seinem Spazierstock aufspießt. Doch in Höhe des »Kinderbrunnen«, eines wegen seiner winterlichen Wildfütterung in ganz Norddeutschland bekannten Ausflugslokals, kämpft sich endlich der erste Satz seiner Ansprache an mich über seine Lippen: »Ich habe es mir überlegt.«

Wieder ringt mein Vater nach Worten. Ich komme ihm entgegen, indem ich ihm eine Frage stelle, die ihn zu einer Antwort und damit zum Weiterreden zwingt: »Was hast du dir überlegt?«

»Du wirst deine kaufmännische Lehre nicht am Erzbergwerk Rammelsberg machen. Wir arbeiten mit einer großen Firma in Braunschweig zusammen. Da werde ich dir eine Lehrstelle besorgen. Es ist besser, wenn der Vater nicht der Vorgesetzte seines eigenen Sohnes ist. ›Der Alte‹ sagt das auch.«

Mein erster Gedanke ist: Er hat die ganze Nacht nicht geschlafen und sich vor Augen geführt, wie sehr er sich mit mir, sollte er mich auch im Büro nicht in den Griff bekommen, bei seinen Vorgesetzten und seinen Untergebenen blamieren könnte. Mit ›dem Alten‹ hat er darüber natürlich nicht gesprochen. Das behauptet er nur, um seine Entscheidung mit dem Siegel der Autorität zu versehen. Dass mir das Dienstmädchen Christa mehr bedeutet als ihr Herr, weiß er ja nicht.

Mein zweiter Gedanke ist: Ich kann verstehen, dass mein Vater mich loswerden will. Was ich ihm heute Nacht zugemutet habe, würde jeden Vater verzweifeln lassen.

Mein dritter Gedanke ist: Ich wollte zwar nie ins Büro. Aber Braunschweig ist besser als Goslar. In Goslar darf ich nichts, in Braunschweig vielleicht alles. Mit der Lehre kriege ich das schon irgendwie hin. Und Reporter kann ich später immer noch werden. »Gut, dann gehe ich eben nach Braunschweig«, sage ich. Ein Zaunkönig hüpft das Ufer des Herzberger Teiches entlang, hinterlässt im Schnee seine zarten Spuren.

Zettel. Zettel. Zettel. Zahlen. Zahlen. Zahlen. Ich addiere, multipliziere, subtrahiere die Zahlen. Stundenlohn plus Überstunden plus Wochenendzuschlag plus Feiertagszuschlag plus Trennungszulage plus Kindergeld mal Zahl der Kinder minus Lohnsteuer minus Kirchensteuer minus Sozialbeiträge minus Gewerkschaftsbeitrag gleich Auszahlung.

Ich bündele die Lohnzettel der Monteure und überreiche sie dem Gruppenleiter zur Prüfung. »Mensch, Mensch«, sagt der Gruppenleiter, »du hast die Wochenendzuschläge ja doppelt berechnet ... bist mit deinen Gedanken wohl ganz woanders gewesen, was?«

Mittagspause. Das Großraumbüro, in dem auch mein Schreibtisch steht, füllt sich mit Mitarbeitern aus anderen Abteilungen. Der Buchhalter Alfons Meierding, der in einem Dorf in der Nähe von Braunschweig einen kleinen Bauernhof besitzt, breitet auf den Schreibtischen die Schätze seines Betriebes aus und bietet sie den Kollegen zum Kauf an: braune, noch mit Hühnermist besprenkelte Eier, glatte und gekräuselte Petersilie, Kartoffeln, Kohlrabi, Blumenkohl, Rosenkohl, Spitzkohl, Gurken, Möhren, Radieschen, Rettich …

In einem Käfig mümmeln zwei zum Braten, Kochen oder Schmoren bestimmte Karnickel vor sich hin. Als ein Kollege sein Interesse andeutet und der Buchhalter Alfons Meierding eines der Tiere bei den Ohren packt, zappelt und strampelt es so lange, bis es die Hände nicht mehr halten können.

Das Karnickel hoppelt durch das Spalier der kreischenden und johlenden Sachbearbeiter, Lehrlinge, Sekretärinnen, Boten und setzt zum Sprung auf den Schreibtisch an, auf dem die Bündel meiner mühsam sortierten Lohnzettel liegen. Ich hechte in diese Richtung, packe mir das Karnickel und lege meine Hände wie einen Schraubstock um seinen Kopf. Die Mitarbeiter klatschen. Ich denke: Torwart Macha hätte das auch nicht besser gekonnt.

25 Schlafsaal

Lohnbuchhaltung. Finanzbuchhaltung. Hauptbuchhaltung. Steuerabteilung. Spedition. Lehrwerkstatt. Berufsschule ... Das ist die Pflicht. Das Leben beginnt, wenn die Pflicht Feierabend hat. Fußball ist seit dem 1. April 1957 mein Leben.

Meine Lebensgefährten wohnen mit mir im Hospiz des Vereins Christlicher Junger Männer; Braunschweig, Wollmarkt 9 bis 11. Kriegsruinen entstellen in dieser Gegend noch immer das Gesicht der Stadt. Als ich mich diesem Areal zum ersten Mal nähere, fallen mir sofort mein Opa und meine Oma mütterlicherseits ein, die in Berlin kurz vor Toresschluss bei einem Bombenangriff ums Leben kamen. Man hockt in einem Luftschutzkeller oder sitzt am Frühstückstisch oder dreht sich gerade im Schlaf um – dann ein Dröhnen, Blitzen, Krachen, Bersten; und alles ist aus. Alles. Solche Bilder, denke ich, hatte meine Mutter, meine richtige Mutter, vor Augen, als sie in unserer Wohnung am Roland in Bad Grund minutenlang aus dem Fenster starrte.

Das Angebot in dem Wohnheim des Vereins Christlicher Junger Männer reicht vom komfortablen Einzelzimmer bis zum kargen Schlafsaal mit 16 Betten. Ich schlafe im Bett Nummer 12. Mein Nachbar zur Linken füllt Flaschen in der Brauerei Wolters ab und schleppt fast jeden Tag drei Kisten mit obergärigem Deputatsbier an. Als wir mal an einem Wochenende allein in dem Saal zurückblieben, haben wir die dreißig Flaschen zu zweit ausgesoffen, 15 am Sonnabend und 15 am Sonntag.

Mein Nachbar zur Rechten, ein Werkzeugmacher, wurde in Thale im Harz geboren. In der Ostzone liegt das. Am 5. März 1953 machte er bei Hohegeiß über die Grenze. »Das war der Tag, an dem Stalin starb«, sagt er. »Als das Radio seinen Tod meldete, habe ich sofort meine Siebensachen gepackt. Denn mir war klar: Diese Meldung legt bei uns den gesamten Staatsapparat lahm.«

Auch der Mittelstürmer Werner Thamm, der von Goslar 08 zu Eintracht Braunschweig in die Oberliga wechselte, stammt aus Thale. Die MIAG, bei der ich Industriekaufmann lerne, überweist Eintracht Braunschweig jedes Jahr zehntausend Mark. Während meiner Zeit in der Steuerabteilung bin ich es, der diese Spende in einer Liste verbucht. Nur als ich das durch die Lohnbuchhaltung hoppelnde Karnickel abwehrte und ich in der Kantine den Berichten der Monteure von ihren Einsätzen in der Ukraine und in Ägypten lauschte, war ich ähnlich konzentriert.

Der Werkzeugmacher aus Thale beherrscht ein Kunststück, das er sich, wie er sagt, im Knast beibrachte: Wenn er mit seinen Zeigefingern die Augäpfel nach oben drückt, verschwinden sie in der Höhle unter der Stirn und hinterlassen zwischen den Lidern eine weiße Fläche, wie ich sie von dem Kriegsblinden aus dem Osterfeld-Stadion in Goslar kenne.

Bei dem Wort »Knast« geht einen Raunen durch die Reihen der Stubenkameraden. Und als der am Ende des Saales platzierte Bäckergeselle blitzschnell sein Portemonnaie in der Hosentasche verschwinden lässt, fühlt sich der Werkzeugmacher zu einer Erklärung bemüßigt. Er sei kein »Krimineller« gewesen, sondern ein »Politischer«. Bei einem Ernteeinsatz in der Magdeburger Börde habe er seinem Brigadeführer prophezeit: »Das schaffen wir nie.«

Mit den sieben Monaten Gefängnis wegen »Boykotthetze« sei er noch glimpflich davongekommen.

Man kann sagen, dass der Werkzeugmacher aus Thale und ich so etwas wie die Clowns in diesem Schlafsaal sind. Da wir meistens zusammen auftreten, haben wir uns einen Namen gegeben: »Die zwei Wollis.« Vom Wollmarkt, dem Standort unseres Wohnheims, ist er abgeleitet. Weil er ein paar Jahre älter ist als ich, darf der Werkzeugmacher unsere gemeinsame Vorführung mit der Augennummer beginnen. Dann mache ich den Herbert Zimmermann oder imitiere den Korrespondenten Peter von Zahn, der für den Rundfunk aus Amerika berichtet und genauso durch seine Texte hetzt wie der Fußballreporter.

Danach präsentiert mein Partner seine Zigarettenshow. Er zündet sich eine filterlose Gold Dollar an, legt sie sich, die Glut voran, auf die Zunge, schließt den Mund, schluckt einige Male, öffnet die Lippen wieder, greift mit zwei Fingern in den Schlund und fördert die unversehrte, noch immer glühende Zigarette zutage.

Für das Finale wird ein Papierkorb in die Mitte des Saales gestellt. 21 Versuche, den Korb zu treffen, werden jedem von uns beiden zugebilligt: sieben mit dem Fuß, sieben mit dem Kopf, sieben mit dem Knie. In der ersten Runde werfen uns die Mitbewohner zusammengeknülltes Toilettenpapier zu, in der zweiten Runde ein Stück Seife und in der dritten Runde eine Apfelsine. Da ich in Bad Grund und in Goslar ähnliche Kunststücke tausendmal geübt habe, gewinne ich fast jeden Wettbewerb, einen sogar mit 19:2. In der Kategorie »Apfelsine« kommt der Werkzeugmacher aus Thale nicht ein einziges Mal über null Punkte hinaus. »Ihr glaubt ja gar nicht«, sagt er, »wie zuwider es mir ist, gegen Apfelsinen zu treten.«

»Dann nehmen wir eben Zitronen«, schlägt der Brauereiarbeiter vor.

»Die gab's bei uns doch auch nicht.«

Was mein Vater nicht ahnte, als er mich in diesem Schlafsaal einquartierte und damit das billigste Angebot wählte: Alle 16 Bewohner interessieren sich für Fußball und fast alle sind als Spieler aktiv. Einer von ihnen, ein Student aus Einbeck, wurde als Jugendlicher sogar in die Niedersachsen-Auswahl berufen. Meine Idee, eine Saalmannschaft zu gründen, stößt sofort auf Begeisterung. Spontan ernennt man mich zum Kapitän und als solcher zögere ich nicht, mich für meine Lieblingsposition zu nominieren: das Tor. »Nennt mich Todos«, bitte ich meine Mitbewohner, die nun auch meine Mitspieler sind.

Das Franzsche Feld, wo wir dreimal in der Woche trainieren, war während der Nazizeit das Aufmarschgebiet der SA. Von dem Bilanzbuchhalter Horst Krüger weiß ich das. Er hat sich in der MIAG meiner angenommen und mich auch in der Stadt herumgefahren, in der ich drei Jahre meines Lebens verbringen werde. SA? War das nicht die Organisation, der mein Vater als Oberscharführer angehörte? Ist auch er über das Feld marschiert, auf dem ich heute Fußball spiele?

Die Fahne hoch!
Die Reihen dicht geschlossen!
SA marschiert
mit ruhig festem Schritt.
Kam'raden, die Rotfront
und Reaktion erschossen,
marschiern im Geist
in unsern Reihen mit.

Die Straße frei
den braunen Bataillonen.
Die Straße frei
dem Sturmabteilungsmann!
Es schaun aufs Hakenkreuz
voll Hoffnung schon Millionen.
Der Tag der Freiheit
und für Brot bricht an.

Als mich der Bilanzbuchhalter Horst Krüger in die Oper »Zar und Zimmermann« mitnahm und sich im Halbdunkel des Parketts unsere Knie berührten, dachte ich sofort wieder an meine Erlebnisse in der Von-Garßen-Straße in Goslar. Doch in dem Restaurant, in das er mich nach der Vorstellung einlud, wartete bereits seine Frau auf uns. Aus der liebevollen Art, in der sich die beiden umarmten, schloss ich: Der Buchhalter Horst Krüger ist kein warmer Bruder.

Unser erstes Spiel tragen wir bei dem Verein eines Dorfes in der Nähe von Braunschweig aus. Als ich meine Position im Tor beziehe, entdecke ich einen älteren Herrn, der, halb hinter einer Pappel versteckt, sein Fernglas auf mich richtet. Es ist der Bruder der Frau, die nun im Bett meiner richtigen Mutter schläft und die aus diesem Dorf stammt. Mein Vater hat sich vor ihrem Bruder lächerlich gemacht, als er vergebens versuchte, mit den Zähnen eine Zigarre zu köpfen. Ich, das schwöre ich mir, werde mir in seiner Gegenwart keine Blöße geben.

89. Minute. Es steht 1:0 für uns. Aus dem gegnerischen Strafraum baut sich ein Angriff auf. Wie am Schnürchen läuft der Ball durch die Reihen. So präzise und konzentriert spielt eine Mannschaft, die weiß, dass dies ihre letzte Chance zum Ausgleich ist. Angreifen! Mensch, greift doch

an! Meine Mannschaftskameraden greifen nicht an. Sie rempeln nicht, grätschen nicht, dreschen den Ball nicht ins Aus. So spielt eine Elf, die sich ihres Sieges sicher ist und eine Minute vor Schluss bereits abgeschaltet hat.

Die Blätter der Pappeln flirren im Wind. Das Fernglas ist auf mich gerichtet. Das Keckern eines Elsterpärchens übertönt den himmlischen Singsang einer Nachtigall. Die Mannschaft von Bergedorf 85, Oberliga Nord, nennt man »die Elstern« – wegen ihrer schwarzweißen Trikots. Die Spieler von Holstein Kiel, Oberliga Nord, heißen »die Störche« – wegen ihrer roten Strümpfe. Querpass, Kurzpass, Steilpass. Der Ball kommt näher und näher. Wir müssen siegen, unbedingt. Greift doch an, Jungs. Greift doch an!

Der Mittelstürmer des Gegners prescht in die Gasse. Sein rechter Läufer legt ihm den Ball vor. Rechts angetäuscht, links vorbei: Unsere beiden Verteidiger laufen ins Leere. Der Mittelstürmer rennt, den Ball eng am Fuß, auf mich zu. Ich hasse dich, Harald! Ich weiß: Du bist nicht der Harald aus der Von-Garßen-Straße. Aber nur, wenn ich mir vorstelle, dass du der Harald aus der Von-Garßen-Straße bist, kann ich dich hassen. Und nur, wenn ich dich hasse, werde ich den Kampf gegen dich gewinnen.

Ich springe auf den Mittelstürmer zu, verkürze den Winkel zum Tor. Los, schieß schon, du Schwein! Das Schwein schießt nicht. Das Schwein schlenzt den Ball, hebt ihn mit dem Außenrist über mich hinweg. Ich mache zwei, drei Schritte rückwärts, schraube meinen Körper in die Höhe, beuge ihn nach hinten, straffe die Finger meiner rechten Hand, reiße die Hand nach oben. Leder berührt meine Fingerspitzen. Ich lande rücklings auf dem Boden, blicke in das blaue Nichts des Himmels. Ein dumpfer Aufprall. Ein Fluchen. Ein Jubeln. Von der Latte springt der Ball vor die Torlinie. Von dort rollt er meinen ausgebreiteten Armen entgegen. Ich begrabe den Ball unter meinem Körper, gebe ihn nicht wieder her. Schlusspfiff. 1:0 für uns. Das Fernglas senkt sich.

26 Krümelregen

Fußball. Fußball. Fußball. Wenn ich nicht selbst trainiere oder spiele, sehe ich mir das Training oder Freundschaftsspiele von Braunschweiger Vereinen an – von Eintracht Braunschweig, Vertragsliga, oder Eintracht Braunschweig, Amateure, von Rotweiß Braunschweig, Freie Turner Braunschweig, Leu Braunschweig, TSV Lehndorf, SV Ölper …

Der Duft des auf Streichholzlänge gestutzten Rasens, der springende, kullernde, schwebende, sausende, flutschende, gegen den Pfosten krachende oder das Netz ausbeulende Ball, die Holztribünen mit den durchnummerierten Sitzen, die Kurzpässe, die Steilpässe, die Dribblings, die Fallrückzieher, die Abseitsfallen, die Pfiffe der Schiedsrichter, die Kommandos der Trainer, die frisch gezapften, weiß aufschäumenden Biere im Vereinslokal, die mütterliche Erscheinung der Wirtin, die um Fußball, Fußball, Fußball kreisenden Gespräche an der Theke – ich kann gar nicht genug kriegen von der Droge, auf die ich so lange verzichten musste.

Am Sonntag, wenn die Punktspiele der Oberliga Niedersachsen-Ost stattfinden, bleibe ich Goslar 08 treu. Orte wie Wolfenbüttel, Celle, Peine, Hannover oder Salzgitter sind von Braunschweig per Anhalter sogar leichter zu erreichen als von Goslar. Zu den Heimspielen meiner Blauweißen traue ich mich noch immer nicht. Es könnte ja sein, dass mich im Osterfeld-Stadion ein Bekannter meines Vaters erkennt und ihm, womöglich in aller Unschuld, von meinem Besuch berichtet. Das Urteil, das mich mit einem generellen Fußballverbot belegte, hat er nie aufgehoben. Und auf eine Bewährungsfrist kann ich mich auch nicht berufen.

Also spiele ich in Gedanken eine verheerende Kettenreaktion durch: Mein Vater erfährt, dass ich im Osterfeld-Stadion war. Er bekräftigt sein Urteil und setzt in Braunschweig einen Spitzel auf mich an, der mich in meiner Freizeit beobachtet und ihm nicht nur von meinen Fußballaktivitäten berichtet, sondern auch von meinen Trinkgelagen in den Vereinskneipen und in der Bordellkaschemme »Flattermann«, die auf mich einen unwiderstehlichen Reiz ausübt, weil sie mir zwei neue Welten zuführt: die Halbwelt und die Unterwelt. Also beschließt mein Vater, mich zurückzuholen nach Goslar, mich doch in der Verwaltung des Erzbergwerks Rammelsberg unterzubringen oder mich sogar, was er ja früher schon mal angedroht hat, in die Finsternis der Schächte und Stollen zu schicken.

Einen Spitzel anzuheuern, wäre für meinen Vater, das bin ich mir sicher, kein Problem. Nicht alle Angestellten der MIAG sind mir so wohlgesonnen wie der Finanzbuchhalter Horst Krüger, der mich nun schon zum zweiten Mal zu einer Opernaufführung mitnahm. »Die Entführung aus dem Serail« gab es. Wolfgang Amadeus Mozart hat das Werk komponiert. Süßigkeiten, die von der Haute wo Laute besonders geschätzt werden, sind nach diesem Komponisten benannt: die Mozartkugeln. Ich ziehe Rumkugeln vor. In Rumkugeln gärt Alkohol, in Mozartkugeln nicht. Wenn ich zehn Rumkugeln verzehre, wird mir zwar übel, aber ich fühle mich auch beschwipst. Wenn ich zehn Mozartkugeln in mich hineinstopfe, wird mir nur übel.

Auch im Hospiz des Christlichen Vereins Junger Männer würde sich ein Hausmeister oder Handwerker finden, der mich, wenn es ihm ein Zubrot einbringt, im Auftrag meines Vaters beschattet. Und kann es nicht sein, dass jemand aus der Familie meiner Stiefmutter eine Abneigung gegen mich hegt, weil er in mir den Eindringling sieht, der sein Erbe gefährdet? »Auf mich waren am Ende vier Spitzel angesetzt«, sagt mein Bettnachbar zur Rechten, der aus der Ostzone stammende Werkzeugmacher. »Mindestens«, fügt er hinzu.

Ich weiß: Die Gefahr, dass mich ein Bekannter meines Vaters auf dem Fußballplatz entdeckt, besteht auch, wenn Goslar 08 auswärts spielt. Aber nach Peine oder Hameln begleiten vielleicht vierzig, fünfzig Schlachtenbummler ihren Verein. Bei einem Heimspiel säumen dagegen jedes Mal dreitausend, viertausend Zuschauer aus Goslar den Platz. Ein Unternehmer, so habe ich es gerade in der Berufsschule gelernt, muss zwar etwas wagen, das Risiko aber stets abwägen. Genauso verhalte ich mich, wenn ich die Auswärtsspiele von Goslar 08 besuche, mich aber von den Heimspielen nach wie vor fernhalte.

Schweigen. Auch am Sonntagnachmittag zur Kaffeestunde im Bergtal: dieses grauenhafte Schweigen. Mein Vater schweigt, weil er seinen Fragenkatalog gleich nach meiner Ankunft aus Braunschweig abgehakt hat: In welcher Abteilung arbeitest du gerade? Wieso liegt das »Handbuch des Kaufmanns« eigentlich in deinem Zimmer in Goslar? Warum läufst du mit diesen abgetretenen Absätzen rum? Hast du deinen Stenoblock mitgebracht?

Meines Vaters neue Frau schweigt, weil ihr die in immer kürzeren Abständen nachgestopften Brocken der selbst gebackenen Buttercremetorte den Mund versperren. Ihr Versuch, das wechselhafte, der Landwirtschaft durchaus dienliche Wetter zu kommentieren, löst einen

Krümelregen aus, der die Berechtigung einer ihrer Benimmregeln belegt: Mit vollem Munde spricht man nicht! Erst muss ich lachen, als sie sich bei dem Versuch, die Krümel mit der Hand aufzuhalten, den Mund mit nachdrängender Sahne beschmiert. Aber dann nehme ich meine Serviette und wische ihr die Lippen ab. Es ist das erste Mal, dass ich das Gesicht dieser Frau berühre. Dass sie mir die Hälfte ihres Tortenstücks zuschiebt, werte ich als Zeichen des Dankes.

Ich schweige, weil Goslar 08 an diesem Nachmittag ein Heimspiel hat und ich mich, wie früher, ganz auf die Laute konzentriere, die, getragen von einem günstigen Wind, durch einen Fensterspalt an mein Ohr dringen. Ooooo. Uuuiii. Aaaaa. So vertraut sind mir mittlerweile die Vokale der Fußballpassion, dass ich auch ihre verzerrten, zerfasernden, von Regentropfen zerhackten Varianten zu deuten weiß. 1:0. 1:1. 2:1. Foul. Stille. 3:1.

27 Länderspiel

Dienstag, 18. November 1958. Um 17 Uhr habe ich in der MIAG Feierabend. Gegen 18 Uhr stehe ich an der Autobahnauffahrt Braunschweig-Ost. Schon der erste Wagen hält. Er hat ein Berliner Kennzeichen. In diesem Moment weiß ich: Das Länderspiel, das morgen, am Buß- und Bettag, im Olympiastadion stattfindet, ist für mich in greifbare Nähe gerückt. Österreich heißt der Gegner der deutschen Nationalmannschaft.

Der Fahrer, der das Auto schweigend durch die Ostzone lenkte, setzt mich am Stuttgarter Platz ab. An den Fassaden der Häuser flackern Herzchen aus Neon. Aus dem Dunkel der Hinterhöfe dringt frivoles Kichern. Eine Frau, die sich über ein Fensterbrett lehnt, präsentiert mir, indem sie ihren Bademantel öffnet, ihre gewaltigen Titties. »Na, Kleener«, sagt sie. »Willste für'n halbes Stündchen reinkommen?«

»Wie viel?«

»Fünfzehn. Mit Französisch: zwanzig.«

Ich rechne. Zwanzig ist zu viel, fünfzehn auch. Auf die Bockwurst oder das Sülzkotelett kann ich verzichten, auf die fünf, sechs, sieben Biere, die ich eingeplant habe, nicht. Und die eiserne Reserve für die Länderspielkarte greife ich auf keinen Fall an.

Ich kehre dem Rotlicht den Rücken, vertraue mich einem kleinen Park an, setze mich auf eine Bank und starre auf einen ausgetrockneten Brunnen. Ein struppiger Hund, der wie ich durch die Gegend streunt, legt sich vor meine Füße. Als ich versuche, ihn von mir wegzustoßen, rückt er noch näher an mich heran. Er bellt nicht, knurrt nicht, scharrt nicht, wedelt nicht. Er liegt einfach da. Ich nehme mir vor, in die Reportage, die ich über meine Reise nach Berlin schreiben will, mit dieser seltsamen Begegnung einzusteigen. Von dem Schriftsteller, der jeden Abend im »Flattermann«, meiner Kneipe in der Braunschweiger Puffstraße, an der Theke sitzt, die Gäste beobachtet und sich Notizen macht, werde ich sie begutachten lassen.

Ein leichtes Zittern erfasst meine Hände. Ich brauche ein Bier. Und einen Korn. Es zieht mich zurück zum Stuttgarter Platz. Den verwirrten, traurig fiependen Hund hinter mir lassend, steuere ich ein Lokal an, in dessen Fenster eine Girlande aus Glühbirnen blinkt.

Zigarettenqualm. Bierschaum. Stöckelschuhe. Puder. Nylonstrümpfe. Sektpullen. Klunker. Plüsch. Kellner. Schoßhündchen. Zapfhähne. Lampions. So verwirrend wie die Malerei der gnädigen Frau aus dem Bergtal wirkt das Treiben in dieser Kneipe auf mich. Ich weiche, die rettende Schwelle suchend, ein paar Schritte zurück und lasse mich vom Saum des Vorhangs streicheln. Aber dann mache ich kehrt und dringe so zielstrebig in das Chaos ein wie ein torhungriger Stürmer in den von Abwehrspielern zugestellten Strafraum.

An der Theke setze ich mich neben eine etwa vierzigjährige Frau, der das Kunststück gelang, ihrem engelsgleichen Gesicht durch schmale Lidstriche, eine in die Stirn gedrehte Locke und dunkelrot nachgezogene Lippen etwas Sündhaftes zu verleihen. Die eng anliegenden Shorts, die sie trotz des unmittelbar bevorstehenden Winters trägt, stoßen auf die Ränder schlichter brauner Lederstiefel. Unter ihrer Bluse wölben sich Titties, um deren schneeweiße Pracht sie selbst Silvana Mangano und Bomber-Irmchen beneiden würden. Da sie hin und wieder eine der auf einem Sofa ausgestreckten, nur spärlich bekleideten Frauen zu einem der Gäste dirigiert, gehe ich davon aus, dass sie die Chefin eines als Kneipe getarnten Bordells ist.

Zunächst fühle ich mich bedrängt, als diese Frau mich anspricht. Doch je länger wir miteinander reden und reden und reden und je tiefer wir eindringen in unsere unterschiedlichen Lebenswelten, desto stärker spüre ich, dass man sich auch mit Worten umarmen kann. Die Einladung, mit der unser Gespräch an der Theke endet, überrascht mich nicht. »Ich könnte zwar deine Mutter sein – aber wenn du willst, kannst du mit auf mein Zimmer kommen.«

Ich will es. Und ich ertappe mich bei der Vorstellung, dass ich es will, weil ich die Frau, die mich an die Hand nimmt und durch eine Nebentür aus dem Schankraum führt, für meine Mutter halte. In einem illegalen Bordell im Herzen Berlins wird meine Mutter wieder lebendig. Aber die Erregung, die ich bei diesem Gedanken zunächst empfinde, weicht noch im Treppenhaus der Scham. Der Zehnmarkschein, den ich in einem unbeobachteten Moment auf den Nachtschrank lege, rückt die Rolle der Frau, der ich begierig in ihr Zimmer gefolgt bin, wieder zurecht: Eine Puffmutter ist sie. Den Zehnmarkschein entdecke ich wieder, als ich einige Stunden später während meines Fußmarsches durch die große Stadt mein Geld nachzähle. Sie hat ihn in einem unbeobachteten Moment in meine Hosentasche zurückgesteckt.

Das Länderspiel beginnt um 14 Uhr. Gegen acht Uhr erreiche ich, nachdem ich an der Heerstraße etwa eine Stunde schlafend auf einer Parkbank verbracht habe, das Olympiastadion. In dunklem Grau ragt die Betonschüssel in den Himmel, an dem sich erste Sonnenstreifen zeigen. Männer, die mit ihren fleckigen Kitteln und karierten Hütchen aussehen wie Brüder des dicken Otto, hieven Getränkekästen von den Ladeflächen ihrer Lieferwagen. Ein streunender Hund, der mich an meine seltsame Begegnung gestern Abend im Park erinnert, schnuppert an einem Karton mit einem Bockwurstsymbol. Eine Gruppe von Polizisten nimmt die Anweisungen eines Vorgesetzten entgegen. Einem Bus aus Wien entsteigen die ersten österreichischen Fans. Von den Zehen bis zu den Haarspitzen erfasst mich eine hitzige Welle. Es ist das Fußballfieber.

»Eingang Ost« steht an dem Kassenhäuschen, vor dem sich bereits gegen 10 Uhr eine lange Schlange gebildet hat. Als der Kassierer mir eine Eintrittskarte zuschiebt und drei Mark von mir verlangt, verfliegt auch der letzte Zweifel: Ich werde das Spiel, mein erstes Länderspiel, miterleben. »Nee, nee, nich drei Mark West, sondern drei Mark Ost«, sagt der Kassierer, nachdem er die Münzen geprüft hat. Der ältere Herr, der hinter mir wartet, klärt mich auf: »Det hier is der Eingang für die Besucher aus'm Osten. Die Kassen für die Westler sind da drüben. Aber da is schon allet ausverkooft.«

Von hinten wird gedrängelt. »Nu mach schon Platz!«, bedeutet mir der Kassierer. »Hier haste drei Mark Ost«, sagt jemand aus der Schlange. Ich gebe ihm meine drei Mark West. »Dein Ost-Ausweis!«, befiehlt der Kassierer.

»Ich habe keinen Ost-Ausweis ...«

»Dann kannste hier auch nich rin!«

»Bitte ...«

»Nee: jeht wirklich nich. Ick habe meine Vorschriften.«

Ich schicke ein zweites »Bitte!« hinterher. So flehend

klingt es, dass es das Herz des Kassierers erweicht. »Na, jut – rin mit dir.«

Ich passiere die Schleuse und atme tief durch. Unter mir breitet sich das Grün des Rasens aus, den bereits magische weiße Linien markieren. Ein steifer Novemberwind lässt die Eckfahnen flattern und beult die Tornetze aus. Die Mannschaften laufen ein, Österreich in schwarzen Hosen und weißen Hemden. Es sind die Farben, die normalerweise auch die deutsche Mannschaft trägt. Heute spielt sie in grünen Hemden und weißen Hosen. Der Adler auf der Brust der Spieler wirkt von meinem Stehplatz hoch oben im Olympiastadion so klein wie eine Briefmarke. Bin ich wirklich einer der 85 000 Zuschauer oder träume ich das nur? Ich lächele den neben mir stehenden Besucher an. Er lächelt zurück. Ich klatsche in die Hände. Ich spüre den Druck. Nein: Ich träume nicht.

Helmut Rahn – ja: der Helmut Rahn, der Deutschland am 4. Juli 1954 die beiden entscheidenden Tore gegen Ungarn schoss – wird kurz vor dem Abpfiff gefoult und bleibt liegen. Der Masseur – ist es der alte Deuser? – läuft mit seinem Köfferchen aufs Spielfeld. Seppl Herberger, der Trainer der Weltmeisterelf, folgt ihm. Er trägt einen grauen Regenmantel. Ist es derselbe Mantel, den er am 4. Juli 1954 im Berner Wankdorf-Stadion trug? Deutschland liegt 1 : 2 zurück. Endet mein erstes Länderspiel mit einer Niederlage? Ich fürchte mich vor der Rückreise. Denn von Berlin bis Helmstedt wird diese Schmach durch meinen Kopf spuken.

Helmut Rahn steht auf, holt sich den Ball im eigenen Strafraum. Dribbelt die Außenlinie entlang. Kurvt, wie vor dem 3 : 2 in Bern, nach innen. Narrt zwei, drei Österreicher. Schieß doch, Helmut! Schieß! Helmut schießt. Tooor! Tooor! 2 : 2. Es ist das Endergebnis. Zweifacher

Torschütze: Helmut Rahn, der Sohn eines Kohlekutschers aus Essen-Katernberg.

Während der halben Stunde, in der ich an der Avus auf ein Auto warte, denke ich über die Reportage nach, die ich über meine Erlebnisse in Berlin verfassen will. Noch in der Nacht nach meiner Rückkehr nach Braunschweig schreibe ich sie.

28 Schmierfinken

Sie waren ein Herz und eine Seele, die beiden Wesen, die sich in Berlin eine Parkbank teilten.

Viel zu lange verharrt der Blick des Schriftstellers, mit dem ich mich im Braunschweiger Pufflokal »Flattermann« in eine Nische zurückgezogen habe, auf dem ersten Satz meiner Reportage. Und hat die ruckartige Bewegung, mit der er sich den Bierschaum vom Mund wischt, nicht auch etwas Ablehnendes? Und wohnt der Gier, mit der er sein Glas leert, nicht etwas Vernichtendes inne? Und legt er die anderen Blätter zur Seite, weil ihn die Geschichte schon nach dem Einstieg nicht mehr interessiert? Ein Funken Hoffnung glimmt in mir auf, als ich seine schmalen Finger auf meiner Schulter spüre. Oder ist das der Trost, der dem vernichtenden Urteil vorauseilt?

»Warum bist du eigentlich so nervös?«, fragt der Mann, der in diesem Lokal, weil er immer so kluge Dinge von sich gibt, »der Philosoph« heißt.

»Weil ich Schiss habe.«

»Schiss – wovor?«

»Davor, dass du die Geschichte langweilig findest.«

»Ob ich deine Geschichte langweilig finde, sage ich dir, wenn ich sie gelesen habe. Wenn ich mich so lange bei dem ersten Satz aufhalte, dann liegt das daran, dass er für einen solchen Text sehr, sehr wichtig ist. Und um ganz ehrlich zu sein: Er gefällt mir nicht.«

Am liebsten würde ich das Manuskript an mich reißen, aus dem Lokal laufen und, hier und da ein paar Biere und Schnäpse kippend, eintauchen in die Braunschweiger

Nacht. Aber dann stelle ich mich doch meinem Richter und frage: »Und was gefällt dir daran nicht?«

»Das geht schon mit der Formulierung ›ein Herz und eine Seele‹ los. Abgedroschen klingt das. Haarscharf am Kitsch schrammt das vorbei. Und die Bezeichnung ›zwei Wesen‹ ist viel zu schwammig. ›Zwei Wesen‹: Mein Gott, das könnten auch ein Igel und ein Hamster sein oder eine Giraffe und ein Regenwurm. Aber es waren doch wohl, wenn ich dich richtig verstanden habe, ein Mensch und ein Hund, die sich in diesem Park trafen. Und habt ihr euch die Bank wirklich *geteilt*? War es nicht so, dass du auf der Bank gesessen hast und der Hund auf deinen Füßen lag?«

»Ja. So war es.« In meinen Ohren klingt der Satz wie ein Geständnis: Ich habe versagt.

»Ein solcher Text«, belehrt mich mein Richter, »lebt von der sprachlichen Präzision, von der Genauigkeit des Details. Und vom ersten Satz muss außerdem eine suggestive Kraft ausgehen, ein Sog, eine Magie. Der erste Satz muss süchtig machen nach mehr Sätzen.«

»Wenn du meinen Anfang auseinandernimmst, dann musst du mir auch sagen, wie du in die Geschichte eingestiegen wärst.«

Der Schriftsteller, der, wie die »Braunschweiger Zeitung« schrieb, als Reporter begann und später mit mehreren wichtigen Literaturpreisen ausgezeichnet wurde, blickt den Ringen aus Rauch nach, die sich in rhythmischen Intervallen von ihm erntfernen und die sich, wenn sie sich am seidenen Schirm unserer Tischlampe brechen, in gespensterhaft tanzende Fragmente auflösen. An die Nebelschwaden, die so häufig den Gipfel des Rammelsberges umhüllen, erinnern sie mich. Steigen sie, sagt der Bergkalender, muss man mit Regen rechnen. Fallen sie, darf man auf Sonne hoffen.

Nachdem er sich eine neue Gold Dollar angesteckt hat, legt mir mein Richter und Lehrmeister seine Version des ersten Satzes vor: *Zunächst dachte B., eine unsichtbare Hand habe ihm einen Stein vor die Füße gerollt.* Als er spürt, dass ich zögere, ihm zuzustimmen, schickt er eine Frage hinterher: »Na, würdest du die Geschichte nach diesem Einstieg weiterlesen?«

»Ja, das würde ich.«

»Und ich sag dir auch, warum du das würdest: Schon dieses ›zunächst‹, das erste Wort also, deutet an, dass der Held am Anfang einer Täuschung aufsitzt und die Enthüllung eines Geheimnisses vor ihm liegt. Das versetzt auch den Leser in eine Spannung, die sich durch das mysteriöse Bild von der ›unsichtbaren Hand‹ noch steigert. Und da er am Ende des Satzes bereits weiß, dass es sich eben nicht um einen ›Stein‹ handeln kann, verstärkt das seine Neugier auf den wahren Charakter des Gegenstands. Das heißt: Vom ersten Satz an ist der Leser eingebunden in die Geschichte, deren Spannungsbogen allerdings bis zum letzten Wort halten muss.«

»Spannungsbogen?«

»Ja. Eine gelungene Story funktioniert wie ein hochklassiges Fußballspiel. Beides lebt vom ständigen Tempowechsel, von der nie abflachenden Spannung, vor allem aber von der Struktur. Beim Fußball übernimmt ein Regisseur wie Fritz Walter diese Funktion, bei der Story die Dramaturgie. – Sag mal: Interessierst du dich für Fußball?«

»Nach Fußball bin ich …«

»Süchtig?«

»Süchtig. Auch ohne Alkohol und Zigaretten komme ich nicht mehr aus.«

»Eine Sucht kommt selten allein. Auch Journalismus ist

ja eine Variante der Sucht. Schließlich ist die Neugier seine wichtigste Voraussetzung. Neu-*Gier* – verstehst du? Bei meiner Kritik an deinem ersten Satz ging es mir übrigens ausschließlich um die dramaturgische Gestaltung. Als Aufhänger eignet sich die Szene mit dem Hund sogar ideal.«

»Als was eignet sie sich?«

»Als Aufhänger.«

Das Wort trifft mich wie ein Blitzschlag. So ähnlich muss sich der Elektroschock angefühlt haben, den man damals in der Klapsmühle in Woltorf meiner Mutter, meiner richtigen Mutter, ins Hirn jagte. »Bitte«, sage ich, »erwähn dieses Wort nicht noch mal.«

»Hat sich jemand in deiner Familie aufge…?«

»Ja.«

Der Schriftsteller, der im »Flattermann« nur »der Philosoph« heißt, greift nach den Seiten, die er bereits beiseitegelegt hatte, und vertieft sich in meinen Text. Das tut er doch nur, denke ich, um seine Verlegenheit zu überspielen. Aber nach einem neuen halben Liter und einem doppelten Korn bin ich mutig genug, seine Reaktionen gegeneinander aufzurechnen.

Er nickt. 1:0. Er schüttelt den Kopf. 1:1. Er nickt, nickt, nickt. 4:1. Er schüttelt den Kopf. 4:2. Er hält inne. Zählt nicht. Er nickt, nickt, nickt, nickt. 8:2. Er blickt mich an und spricht sein Urteil: »Was ich über den ersten Satz denke, habe ich dir ja schon gesagt. Und du kannst davon ausgehen, dass mein Lob genauso ehrlich ist: Du hast ein erzählerisches Talent, wirklich. Wie du die Atmosphäre schilderst, die morgens vor dem Olympiastadion herrscht, das ist sogar große Klasse. Das eine oder andere Adjektiv weg, hier und da noch ein wenig mehr Dichte und Tempo – und die Geschichte wäre druckreif. Sag mal: Was treibst du eigentlich beruflich?«

»Ich lerne Industriekaufmann, bei der MIAG.«

»Und wann hast du deine Lehre beendet?«

»In gut einem Jahr.«

»Ich rate dir: Bleib keinen Tag länger! Das Beste ist, du besorgst dir ein Volontariat – und zwar nicht bei einem der großen Blätter, sondern bei einer Heimatzeitung. Für die musst du dann über den Kaninchenzuchtverein genauso berichten wie über die Gemeinderatssitzung, die Gerichtsverhandlung gegen den Fahrraddieb, die Orgelvesper, das Schützenfest oder den Feuerwehrball. Glaub mir: Das schult. Ich hab auch so angefangen.«

Braunschweig, 2. März 1960

Sehr geehrter Herr Hauptschriftleiter!

Kairo. Athen. Montevideo. San Francisco. Das sind Metropolen, in denen meine Braunschweiger Firma, die Mühlenbau- und Industrie GmbH (MIAG), Projekte betreibt. Ich lerne bei der MIAG Industriekaufmann – und wer weiß, ob mich mein Unternehmen nicht irgendwann in die weite Welt schickt.

Ich möchte aber nicht in die weite Welt – jedenfalls jetzt noch nicht. Ich möchte eine kleine Stadt wie Helmstedt kennenlernen – und zwar als Volontär beim »Helmstedter Kreisblatt«. Im Rathaus, bei der Feuerwehr, auf der Straße, im Stadion, auch in der Kneipe Geschichten aufzuspüren, reizt mich mehr als Lohnzettel zu sortieren oder Mängelrügen entgegenzunehmen. Ende März erhalte ich meinen Kaufmannsgehilfenbrief. Darf ich am 1. April bei Ihnen anfangen?

Mit freundlichem Gruß!

PS: Um Ihnen einen Eindruck von meinen ersten journalistischen Versuchen zu vermitteln, füge ich als Anlage eine Reportage bei, die ich über einen Länderspielbesuch in Berlin geschrieben habe.

Bevor ich das Schreiben in den Umschlag stecke, entferne ich aus meiner Reportage die Passage über das Bordell am Stuttgarter Platz. Dann steuere ich den nächsten Briefkasten an und öffne die Klappe. Soll ich? Ich will es. Ich muss es. Ich lasse den Brief aus der Hand gleiten wie damals den gegen Kopfnuss-Albert gerichteten Stein. Die Klappe fällt zu. Es gibt kein Zurück mehr. Mein Puls rast.

Braunschweig, 20. März 1960. An dem Tag, an dem ich meinen 20. Geburtstag feiere, erhalte ich Post aus Helmstedt. Beim Aufschlitzen des Umschlags zittern mir die Hände so stark, dass ich auch einen Teil des Briefes beschädige. Ich versuche, die Antwort auf meine Bewerbung systematisch zu lesen. Aber die Zeilen verschwimmen vor meinen Augen. Aus den Wörtern, die sich mir halbwegs erschließen, reime ich mir eine Tendenz zusammen. … *Dank … mit großem Interesse gelesen … Stelle frei … freuen wir uns …* Den letzten Satz fixiere ich noch mal so lange, bis ich ihn komplett erfasse. *Also freuen wir uns, Sie am 1. April Punkt 9.30 Uhr in unserer Redaktion am Helmstedter Marktplatz begrüßen zu können.*

Goslar, 22. März 1960. Ich bitte meinen Vater, den Bergkalender beiseitezulegen und sich das Schreiben aus Helmstedt durchzulesen. Da ich noch nicht volljährig bin, benötige ich seine Zustimmung zu meinem Berufswechsel. Schon nach den ersten Sätzen bilden sich rote Flecken auf seinem Gesicht. Schweiß tritt auf seine Stirn. Sein Blick flackert. So soll der Buchhalter Wolters ausgesehen haben, bevor er an seinem Schreibtisch im Erzbergwerk Rammelsberg mit einem Herzinfarkt zusammenbrach.

Mein Vater ringt nach Worten, schafft es aber wieder nicht, sie aus sich herauszuwürgen. Aber ich weiß, was er sagen will: Ich habe dir Stenografie beigebracht, dich zur

Handelsschule geschickt, dir das Handbuch des Kaufmanns geschenkt, dir eine Lehrstelle und eine Unterkunft besorgt, dir also eine solide berufliche Perspektive eröffnet. Ich werde mit deiner neuen Mutter ein Haus bauen, das du eines Tages erben wirst. Und was machst du? Du trittst das alles mit Füßen und bewirbst dich, ohne mich vorher zu fragen, bei so einer Zeitung. Weißt du, wie »der Alte« die Journalisten nennt, die uns dauernd vorwerfen, dass wir die Umwelt vergiften? »Schmierfinken«, nennt er sie. »Schmierfinken«!

Mein Vater springt aus seinem Sessel auf, schubst mich zu Boden, beugt sich über mich, schlägt mir ins Gesicht. Er ist außer sich. Er hat die Kontrolle über sich verloren. Er steht neben sich. Ich bin schuld. Oder ist er schuld? Oder sind wir beide schuld? Oder ist meine Mutter, meine richtige Mutter, schuld? Sind wir alle schuld? Ist keiner von uns schuld? Ich rappele mich auf, fliehe in mein Zimmer. Mein Vater holt mich ein, tritt nach mir, trommelt mit den Fäusten auf mich ein. »Hooooo.« – Bitte, antworte mit »Huuuuu« oder mit »Haaaaa«. Mein Vater antwortet nicht.

Ich hüpfe auf mein Bett. Mein Vater hüpft hinterher, strauchelt, fängt sich. Der Wecker fällt vom Nachttisch, kullert übers Linoleum. Ich nehme ihn volley mit dem Spann. Er landet knapp unter der Türklinke. Tooooor. Mein Vater reißt die Tür auf, zerrt mich über die Schwelle, versetzt mir einen Tritt. Er hat die Sprache wiedergefunden: »Raus! Raus! Raus!«

Aus. Aus. Aus. Das Spiel ist aus.

IV VERLÄNGERUNG

29 Bernabeu-Stadion

Wie konnte ich nur glauben, das Spiel sei aus mit dem Rauswurf aus unserer Wohnung im Bergtal? Ein Fußballspiel ist aus, wenn es der Schiedsrichter nach neunzig Minuten abpfeift. Eine Saison geht zu Ende, eine Serie von Siegen oder Niederlagen, die Laufbahn eines Spielers. Aber das Spiel, das mein Vater und ich austragen, endet offenbar nie. Was mit dem Anstoß begann, mündet in eine nicht enden wollende Verlängerung.

Juli 1960. Bum. Bum. Bum. Pling. Pling. Pling. Der nervtötende Klang der Spielmannszüge weist mir den Weg zu den Schützenfesten im Helmstedter Land. Schöningen. Süpplingen. Grasdorf. Marienthal ... Überall der gleiche Ablauf: Ich steige von meinem Dienstfahrrad, erklimme die Bühne im Festzelt, halte eine kurze Ansprache: »Und so freue ich mich, liebe Schützenbrüder und Schützenschwestern, Ihnen im Namen meines Verlages einen Gutschein über einen Kasten Bier überreichen zu können.«

Prost! Prost! Prost! Pils. Pils. Pils. Korn. Korn. Korn. Ein Lied – zwei, drei, vier: *Wir sind die Niedersachsen, sturmfest und erdverwachsen – Heil, Herzog Witukinds Stamm.* »Na, einen verträgt er noch, unser Pressefritze«, sagt der Schützenkönig. Bevor ich, trunken von der Sonnenglut, dem Alkohol, dem Geschwätz, dem Tschingdarassabum, mein Fahrrad besteige, bedrängt mich ein älterer Schützenbruder: »Seit fünfzig Jahren bin ich nun schon im Verein. Und beim Katerfrühstück hat man mich mit dem kleinsten Rollmops abgespeist. Darüber müsste die Presse mal schreiben!«

Die Piste, die das Dorf Marienthal mit der Bundesstraße zwischen Wolfsburg und Helmstedt verbindet, fällt steil zu Tal. Meine Hände umklammern den Lenker. Der Wind zerzaust mein Haar. Wieso hat der Typ in der grünen, mit Orden behängten Uniform mich eigentlich »Pressefritze« genannt? Ich war es, der den berühmten Stürmer Uwe Seeler, als er im Kreis Helmstedt für die Firma adidas unterwegs war, in unsere Redaktion lotste und an einer unserer Bleisatzmaschinen fotografierte. Wie der Mittelläufer Thielemann von Goslar 08, der Arbeitskollege des Kriegskameraden und Lebemannes Fritze Flügge, saß er da. Über die Ermordung eines amerikanischen Agenten habe ich exklusiv berichtet und über die ersten italienischen Waldarbeiter im Helmstedter Forst.

Die Hitze brennt mir ins Gesicht. Das Rot des Klatschmohns vermischt sich mit dem Blau der Kornblumen. *Kornblumenblau sind die Augen der Frauen beim Weine.* Die Räder drehen sich schneller und schneller. Gleich hebe ich ab und fliege, fliege, fliege. Fliege nach Madrid, wo Real zu Hause ist, der berühmte Fußballverein, der neulich im Endspiel um den Europacup den Deutschen Meister Eintracht Frankfurt mit 7:3 vom Platz gefegt hat. Puskas vier Tore, di Stefano drei Tore. Bei einem unserer Schriftsetzer, der einen Fernseher besitzt, habe ich das Spiel gesehen.

Ist Ihnen, Herr Schützenkönig, auch meine in allen wichtigen deutschen Zeitungen nachgedruckte Reportage über das gefährliche Manöver des Bundesgrenzschutzes am Todesstreifen bei Marienborn entgangen? Und mein Bericht über den schreienden, fuchtelnden, sein Publikum bespuckenden Schauspieler Klaus Kinski? Der Lyriker François Villon, sein Lieblingsdichter, ist nun auch mein Lieblingsdichter.

Hier seht ihr uns gehenkt, zu sechst und siebt,
und unser Fleisch, zu wohlgenährt, zu sehr geliebt,
ist längst verfault, verwest und abgefallen schon.
Zu Staub und Asche modert unser dürr Gebein.
Drum spottet unser nicht, spart euern Hohn
und bittet Gott, er möge uns verzeihn.

Da unten: die Gabelung. Nach links einschlagen, nach links. Doch nicht nach rechts, nach links! Der Graben. Der Himmel. Der Mäusebussard. Das Rapsfeld. Das Blut an meiner Stirn, an meinen Lippen, an meiner Hand. Den linken Arm beugen. Den rechten Arm beugen. Das rechte Bein beugen. Das linke Bein beugen. Den Hals von links nach rechts drehen. Den Hals von rechts nach links drehen.

In meinem Zimmer in Helmstedt: der Blick in den Spiegel. Ich reiße ihn von der Wand, schleudere ihn auf den Boden. Die Splitter knirschen unter meinen Schuhen. Ich zertrümmere das Waschbecken, die beiden Stühle, den Tisch. Nun reicht's, sagt die Wirtin. Ich stehe auf der Straße, in meiner Reisetasche den Band »Lyrik des Abendlandes«, die neueste Ausgabe des »Kicker« und den Stenoblock mit den Notizen über meine Reise zu den Schützenfesten.

Ich brauche ein Dach über den Kopf. Aber für ein Hotel reicht mein Geld nicht. Es reicht nicht mal für die Jugendherberge. Ich würde mich ja, wie vor dem Länderspiel in Berlin, auf eine Parkbank legen. Aber es regnet. In Goslar, im Bergtal Nummer 8, wäre ein Zimmer frei. Aber mein Vater wird es als Sieg, als Endsieg, für sich verbuchen, wenn ich ihn um Obdach bitte. Das hast du nun davon, wird er sagen. Und mit einer seiner Lebensweisheiten wird er mich traktieren: Schuster bleib bei deinen Leisten! Fast alle Artikel von mir habe ich ihm geschickt. Nicht auf einen einzigen hat er reagiert.

Als ich in Goslar die Handelsschule besuchte und anschließend in Braunschweig meine kaufmännische Lehre absolvierte, hat sich mein Vater regelmäßig nach meiner Leistung erkundigt. In Helmstedt ist er noch nie aufgekreuzt. Dabei würde er sich mit meinem Hauptschriftleiter bestimmt gut verstehen. Auch der erzählt dauernd Geschichten aus dem Krieg – wie er mit seiner Truppe in Rom einmarschiert ist, wie sie Heiligabend im Schützengraben am Christbaum die Kerzen angezündet haben. Und das Lied, das er immer singt, wenn er besoffen ist, habe ich auch schon in Goslar von den Kriegskameraden gehört.

Als die goldne Abendsonne
sandte ihren letzten Schein,
zog ein Regiment von Hitler
in ein kleines Städtchen ein.

Traurig klangen ihre Lieder
durch die stille, kleine Stadt;
denn sie trugen ja zu Grabe
einen Hitlerkamerad.

Und der Mutter in der Ferne
sandten sie den letzten Gruß,
dass ihr Sohn mit Stolz gefallen,
durch das Herz traf ihn der Schuss.

Ich stelle mich am Ortsrand von Helmstedt an die Bundesstraße 1 und lasse mich von dem Fahrer, der hält, in Königslutter absetzen. Von Königslutter trampe ich die

15 Kilometer zurück nach Helmstedt, von Helmstedt zurück nach Königslutter, von Königslutter zurück nach Helmstedt. So pendele ich, beschützt vom Dach eines Lastwagens oder einer Limousine, durch die regnerische Julinacht.

Wäre es, so quäle ich mich jedes Mal beim Warten am Straßenrand, besser gewesen, weiterhin bei der MIAG Lohnzettel zu sortieren, statt mich von Schützenkönigen verächtlich machen zu lassen? Werde ich mein Journalistenleben lang von Festplatz zu Festplatz, von Gemeinderatsitzung zu Gemeinderatssitzung eilen? Aber hat nicht auch Goslar 08 ganz unten begonnen, bevor der Verein in die Amateuroberliga aufstieg? Ich will in die Oberliga. Mein letztes Fahrzeug ist ein Trecker. Mit dem Bauern, der im Morgengrauen zu seinen Feldern unterwegs ist, vereinbare ich eine Story über die Probleme der Landwirtschaft.

An einem Freitag im Spätsommer 1960 stehe ich wieder mit einer Reisetasche an der Bundesstraße 1. Aber dieses Mal heißt mein Ziel nicht Königslutter, sondern Madrid. Das Finale zwischen Real und Eintracht Frankfurt ist mir nicht aus dem Kopf gegangen, und als ich im »Bäreneck« mal wieder an der Theke saß und bei Bier und Korn die Spielzüge Revue passieren ließ, habe ich mir vorgenommen, in meinem ersten Urlaub als Volontär per Anhalter nach Madrid zu reisen und mir im berühmten Bernabeu-Stadion die Fußballgenies Puskas und di Stefano und Gento, den schnellsten Linksaußen der Welt, anzusehen.

Madrid, Bernabeu-Stadion. Real spielt unter Flutlicht gegen Real Sociedad San Sebastian. Puskas tändelt im Mittelfeld, läuft auf den eigenen Torwart zu, gibt vor, den Ball zurückzuspielen. Doch er dreht sich blitzschnell um die eigene Achse, passt den Ball über fünfzig, sechzig Meter zu dem in die Gasse laufenden di Stefano. Der Stürmer legt sich den Ball mit der Brust vor, narrt die gesamte gegnerische Verteidigung, zieht von der Strafraumgrenze ab. Tooor! Madrid stürmt weiter. San Sebastian hält dagegen. Madrid siegt 3:1. Ich bleibe im Stadion, bis Reals blütenweiße Trikots im Dunkel des Kabinengangs verschwinden und das wie ein riesiger Heiligenschein auf dem Oval liegende Flutlicht erlischt.

Am nächsten Morgen stelle ich mich an die Ausfallstraße in Richtung Norden. Zaragoza. Montpellier. Perpignan. Perpignan? In Perpignan haben die Kriegskameraden den Mischling Lumpi zum Obergefreiten befördert. Lyon. Bern. Freiburg. Frankfurt ... Ich übernachte in Fotozellen, Straßengräben, Jugendherbergen, Obdachlosenasylen. Aber ich habe Puskas, di Stefano, Gento, Santamaria, del Sol, die Fußballgötter Europas, spielen sehen. Und allein dieser Pass von Puskas auf di Stefano war die Anstrengung wert.

30 Szymaniak

Spätsommer 1962. In der Tristesse der Braunschweiger Bahnhofshalle wirkt das Plakat, das für eine Reise nach Sizilien wirbt, wie ein Lockruf aus dem Paradies: Über dem aufreizend blauen Ozean und einer Kette sanfter Hügel thront, mit einem Kragen aus Schnee, der Ätna, der Kaiser der Vulkane. Das Städtchen Taormina liegt ihm zu Füßen. Meine Freundin, die gerade mit dem Zug aus Helmstedt angekommen ist, kann sich gar nicht sattsehen an diesem Bild. »Taormina, das wär mein Traum«, schwärmt sie. »Aber dieser Traum wird sich wohl nie erfüllen.«

Meine Freundin hat in Helmstedt meine Volontärsstelle beim Kreisblatt übernommen, und ich bin zur »Braunschweiger Zeitung« gewechselt, dem wichtigsten Blatt der Region. Von der Kreisklasse bin ich aufgestiegen in die Verbandsliga. Seit meinem Ausflug nach Madrid weiß ich, dass man sich mit knapp hundert Mark in der Tasche selbst die kühnsten Träume erfüllen kann, und so verspreche ich nicht zu viel, als ich sage: »Taormina? Kein Problem. Da führe ich dich hin.«

»Wann?«

»Wir reichen noch heute unseren Urlaub ein – und dann kann's in spätestens 14 Tagen losgehen.«

»Und wie kommen wir dahin?«

»Per Anhalter.«

Braunschweig. Göttingen. Frankfurt. München. Bozen. Mailand. Bologna. Rom. Neapel. Messina. Und dann liegt er vor uns: der majestätische, wie ein gigantischer Kegel aus dem Grün der Hügellandschaft wachsende Berg. Wir quartieren uns in der unmittelbar am Meer gelegenen Jugendherberge von Taormina ein und erkunden von dort per Anhalter die Insel. Höhepunkt unseres Abstechers nach Catania soll ein Besuch antiker Stätten aus der Ära der Griechen sein.

Auf dem Weg dorthin entdecke ich ein Plakat, das ein Punktspiel der Ersten Division Italiens ankündigt. CC Catania tritt gegen AC Venezia an, einen Verein aus dem auf Sizilien verhassten Norden. Auch die Aufstellung der Heimmannschaft wird auf dem Plakat präsentiert. Der Torwart, die beiden Verteidiger, der rechte Läufer, der Mittelläufer ... Diese Namen sagen mir nichts.

Aber dann, bei der Position des linken Läufers, übermannt mich ein Schauer des Glücks: Szymaniak. Richtig: Horst Szymaniak, geboren in Erkenschwick, genannt »Schimmi«, ist 1961 vom Karlsruher SC nach Catania gewechselt. Im Berliner Olympiastadion, beim 2:2 Deutschlands gegen Österreich, habe ich ihn erlebt. Mit seinem raumgreifenden Antritt, seinen gradlinigen Pässen, seinem kantigen Schädel, seinem akkuraten Scheitel, seiner selbst im Getümmel aufrechten Haltung, hat sich der Erfinder der Grätsche in mein Herz gespielt. Wenn ich mich beeile, kann ich ihn im Stadion von Catania sehen – Mensch, in Catania.

Ich weiß: Meine Freundin wird es nicht begreifen, kann es nicht begreifen, wenn ich ihr sage, dass wir wegen Horst Szymaniak auf der Stelle umkehren müssen. Sie begreift es auch nicht, als ich ihr das sage. Aber sie begleitet mich. Für zwei Tickets reicht unser Geld nicht. Also setze ich meine Freundin, die endlich Wärme und einen Sinn in mein Leben brachte, für die Dauer des Spiels in der Klubkneipe neben dem Stadion ab. Trotz meiner ständigen Eskapaden hat sie immer zu mir gehalten. Aber ich lasse sie sitzen, buchstäblich. Ich kann nicht anders. Sucht ist rücksichtslos.

Noch eine Viertelstunde bis zum Schlusspfiff. Es steht 2:2. Horst Szymaniak, der beste Mann auf dem Platz, erkämpft sich den Ball in der eigenen Hälfte, wagt, die Ärmel hochgekrempelt und den Blick geradeaus gerichtet, einen Vorstoß in den gegnerischen Strafraum. Ein Verteidiger rutscht ihm entgegen, bringt ihn zu Fall. Elfmeter. Die Zuschauer jubeln, als sei der Strafstoß bereits verwandelt. Wer übernimmt die Verantwortung? Vier, fünf Spieler des CC Catania winken ab. Es ist Horst Szymaniak, der, noch immer humpelnd, zum Elfmeterpunkt schreitet. Der gefoulte Spieler, so lautet eine Fußballweisheit, sollte einen Elfmeter nie selbst ausführen.

Horst Szymaniak, der in seiner Heimat, dem Kohlenpott, schon als Straßenfußballer glänzte, legt sich den Ball zurecht, tätschelt ihn wie einen guten Freund. Ein kurzer Anlauf, eine Körpertäuschung, ein wuchtiger Schuss. Der Torhüter hechtet in die falsche Ecke. Das Netz beult sich. Toooor! 3:2. Abpfiff. Sieg. »Il tedesco«, der Deutsche, hat sich für den armen Süden am reichen Norden gerächt. 25000 Menschen feiern Horst Szymaniak – und mich, seinen Landsmann.

Mir mit rudernden Armen einen Weg durch die abmarschierenden Massen bahnend, steuere ich die Klubgaststätte an. Im schwarzen Meer der dicht gedrängten Männergestalten suche ich nach einer hellblonden Insel. Aber ich finde meine Freundin nicht. Sie ist weg. Verschwunden. Wie vom Erdboden verschluckt. Hat jemand sie entführt? Ist sie umgebracht worden? Hat sie sich selbst umgebracht? Ist Sizilien nicht die Heimat der Mafia? Hat sie mich, aus Wut über meine Sturheit oder aus

Verzweiflung über meine Besessenheit, freiwillig verlassen? Wie wird ihr Vater und wie wird mein Vater reagieren, wenn die beiden erfahren, dass ich mit meiner Freundin nach Sizilien getrampt und nicht, wie wir ihnen erzählt haben, an die Mosel gereist bin? Werden sich die beiden zusammenschließen und ein Komplott gegen mich schmieden?

Hätte ich vorhin bloß ... Hätte. Hätte. Hätte. Ich habe sie aber nicht zu den antiken Stätten begleitet, sondern bin kurz vor dem Ziel umgekehrt – wie damals mein Vater an der Kasse des Osterfeld-Stadions in Goslar. Nun, nachdem der Schlusspfiff verhallt ist, begreife ich mich selbst nicht mehr. Hätte ich doch bloß ... Ob sich das auch der Buchhalter, Defraudant und Kriegskamerad Ernst Ludewig gefragt hat, als er in der Untersuchungshaft auf seinen Prozess wartete?

Das Vereinslokal des CC Catania hat sich bereits geleert, als meine Freundin plötzlich vor mir steht. Ein junger Mann begleitet sie. Er heiße Isodore, sagt er höflich, und studiere an der Universität von Catania. Doch dann wird sein Ton schärfer. Eine so hübsche junge Deutsche, wirft er mir vor, könne man unmöglich für fast zwei Stunden in einer sizilianischen Kneipe sitzenlassen. Er habe sie da rausgeholt und ihr die antiken Stätten gezeigt. Zu dritt fahren wir in seinem winzigen Fiat zurück nach Taormina. Unter uns schäumt das Mittelmeer. Vor uns thront der Ätna. Ich bin traurig.

November 1962. Meine Freundin und ich haben beschlossen, sie endlich offiziell meinem Vater und meiner Stiefmutter vorzustellen. Bevor wir uns im Bergtal Nummer 8 den Torten und dem Schweigen ausliefern, schöpfen wir Kraft durch eine Runde um den Herzberger Teich.

In Höhe der Buchen, hinter deren mächtigem Wurzelwerk damals die Spaziergänger Schutz suchten vor den außer Rand und Band geratenen, von mir ins Rollen gebrachten Steinen, begegnen uns mein Vater und der »alte Müller«, sein Kollege und Nachbar. Die Blicke der beiden wandern über den fast bis zum Boden reichenden braunen Ledermantel meiner Freundin.

Obwohl sie keinen Ton, nicht einmal einen knappen Gruß, hervorbringen, weiß ich genau, wie das Urteil der beiden ausfällt: Sie ist ein »Modepüppchen«, das in die Stadt gehören mag, aber nicht ins Bergtal. Als Erster löst sich der alte Müller aus seiner Starre und lässt seinen Zeigefinger wie eine Spindel an die Stelle schnellen, an der das Herz sitzt. »Da fehlt ein Knopf«, sagt er.

Warum sie plötzlich so blass sei, frage ich meine Freundin. »Ich glaube«, antwortet sie, »es ist ein Migräneanfall.«

31 Mettbrötchen

Herbst 1966. Wer mag wohl in dem Prachtbau residieren, der weiß, schneeweiß, aus einem Hain von Rotbuchen leuchtet? Ein Reeder? Ein Fabrikant? Ein berühmter Schauspieler? Schwäne, die elegantesten aller gefiederten Wesen, kreuzen ein breites, von einem leichten Wind gekräuseltes Gewässer. Außenalster heißt es. Auf der Wiese, die bis zu den Schilfbänken an seinem Ufer reicht, balgen sich, in heiterer Selbstvergessenheit, die Hunde der Haute wo Laute: Afghanen, Windspiele, Doggen, auch Chow-Chows, die Rasse der gnädigen Frau aus dem Bergtal.

In der Hamburger Zentrale der Deutschen Presseagentur arbeite ich nun. Und als ich zum ersten Mal die Umgebung der Stuckvilla im Stadtteil Harvestehude erkunde, wird mir klar: Mir ist der Sprung in eine andere Welt, ein erneuter Aufstieg, gelungen. Nicht der Verdrängung von Unglück, sondern der Verpackung von Wohlbehagen dienen die Fußballspiele, die während meines stundenlangen Spaziergangs in meine Erinnerung dringen: das Abstiegsduell zwischen Goslar 08 und Limmer 1910, das Finale von Bern, mein erstes Länderspiel in Berlin, der Auftritt der Fußballgötter von Madrid, das Drama von Catania.

Als Agenturjournalist habe ich es gelernt, aus komplexen Vorgängen innerhalb kürzester Zeit das Wesentliche herauszufiltern. Als ich meinen Alsterspaziergang im »But'n Dammtor«, meiner Stammkneipe am Mittelweg, ausklingen lasse, wende ich diese Kunst auf meine wichtigsten Fußballspiele an. Meine Erkenntnis: In fast allen Fällen war es ein Geniestreich, ein Geistesblitz, der ein

Spiel, das in Müdigkeit zu versickern drohte, elektrisierte und eine schon verloren geglaubte Partie noch zum Guten wendete. Meine Schlussfolgerung: Genauso muss ich bei meinem Vater vorgehen, wenn ich ihn doch noch für mich gewinnen will. Überraschen muss ich ihn, mit einem Vorstoß konfrontieren, mit dem er überhaupt nicht rechnet.

Mein Plan: Der Fußballchef der Deutschen Presseagentur, für den ich samstags nach den Bundesligaspielen des Hamburger Sportvereins in den Katakomben des Volksparkstadions die Stimmen von Stars wie Günter Netzer, Wolfgang Overath, »Eia« Krämer oder Franz Beckenbauer einsammele, ist mit Helmut Johannsen befreundet, dem Trainer des Spitzenklubs Eintracht Braunschweig. Über ihn kann er mir bestimmt zwei Pressekarten für eine Begegnung im Stadion an der Hamburger Straße besorgen: eine für mich und eine für meinen Vater. Ich werde den Mann, der über mich ein Fußballverbot verhängte, also zu einem Fußballspiel einladen. Überraschender geht es nicht.

Auf jeden Fall muss sich mein Vater, wenn ich ihn anrufe, entscheiden. Sagt er »Nein«, ist das Spiel, das wir beide bestreiten, wohl wirklich *aus, aus, aus*. Stimmt er zu, verlängert sich die Verlängerung.

Mein Vater sagt: Ja. Ich hole ihn mit meinem kleinen blauen Fiat im Bergtal ab, steuere die Bundesstraße 4 an und warte darauf, dass er ein Gespräch beginnt. Schweigen. Auch am Samstagmittag in unserem Käfig aus Blech: dieses grauenhafte Schweigen. Nach gut zwanzig Kilometern, in Höhe des Ortes Schladen, dringen endlich Wörter an mein Ohr: »Kaiser's Kaffeegeschäft« – »Juno« – »Tengelmann«. Mein Vater liest laut die Inschriften vor, die er am Straßenrand entdeckt. »Bei Rot bitte an der weißen Linie halten!« – »Hotel zum Deutschen Eck«.

Frag mich was! Bitte, frag mich was. Frag mich, wie ich während meiner Zeit bei der »Braunschweiger Zeitung« zwischen 1963 und 1964 die erste Bundesligasaison erlebt habe. Dann werde ich dir erzählen, wie ich für meine Serie »Profis privat« die Spieler des BTSV Eintracht zu Hause besucht habe: den Torhüter und Studienrat Hennes Jäcker, der mir auf seiner Violine eine Sonate vorspielte, den ständig zwischen Abwehr und Angriff pendelnden, aus Bad Harzburg stammenden Jürgen Moll, der gerade eine wunderschöne, mich an Christa erinnernde Schauspielerin des Braunschweiger Staatstheaters geheiratet hatte, den unwiderstehlichen Rechtsaußen Klaus Gerwien, der sich den Ball fünfzehn, zwanzig Meter weit vorlegt und mit seinem rasanten Antritt die komplette gegnerische Abwehr überläuft. Ach, hätte sich mein Braunschweiger Lieblingsspieler bei einer Reise mit der Nationalmannschaft nach Marokko und Algerien doch bloß keinen Magen-Darm-Virus eingefangen! Monatelang, so hat er mir anvertraut, litt er unter der ständigen Scheißerei.

»Zum Freibad, nach zweihundert Metern links.«

»Huuuu.«

»Gemeindebüro, Sprechzeiten von Montag bis Donnerstag 9 bis 12.30 Uhr und 14.30 bis 16.30 Uhr, Freitags 9 bis 12.30 Uhr.«

Würdest du mich nach der Mannschaft fragen, die du heute Nachmittag spielen siehst, dann könnte ich dir auch berichten, wie ich mal an einem Samstag zusammen mit dem Fußballexperten der »Braunschweiger Zeitung«, Jochen Döring heißt er, und seinem Freund, dem Springreiter Stackfleth, in dessen Porsche zu einem Auswärtsspiel der Eintracht nach Kaiserslautern gefahren bin – sieben Stunden hin, sieben Stunden zurück; ich als Jüngster, halb sitzend und halb liegend, eingezwängt in den Spalt hinter den Vordersitzen. 1:2 hat die Eintracht, da ihr Mittelstürmer Wuttke eine Chance nach der anderen versiebte, auf dem Betzenberg verloren. Auf der Hinfahrt ließ mich die Hoffnung meine Zwangslage ertragen. Auf der Rückfahrt litt ich nicht nur körperlich, sondern auch seelisch. Da hat es der Herr Bürovorsteher bequemer auf dem Sitz neben mir.

»Betreten der Baustelle verboten!« – »Wella-Frisiercreme – festigt und pflegt die Frisur«.

Frag mich, was ich bei der Deutschen Presseagentur in Hamburg mache. Dann berichte ich dir von meiner Reportage über die jungen Ausreißer, die im Hamburger Hafen stranden. »Tränen am Tor zur Welt«, hieß die Überschrift. Dann erzähle ich dir auch, wie gut ich mich mit diesen Teenagern, die du »Tee-Nager« nennst, verstanden habe. Vielleicht erkläre ich dir sogar, warum ich selbst immer wieder abgehauen bin von zu Hause.

»Milchbar« – »Original Harzer Leberwurst«.

»Haaaa.«

»Troll – scheuert und erneuert« – »Touropa Urlaubsreisen«.

Im Stadion an der Hamburger Straße sitzt mein Vater zwei Reihen vor mir. Da sich sein Platz schräg zu mir befindet, habe ich sein Profil im Blick. Auf seine Gesichtszüge achte ich mehr als auf die Spielzüge. Braunschweig schießt ein Tor. Ein Lachen wölbt die Wangen. Der Gegner gleicht aus. Ärger zieht Furchen in die Stirn. Braunschweig geht wieder in Führung. Die Zuschauer auf der Tribüne hält es nicht auf ihren Sitzen. Auch mein Vater erhebt sich. Noch während dieser Bewegung blickt er in meine Richtung. Als unsere Blicke sich treffen, lässt er sich zurückfallen auf seinen Sitz.

Auf der Rückfahrt bittet mich mein Vater, in eine

schmale Landstraße einzubiegen und in dem Dorf Dörnten vor einem Gasthof zu halten. Dort gebe es, sagt er, die besten Mettbrötchen im gesamten Landkreis Goslar. Ich warte auf dem Parkplatz auf ihn. Er bringt mir ein Mettbrötchen mit. Meine Finger berühren es schon, als ich die Hand wieder zurückziehe.

»Iss! Frisches Schweinehack. Hausschlachtung. So was findest du in ganz Hamburg nicht!«

»Ich mag nicht.«

Der goldene Oktober verzaubert meine neue Stadt, als ich am Tag nach dem Spiel um die Außenalster spaziere. Von meinen glücklicheren Tagen in Hamburg weiß ich, welche wonnigen Gefühle diese zwischen Heiterkeit und Melancholie schwankende Stimmung auslösen kann. Friedrich Hebbels »Herbstbild« gehört nun auch zu meinen Lieblingsgedichten.

Das ist ein Herbsttag, wie ich keinen sah!
Die Luft ist still, als atmete man kaum,
und dennoch fallen raschelnd, fern und nah,
die schönsten Früchte ab von jedem Baum.

O stört sie nicht, die Feier der Natur!
Dies ist die Lese, die sie selber hält,
denn heute löst sich von den Zweigen nur,
was vor dem milden Strahl der Sonne fällt.

Aber heute erreicht mich diese Stimmung nicht. Sie durchdringt die Mauer des Vorwurfs nicht, der mich auch abends an der Theke im »But'n Dammtor« nicht loslässt: Ich hätte das Mettbrötchen annehmen müssen!

32 Weihnachtsmann

Bali, im September 1979. Mit derselben Frau, die ich vor knapp zwei Jahrzehnten in einer sizilianischen Fußballkneipe sitzenließ und die ich 1967 geheiratet habe, mache ich Urlaub auf der wohl schönsten der 13677 indonesischen Inseln. Aus dem verschlungenen Grün, das unseren Bungalow umgibt, leuchten tropische Früchte und Blumen. Zittrige Vögelchen sirren von Blüte zu Blüte, stechen mit ihren spitzen Schnäbeln in den Kelch. Das Rascheln der Palmenzweige mischt sich mit dem Rauschen des heranrollenden Meeres. Mein Kindheitstraum vom Paradies wird wahr, nachdem sich in Japan ein journalistischer Traum erfüllt hat: In Tokio habe ich für zwei Monate den Fernsehkorrespondenten des Norddeutschen Rundfunks, für den ich seit 1972 als Autor arbeite, vertreten.

Ob mein Vater wohl einen meiner Auftritte in der »Tagesschau« gesehen hat? Oder einen meiner Berichte in den »Tagesthemen« und im »Weltspiegel«? Er hat es. Jedenfalls ist das mein erster Gedanke, als mich in diesem fernen Refugium ein Brief von ihm erreicht. Adressiert ist er an das Fernsehstudio in Tokio. Von dort hat man ihn nach Bali weitergeleitet.

Der Brief ist eine Anklageschrift: Mit deiner neuen Mutter habe ich vor den Toren Goslars ein Haus gebaut – und nicht ein einziges Mal hast du deine Hilfe angeboten! Ich leide unter Arthrose – und du treibst dich in der Weltgeschichte herum! Wenn du schon als Journalist arbeiten musst – warum bewirbst du dich dann nicht bei der »Goslarschen Zeitung«?

Und mein Vater hat seinem Brief einen Artikel beigefügt, in dem es um Rudolf Augstein geht, den Herausgeber des Nachrichtenmagazins »Der Spiegel«, wo ich vor meinem Wechsel zum Fernsehen drei Jahre als Redakteur tätig war. Auf einem Flughafen der Insel Sardinien, heißt es in dem Bericht, habe der Zoll im Gepäck Augsteins vierzig Gramm Haschisch entdeckt.

Mein Vater kommentiert den Artikel mit keinem Wort, aber es fällt mir nicht schwer, die Botschaft zu enträtseln: Für solch einen Tunichtgut hast du also deine Zukunft als kaufmännischer Angestellter geopfert. Statt sich an mir und den Werten des Harzes zu orientieren, hast du dich einem Kriminellen und Drogenabhängigen unterworfen.

Bei einem Spaziergang am Strand, bei dem ich vergebens versuche, über den Brief hinwegzukommen, fällt mir ein, dass bei uns zu Hause an der Kaffeetafel immer mal wieder über den »Spiegel« gesprochen wurde. Ein »ganz perfides Blatt« sei das, hat ein Verwandter der Frau gesagt, die seit einem Vierteljahrhundert im Bett meiner richtigen Mutter schläft und die 30000 Mark in den Neubau am Stadtrand von Goslar einbrachte. Und vom dicken Otto weiß ich, dass er glaubt, Rudolf Augstein sei ein Jude – wie Heinrich Heine, der sich in seiner »Harzreise« so abfällig über die alte Kaiserstadt äußerte. Wie mir ein Bekannter aus Goslar berichtete, hat der Kriegskamerad und beste Freund meines Vaters nun endlich eine politische Heimat gefunden – die NPD.

Neu Delhi, Ende Dezember 1980. Die aufreizende, manchmal auch aufdringliche Vielfalt Indiens hat mich bei einigen Drehreisen so stark beeindruckt, dass ich meine Frau zu einem privaten Besuch der Hauptstadt und ihrer Umgebung überredet habe. Um zu erkunden, ob eine Nachricht aus meiner Hamburger NDR-Zentrale für mich vorliegt, begebe ich mich eines Mittags in unsere TV-Dependance im vornehmen Viertel Golf Links.

Das Büro ist leer. Die Kollegen befinden sich in ihrer Mittagspause. Als ich gerade in einer indischen Zeitung blättere, springt plötzlich das Telexgerät an. Als habe jemand auf den Abzug eines Maschinengewehres gedrückt, rattert der Lochstreifen durch seine Spur. Tack, tack, tack, tack: Ein Buchstabe reiht sich an den anderen. *… und teilen Sie ihm bitte mit, dass sein Vater am 28. 12. in Goslar im Krankenhaus Theresienhof verstorben ist. Mit freundlichem Gruß!*

Mein Vater blass und zerbrechlich in der schwarzen Tiefe des Stollens. *Alle Tage ist kein Sonntag, alle Tage gibt's kein' Wein …* Mein Vater mit seinem Mandolinenklub vor dem Niederwalddenkmal. *Vor dem Essen, nach dem Essen: Hände waschen nicht vergessen!* Mein Vater, mit der Gießkanne in der Hand, vor dem Grab meiner Mutter, meiner richtigen Mutter. *Das Hauptbuch symbolisiert die Würde des Buchhalters.* Mein Vater mit roten Flecken im Gesicht in meinem Zimmer. *Haaaa – Hoooo – Heeee – Hiiii.* Ich hätte das Mettbrötchen annehmen müssen! *Die Fahne hoch, die Reihen dicht geschlossen …*

Aus. Aus. Aus. Das Spiel ist aus – für ihn.

Gießen, im Mai 2002. Die Wärme, die der Psychoanalytiker und Sozialphilosoph Horst Eberhard Richter und sein mit Teppichen und Erinnerungsstücken ausgestattetes Arbeitszimmer ausstrahlen, wirkt wohltuend in einer Stadt, deren Unwirtlichkeit sich auf dem Gelände der Universitätsklinik zur Kälte steigert. Ich bin dem Wissenschaftler zum ersten Mal bei einer Livesendung der ARD zum Unfalltod der britischen Prinzessin Diana begegnet. Nach der hysterischen Komponente dieses Trauerevents habe ich ihn damals als Moderator gefragt. Nun spreche ich mit ihm über die »Helden von Bern«, deren historischer Triumph sich am 4. Juli 2004 zum fünfzigsten Mal jährt und über deren fragilen Ruhm ich ein Buch schreiben will. Schnell stellt sich heraus, dass der berühmte Analytiker meine Fußballpassion teilt, und so scheue ich mich nicht, ihn nach seinen Erlebnissen in der Kindheit zu fragen.

»Ich war der typische Straßenfußballer«, erzählt Richter. »Rechtsaußen habe ich auf unserem Bolzplatz in Berlin gespielt. Fast jeden Abend kam ich völlig verdreckt nach Hause. Als ich in der zweiten Volksschulklasse mal ein Spiel organisieren sollte, konnte ich vorher zwei Nächte nicht schlafen. Das war eines der wichtigsten Erlebnisse meiner Kindheit. Wissen Sie: Ich war mehr so ein Softie. Mein Selbstbewusstsein habe ich mir auf dem Fußballplatz geholt.«

»Und wie hat Ihr Vater auf Ihre Leidenschaft für den Fußball reagiert?«

»Mein Vater hat mich voll unterstützt. Eine bessere Möglichkeit, sich auszutoben und sich an die Regeln des Lebens zu gewöhnen, hat er immer gesagt, gibt es nicht! Ich kann das nur bestätigen.«

»Ist Ihr Vater mit Ihnen auch ins Stadion gegangen?«

»Ja, wann immer er Zeit hatte. Er war Anhänger von Hertha BSC. Am Gesundbrunnen haben die damals gespielt. Es war die große Ära von Hanne Sobek und von Schneider I und Schneider II. Wenn Hertha einen knappen Vorsprung über die Runden bringen wollte, dann hat die Abwehr den Ball bis auf die S-Bahn-Schienen gedroschen.«

»Was war Ihr Vater von Beruf?«

»Direktor, bei Siemens.«

Ich überlege: Womöglich war der technische Direktor

des Erzbergwerks Rammelsberg gar kein Gegner des Fußballs. Vielleicht hat mein Vater ja nur gedacht, dass »der Alte« denkt, Fußball sei ein »Proletensport«.

»Hat der Fußball«, frage ich den Analytiker weiter, »Sie Ihr ganzes Leben lang begleitet? Oder ist Ihr Interesse daran irgendwann erloschen?«

»Nein, vom Fußball komme ich nie los. Ich will das auch gar nicht. Bei einem Integrationsprojekt, das mein Institut in einer Problemsiedlung in Gießen betreibt, steht der Fußball im Mittelpunkt. Den Platz, auf dem die Spiele stattfinden, hat man nach mir benannt. Bis zu meinem 78. Lebensjahr habe ich selbst noch mitgekickt.«

»Und was sagen Ihre akademischen Mitarbeiter zu Ihrer Passion?«

»Die meisten sind selbst Fußballfans. Zu meinem 60. Geburtstag haben sie mir ein Hertha-BSC-Trikot geschenkt und anlässlich der Verleihung der Goethe-Medaille durch die Stadt Frankfurt ein Buch über meinen Lieblingsverein. Das sagt doch alles.«

Oben ist gut und unten ist gut, denke ich, als ich nach dem Gespräch die Treppen des Instituts hinuntereile. Oben herrscht Souveränität und unten Solidarität. Die Heimat des Kleinbürgertums, dem mein Vater angehörte, ist die Angst. Die Kleider, in die sie sich hüllt, sind die Anpassung und die Sentimentalität. Wird das Idyll bedroht, kippt es um in Brutalität. Am härtesten bestraft wird die Abweichung. Trotzdem: Ich hätte das Mettbrötchen annehmen müssen!

Hamburg, im Dezember 2009. Natürlich geht es wieder um Fußball in dem kleinen Obst- und Gemüseladen des türkischen Ehepaares Öndal und Feti am U-Bahnhof Schlump. Beritan, der zehnjährige Sohn, spielt in einer Knabenmannschaft des Eimsbütteler Turnverbandes, und jedes der drei Tore, die er am Sonntag erzielte, wird mir in allen Einzelheiten geschildert. Beritan erkämpft sich den Ball in der eigenen Hälfte, dribbelt, täuscht, schießt: 3 : 1. Ich höre Feti zu, wenn sie mir stolz von den sportlichen Erfolgen ihres Sohnes erzählt. Sie hört mir zu, wenn ich von meinen Erfahrungen als Fernsehkorrespondent in China und Südostasien berichte.

Meine Analysen würze ich hin und wieder mit Anekdoten – wie ich mir mal am Fuße des Himalaya an einem Hoteltelefon die Finger wundwählte, um über den deutschen Sportinformationsdienst die Bundesliga-Ergebnisse zu erfahren, wie ich in der pakistanisch-afghanischen Grenzstadt Peshawar eine Begegnung zwischen zwei Jugendmannschaften besuchte und, weil die Deutschen in dieser fernen Gegend als *die* Fußballexperten gelten, für einen Nachmittag als taktischer Berater verpflichtet wurde, wie ich für den »Kulturweltspiegel« des WDR den Hamburger Regisseur Jürgen Flimm bei Proben in Peking drehen sollte und wir wegen unserer stundenlangen Fachsimpelei über Fußball kaum zum Arbeiten kamen.

Beritan, der Sohn von Öndal und Feti, ist überzeugt davon, dass er eines Tages als Profi beim großen HSV spielt – und um ihn in seinem Ehrgeiz zu bestärken, scheuen sich seine muslimischen Eltern nicht, ein christliches Ritual zu bemühen. Feti zeigt mir einen Brief, den ihm ein bärtiger Mann mit roter Zipfelmütze am Heiligen Abend überreichen wird.

Lieber Beritan,

Du bist ein sehr liebes und fleißiges Kind. Deine Eltern haben meistens Freude mit dir. In der Schule strengst du dich auch gut an und machst Frau Töpfer viel Freude.

Da du ein ganz großer Fußballfan bist, schenkt dir der Weihnachtsmann heute Eintrittskarten zu einem HSV-Spiel deiner Wahl. Da ich als Weihnachtsmann nicht genau wusste, welches Spiel du gerne sehen willst, stecke ich dir einfach das Geld in die Rolle, und du kannst mit deiner Mami losgehen und die Karten kaufen. Ich wünsche mir, dass du auch im nächsten Jahr so lieb bist, und freue mich, dich vom Himmel beobachten zu können.

Alles Gute für dich, deine Schwester Beren und deine Mami und deinen Papi,

dein Weihnachtsmann

»Wie würde Beritan reagieren«, frage ich die Mutter, »wenn sein Vater ihm sagen würde: ›Ab morgen wird kein Ball mehr angerührt‹?«

»Ich glaube, er würde sich umbringen.«

»Wie bitte?«

»Ja: Ohne Fußball könnte Beritan nicht leben. – Warum sind Sie denn plötzlich so blass geworden? Ist irgendwas?«

»Nein, es ist nichts. – Ein Bund Petersilie, bitte.«

»Krause oder glatte?«

»Glatte.«

Der Schlüssel steckt schon in der Haustür, als ich vom Obst- und Gemüseladen gegenüber Fetis laute Stimme vernehme: »Hallo, hallo: Sie haben Ihre Petersilie vergessen!«

Dank

Besonders bedanken möchte ich mich bei Wolfram Marx vom SV Viktoria Bad Grund, der mich, zulasten seines Familienlebens, an die Stätten meiner Kindheit führte und mir zu wichtigen Kontakten verhalf, bei den Kolleginnen und Kollegen der »Goslarschen Zeitung«, die mir ihr für mich besonders wertvolles Archiv öffneten, und bei der Hamburger Psychoanalytikerin Edda Uhlmann, die meinen Text freundschaftlich-kritisch begleitete und mich, wenn ich an einem psychischen Tiefpunkt angelangt war, zum Weitermachen ermunterte.

Nachwort

Nein, mit oder gegen Jürgen Bertram, alias Todos, im Tor hab ich noch nie Fußball gespielt. Was vielleicht nachzuholen wäre. Viel Zeit allerdings bleibt uns Alten nicht. Und da schreit dann so ein alter Depp wie ich manchmal gleich dreimal »TOR« – wenn's besonders schön oder listig war, was allerdings immer seltener gelingt. Die Zahl der Kreuzbandrisse, Muskelrisse, Muskelzerrungen, Kniespiegelungen etc. ist mittlerweile zu groß geworden. Ob wir den Altherrenkick bei Goslar 08 oder beim 1. FC Nürnberg, »meinen« Cluberern, zusammen mit meinen jüngeren Pressekollegen an einem Montagmittag in der Halle des 1. FCN nachholen? Reine Verhandlungssache. Aber ein so weltgewandter und weit gereister ARD-Korrespondent und Fußballnarr wie Jürgen Bertram wird sich wohl auch mal ins Land der Franken wagen.

Nein, mir hat mein Vater das Fußballspielen nicht verboten in meinen Nachkriegsjahren in Traunstein und in München. Anders als der mehr als wortkarge Vater Bertram. Mit unerbittlicher Strenge gab es mehrfach die Höchststrafe gegen Jürgen: totales Fußballverbot. In jeder Hinsicht.

Mein ebenfalls strenger Vater starb leider knapp ein Jahr nach meiner ersten Radioreportage. Meine Mutter aber, die Fußball total ablehnte, hörte sich, als ich neben meinem »anständigen« Beruf eines beamteten bayerischen Lehrers mit Hilfe des BR und Fritz Hausmann meinen Jugendtraum vom Fußballreporter erfüllen durfte, aus purem Protest nie auch nur einen einzigen meiner Torschreie für die Cluberer oder die Bayern oder die Sechzger an. Auch wenn andere sie dazu aufforderten. Nie. Dabei hätte sie noch 25 Jahre dazu Gelegenheit gehabt.

Ja, Autor Jürgen Bertram hat ein ungeordnetes Leben lang unweit mehr gelitten, gekämpft, gewagt, gewonnen und teilweise wieder verloren. Das alles in seinem beeindruckend hartnäckigen Kampf um seines Vaters Liebe oder zumindest Anerkennung, für seine große Leidenschaft Fußball und vor allem seinen Traumberuf – den des aufrechten Journalisten und eben nicht »Schmierfinken«. Seine Mutter konnte Jürgen Bertram nicht mehr um Rat fragen – seine neue Mutter erst recht nicht.

Bertrams Fußballleben »Torschrei« ist mitreißend geschrieben, inhaltlich höchst abwechslungsreich und trotz manch nötiger Düsternis dennoch bedrückend schön und feinfühlig. Der autobiografische und rückhaltlos ehrliche Entwicklungsroman des namhaften NDR- und ARD-Journalisten mit vielen taktischen Rochaden und Episoden vermittelt unzählige eindringliche Bilder und Querhinweise aus der Nachkriegszeit. Diese werden bei Alten und Älteren viele Erinnerungen wachrufen. Jüngeren und jungen Fußballfans werden durch dieses ganz andere Fußballbuch völlig ungewohnte bis unvorstellbare Fußball- und Überlebensbilder aufgetan – so als ob sie selbst dabei gewesen wären: bei der Zuckerrübenernte. Bei der Prügelstrafe. Bei der Torhüterparade. Beim eleganten Innenrist-Schlenzer. Beim Goslar 08-Fußball-Lauschen am Fensterrahmen hängend, weil das Geld für den Eintrittspreis nicht da war. Beim soundsovielten verschärften Hausarrest. Aber eben auch beim Trampen nach Madrid zu Puskas und Di Stefano.

Dagegen müssen selbst beste Geschichtsstunden oder Dokumentarfilmchen verblassen.

Der Fußball und nichts als der Fußball war es, der dem filigranen Erzähler und Reporter Jürgen Bertram inmitten aller pubertären und sonstigen Versuchungen, Verirrungen und Verwirrungen kurz vor Torschluss zu einem einmaligen und wohl auch nötigen autobiografischen Befreiungsschlag verhalf.

Ja, jeden Tag schaue ich mir meine 14 Fußbälle an, die in meinem Arbeitszimmer in einem großen Netz am Boden in der Ecke unter Vereinswimpeln liegen. Glücklicherweise aber bedeuteten und bedeuten für mich persönlich Fußballspiele am Mikrofon selten »die Verdrängung von Unglück«, sondern fast immer die »Verpackung von Wohlbehagen«, um Jürgen Bertrams Zuspiel aufzunehmen.

Nach der Lektüre seines Buches, das spannender und vor allem farbiger ist als viele Fußballspiele, habe ich alter Hase das noch gelernt und noch viel mehr. Brillante verbale Doppelpässe – viele in eindringlicher Kurzpassform – runden ein abwechslungsreiches Leseerlebnis ab. Da bleibt mir nur noch eins: laut und deutlich aus vollem Hals zu schreien:

»TOOOR! Für Goslar 08 und für Jürgen Bertram!«

Günther Koch
Freier Journalist und Sportreporter
Nürnberg, Oktober 2010